OEUVRES

COMPLÈTES

DE GEORGE SAND

TOME XIII

PARIS, IMPRIMÉ PAR BÉTHUNE ET PLON.

OEUVRES

COMPLÈTES

DE

GEORGE SAND

NOUVELLE ÉDITION

REVUE PAR L'AUTEUR

ET ACCOMPAGNÉE DE MORCEAUX INÉDITS

❊

LES SEPT CORDES DE LA LYRE
GABRIEL

❊

PARIS

PERROTIN, ÉDITEUR

41, RUE TRAVERSIÈRE-SAINT-HONORÉ

—

M DCCC XLIII

LES SEPT CORDES

DE LA LYRE.

« Eugène, souvenez-vous de ce jour de soleil où nous écoutions
» le fils de la Lyre, et où nous avons surpris les sept Esprits de la
» Lumière s'enlaçant dans une danse sacrée, au chant des sept
» Esprits de l'Harmonie. Comme ils semblaient heureux ! »

(*Les Cœurs résignés*, chant slave, traduction de Grzymala.)

LES SEPT CORDES

DE LA LYRE.

———◄●►———

PERSONNAGES.

MAITRE ALBERTUS.
HANZ,
CARL, } SES ÉLÈVES.
WILHELM,
HÉLÈNE.
MÉPHISTOPHÉLÈS.
UN POÈTE.

UN PEINTRE.
UN MAITRE DE CHAPELLE.
UN CRITIQUE.
L'ESPRIT DE LA LYRE.
LES ESPRITS CÉLESTES
THÉRÈSE, gouvernante d'Hé-
lène.

———

ACTE PREMIER.

LA LYRE.

———

SCÈNE PREMIÈRE.

*Dans la chambre de maître Albertus. Il écrit.
Wilhelm entre sur la pointe du pied. Il fait
nuit. On entend dans le lointain le bruit
d'une fête.*

MAITRE ALBERTUS, WILHELM.

MAITRE ALBERTUS, *sans tourner la tête.*
Qui est là? Est-ce vous, Hélène?

WILHELM, *à part.*

Hélène! Est-ce qu'elle entre quelquefois dans la chambre du philosophe à minuit?

(*Haut.*)

Maître, c'est moi, Wilhelm.

ALBERTUS.

Je te croyais à la fête.

WILHELM.

J'en viens. J'ai vainement essayé de me divertir. Autrefois, il ne m'eût fallu que respirer l'air d'une fête pour sentir mon cœur tressaillir de jeunesse et de bonheur; aujourd'hui, c'est différent!

ALBERTUS.

Ne dirait-on pas que l'âge a glacé ton sang! C'est la mode, au reste! Tous les jeunes gens se disent blasés. Encore, s'ils quittaient les plaisirs pour l'étude! mais il n'en est rien. Leur amusement consiste à se faire tristes et à se croire malheureux. Ah! la mode est vraiment une chose bizarre!

WILHELM.

Maître, je vous admire, vous qui n'êtes jamais ni triste ni gai; vous qui êtes toujours seul, et toujours calme! L'allégresse publique ne vous entraîne pas dans son tourbillon; elle ne vous fait pas sentir non plus l'ennui de votre isolement. Vous entendez passer les sérénades, vous voyez les façades s'illuminer, vous apercevez même d'ici le bal champêtre avec ses arcs en verres de couleur et ses légères fusées qui retombent en pluie d'or sur le dôme verdoyant des grands marronniers; et vous voilà devisant philosophiquement peut-être sur le rapport qui peut exister entre votre paisible *subjectivité* et l'*objectivité* délirante de tous ces petits pieds qui dansent là-bas sur l'herbe! Comment! ces robes blanches qui passent et repassent comme des ombres à travers les bosquets ne vous font pas tressaillir, et votre plume court sur le papier comme si c'était une ronde de *watchmen* qui interrompt le silence de la nuit?

ALBERTUS.

Ce que j'éprouve à l'aspect d'une fête ne peut t'intéresser que médiocrement. Mais toi-même, qui me reproches mon indifférence, comment se fait-il que tu rentres de si bonne heure?

WILHELM.

Cher maître, je vous dirai la vérité; je m'ennuie là où je suis sûr de ne pas rencontrer Hélène.

ALBERTUS, *tressaillant.*

Tu l'aimes donc toujours autant?

WILHELM.

Toujours davantage. Depuis qu'elle a recouvré la raison, grâce à vos soins, elle est plus séduisante que jamais. Ses souffrances passées ont laissé une empreinte de langueur ineffable sur son front; et sa mélancolie, qui décourage Carl et qui déconcerte Hanz lui-même, est pour moi un attrait de plus. Oh! elle est charmante! Vous ne vous apercevez pas de cela, vous, maître Albertus! Vous la voyez grandir et embellir sous vos yeux, vous ne savez pas encore que c'est une jeune fille. Vous voyez toujours en elle un enfant; vous ne savez pas seulement si elle est brune ou blonde, grande ou petite.

ALBERTUS.

En vérité, je crois qu'elle n'est ni petite ni grande, ni blonde ni brune.

WILHELM.

Vous l'avez donc bien regardée?

ALBERTUS.

Je l'ai vue souvent sans songer à la regarder.

WILHELM.

Eh bien! que vous semble-t-elle?

ALBERTUS.

Belle comme une harmonie pure et parfaite. Si la couleur de ses yeux ne m'a pas frappé, si je n'ai pas remarqué sa stature, ce n'est pas que je sois incapable de voir et de comprendre la beauté; c'est que sa beauté est si harmonieuse, c'est qu'il y a tant d'accord entre son caractère et sa figure, tant d'ensemble dans tout son être, que j'éprouve le charme de sa présence, sans analyser les qualités de sa personne.

WILHELM, *un peu troublé.*

Voilà qui est admirablement bien dit pour un philosophe! et je ne vous aurais.jamais cru susceptible...

ALBERTUS.

Raille, raille-moi bien, mon bon Wilhelm! C'est un animal si déplaisant et si disgracieux qu'un philosophe!

WILHELM.

Oh! mon cher maître, ne parlez pas ainsi. Moi, vous railler! oh! mon Dieu! vous le meilleur et le plus grand parmi les plus grands et les meilleurs des hommes!... Mais si vous saviez combien je suis heureux que vous n'aimiez pas les femmes!... Si, par hasard, vous alliez vous trop apercevoir des grâces d'Hélène, que deviendrais-je, moi, pauvre écolier sans barbe et sans cervelle, en concurrence avec un homme de votre mérite?

ALBERTUS.

Cher enfant, je ne ferai jamais concurrence ni à toi

ni à personne, je sais trop me rendre justice; j'ai passé l'âge de plaire et celui d'aimer.

WILHELM.

Que dites-vous là, mon maître! Vous avez à peine atteint la moitié de la durée moyenne de la vie! Votre front, un peu dévasté par les veilles et l'étude, n'a pourtant pas une seule ride; et, quand le feu d'un noble enthousiasme vient animer vos yeux, nous baissons les nôtres, jeunes gens que nous sommes, comme à l'aspect d'un être supérieur à nous, comme à l'éclat d'un rayon céleste!

ALBERTUS.

Ne dis pas cela, Wilhelm; c'est m'affliger en vain. La grâce et le charme sont le partage exclusif de la jeunesse; la beauté de l'âge mûr est un fruit d'automne qu'on laisse gâter sur la branche, parce que les fruits de l'été ont apaisé la soif.

(Une pause.)

A vrai dire, Wilhelm, je n'ai point eu de jeunesse, et le fruit desséché tombera sans avoir attiré l'œil ou la main des passants.

WILHELM.

On me l'avait dit, maître, et je ne pouvais le croire. Serait-il vrai, en effet, que vous n'eussiez jamais aimé?

ALBERTUS.

Il est trop vrai, mon ami. Mais tout regret serait vain et inutile aujourd'hui.

WILHELM.

Jamais aimé! Pauvre maître!..... Mais vous avez eu tant d'autres joies sublimes dont nous n'avons pas d'idée.

ALBERTUS , *brusquement.*

Eh oui ! sans doute, sans doute. — Wilhelm ! tu veux donc épouser Hélène ?

WILHELM.

Cher maître, vous savez bien que, depuis deux ans, c'est mon unique vœu.

ALBERTUS.

Et tu quitterais tes études pour prendre un métier ? car enfin il te faut pouvoir élever une famille, et la philosophie n'est pas un état lucratif.

WILHELM.

Peu m'importe ce qu'il faudrait faire. Vous savez bien que, lorsqu'il fut question de mon mariage avec Hélène, le vieux luthier Meinbaker, son père, avait exigé que je quittasse les bancs pour l'atelier, l'étude des sciences pour les instruments de travail, les livres d'histoire et de métaphysique pour les livres de commerce. Le bonhomme ne voulait pour gendre qu'un homme capable de manier la lime et le rabot comme le plus humble ouvrier, et de diriger sa fabrique comme lui-même. Eh bien ! j'avais souscrit à tout cela : rien ne m'eût coûté pour obtenir sa fille. Déjà j'étais capable de confectionner la meilleure harpe qui fût sortie de son atelier. Pour les violons, je ne craignais aucun rival. Dieu aidant, avec mon petit talent et le mince capital que je possède, je pourrais encore acheter un fonds d'établissement, et monter un modeste magasin d'instruments de musique.

ALBERTUS.

Tu renoncerais donc sans regret, Wilhelm, à cultiver ton intelligence, à élargir le cercle de tes idées, à élever ton âme vers l'idéal ?

WILHELM.

Oh ! voyez-vous, maître, j'aime. Cela répond à tout.
Si, au temps de sa richesse, Meinbaker, au lieu de sa
charmante fille, m'eût offert son immense fortune, et
avec cela les honneurs qu'on ne décerne qu'aux souve-
rains, je n'eusse pas hésité à rester fidèle au culte de la
science, et j'aurais foulé aux pieds tous ces biens terrestres pour m'élever vers le ciel. Mais Hélène, c'est
pour moi l'idéal, c'est le ciel, ou plutôt c'est l'harmonie
qui régit les choses célestes. Je n'ai plus besoin d'intelligence ; il me suffit de voir Hélène pour comprendre
d'emblée toutes les merveilles que l'étude patiente et
les efforts du raisonnement ne m'eussent révélées qu'une
à une. Cher maître, vous ne pouvez pas comprendre
cela, vous, c'est tout simple. Mais moi, je crois que par
l'amour j'arriverai plus vite à la foi, à la vertu, à la
Divinité, que vous par l'étude et l'abstinence. D'ailleurs,
il en serait autrement que je serais encore résolu à perdre l'intelligence afin de vivre par le cœur...

ALBERTUS.

Peut-être te trompes-tu. Peut-être tes sens te gou-
vernent à ton insu, et te suggèrent ces ingénieux sophismes, que je n'ose combattre, dans la crainte de te
paraître infatué de l'orgueil philosophique. Cher enfant, sois heureux selon tes facultés, et cède aux élans
de ta jeunesse impétueuse. Un jour viendra certainement où tu regarderas en arrière, effrayé d'avoir laissé
ton intelligence s'endormir dans les délices....

WILHELM.

De même, maître, qu'après une carrière consacrée
aux spéculations scientifiques, il arrive à l'homme austère de regarder dans le passé, effrayé d'avoir laissé ses
passions s'éteindre dans l'abstinence.

ALBERTUS.

Tu dis trop vrai, Wilhelm ! Tiens, regarde cette lyre.
Sais-tu ce que c'est ?

WILHELM.

C'est la fameuse lyre d'ivoire inventée et confection-
née par le célèbre luthier Adelsfreit, digne ancêtre
d'Hélène Meinbaker. Il la termina, dit-on, le jour même
de sa mort, il y a environ cent ans ; et le bon Meinbaker
la conservait comme une relique, sans permettre que sa
propre fille l'effleurât même de son haleine. C'est un
instrument précieux, maître, et dont l'analogue ne se
retrouverait nulle part. Les ornements en sont d'un
goût si exquis, et les figures d'ivoire qui l'entourent
sont d'un travail si admirable, que des amateurs en ont
offert des sommes immenses. Mais, quoique ruiné,
Meinbaker eût mieux aimé mourir de faim que de laisser cet instrument incomparable sortir de sa maison.

ALBERTUS.

Pourtant cet instrument incomparable est muet. C'est
une œuvre de patience et un objet d'art qui ne sert à
rien, et dont il est impossible aujourd'hui de tirer aucun
son. Ses cordes sont détendues ou rouillées, et le plus
grand artiste ne pourrait les faire résonner...

WILHELM.

Où voulez-vous en venir, maître ?

ALBERTUS.

A ceci : que l'âme est une lyre dont il faut faire vibrer toutes les cordes, tantôt ensemble, tantôt une à
une, suivant les règles de l'harmonie et de la mélodie ;
mais que, si on laisse rouiller ou détendre ces cordes
à la fois délicates et puissantes, en vain l'on conservera
avec soin la beauté extérieure de l'instrument, en vain

l'or et l'ivoire de la lyre resteront purs et brillants; la voix du ciel ne l'habite plus, et ce corps sans âme n'est plus qu'un meuble inutile.

WILHELM.

Ceci peut s'appliquer à vous et à moi, mon cher maître. Vous avez trop joué sur les cordes d'or de la lyre; et, pendant que vous vous enfermiez dans votre thème favori, les cordes d'airain se sont brisées. Pour moi, ce sera le contraire. Je brise volontairement les cordes célestes que vous avez touchées, afin de jouer avec une ivresse impétueuse sur les cordes passionnées que vous méprisez trop.

ALBERTUS.

Et tous deux nous sommes inhabiles, incomplets, aveugles. Il faudrait savoir jouer des deux mains et sur tous les modes...

WILHELM, *sans l'écouter.*

Maître Albertus, vous avez tant d'empire sur l'esprit d'Hélène! Voulez-vous vous charger de lui renouveler mes instances, afin qu'elle m'accepte pour mari?

ALBERTUS.

Mon enfant, je m'y emploierai de tout mon cœur et de tout mon pouvoir, car je suis persuadé qu'elle ne pourrait faire un meilleur choix.

WILHELM.

Soyez béni, et que le ciel couronne vos efforts! Bonsoir, mon bon maître. Pardonnez-moi d'être si peu philosophe. Oubliez le disciple ingrat qui vous abandonne, mais souvenez-vous de l'ami dévoué qui vous reste à jamais fidèle.

SCÈNE II.

ALBERTUS, *seul.*

O sublime philosophie! c'est ainsi qu'on déserte tes autels! Avec quelle facilité on te délaisse pour la première passion qui s'empare des sens! Ton empire est donc bien nul, et ton ascendant bien dérisoire? — Hélas! quelle est donc la faiblesse des liens dont tu nous enchaînes, puisque, après des années d'immolation, après la moitié d'une vie consacrée à l'héroïque persévérance, nous ressentons encore avec tant d'amertume l'horreur de la solitude et les angoisses de l'ennui!...

Souverain esprit, source de toute lumière et de toute perfection, toi que j'ai voulu connaître, sentir et voir de plus près que ne font les autres hommes, toi qui sais que j'ai tout immolé, et moi-même plus que tout le reste, pour me rapprocher de toi en me purifiant! puisque toi seul connais la grandeur de mes sacrifices et l'immensité de ma souffrance, d'où vient que tu ne m'assistes pas plus efficacement dans mes heures de détresse? D'où vient qu'en proie à une lente agonie je me consume au dedans comme une lampe dont la clarté jette un plus vif éclat au moment où l'huile va manquer? D'où vient qu'au lieu d'être ce sage, ce stoïque dont chacun admire et envie la sérénité, je suis le plus incertain, le plus dévoré, le plus misérable des hommes?

(S'approchant du balcon.)

Principe éternel, âme de l'univers, ô grand esprit, ô Dieu! toi qui resplendis dans ce firmament sublime et qui vis dans l'infini de ces soleils et de ces mondes étincelants, tu sais que ce n'est point l'amour d'une

vaine gloire ni l'orgueil d'un savoir futile qui m'ont
conduit dans cette voie de renoncement aux choses
terrestres. Tu sais que, si j'ai voulu m'élever au-dessus
des autres hommes par la vertu, ce n'est pas pour m'es-
timer plus qu'eux, mais pour me rapprocher davantage
de toi, source de toute lumière et de toute perfection.
J'ai préféré les délices de l'âme aux jouissances de la
matière périssable; et tu sais, ô toi qui lis dans les
cœurs, combien le mien était pur et sincère! Pourquoi
donc ces défaillances mortelles qui me saisissent? Pourquoi ces doutes cruels qui me déchirent? Le chemin de
la sagesse est-il donc si rude que, plus on y avance,
plus on rencontre d'obstacles et de périls? Pourquoi,
lorsque j'ai déjà fourni la moitié de la carrière, et lorsque j'ai passé victorieux les années les plus orageuses de
la jeunesse, suis-je, dans mon âge mûr, exposé à des
épreuves de plus en plus terribles? Regretterais-je donc,
à présent qu'il est trop tard, ce que j'ai méprisé alors
qu'il était temps encore de le posséder? Le cœur de
l'homme est-il ainsi fait que l'orgueil seul le soutienne
dans sa force, et ne saurait-il accepter la douleur si
elle ne lui vient de sa propre volonté? — On dit toujours aux philosophes qu'ils sont orgueilleux!..... S'il
était vrai! Si j'avais regardé comme une offrande agréable à la Divinité des privations qu'elle repousse ou qu'elle
voit avec pitié comme les témoignages de notre faiblesse
et de notre aveuglement! si j'avais vécu sans fruit et
sans mérite! si j'avais souffert en vain! — Mon Dieu!
des souffrances si obstinées, des luttes si poignantes,
des nuits si désolées, des journées si longues et si
lourdes à porter jusqu'au soir! — Non, c'est impossible; Dieu ne serait pas bon, Dieu ne serait pas juste
s'il ne me tenait pas compte d'un si grand labeur! Si je

me suis trompé, si j'ai fait un mauvais usage de ma
force, la faute en est à l'imperfection de ma nature, à
la faiblesse de mon intelligence, et la noblesse de mes
intentions doit m'absoudre!... M'absoudre? Quoi! rien
de plus? Le même pardon que, dans sa longanimité dé-
daigneuse, le juge accorderait aux voluptueux et aux
égoïstes!... M'absoudre? Suis-je donc un dévot, suis-je
un mystique pour croire que la Divinité n'accueille dans
son sein que les ignorants et les pauvres d'esprit? Suis-je
un moine pour placer ma foi dans un maître aveugle,
ami de la paresse et de l'abrutissement? — Non! la
Divinité que je sers est celle de Pythagore et de Platon,
aussi bien que celle de Jésus! Il ne suffit pas d'être
humble et charitable pour se la rendre propice, il faut
encore être grand; il faut cultiver les hautes facultés
de l'intelligence aussi bien que les doux instincts du
cœur pour entrer en commerce avec cette puissance
infinie, qui est la perfection même, qui conserve par la
bonté, mais qui règne par la justice...... C'est à ton
exemple, ô perfection sans bornes, que l'homme doit
se faire juste, et il n'est point de justice sans la connaissance. — Si tu n'as pas cette connaissance, ô mon
âme misérable, si tes travaux et tes efforts ne t'ont
conduite qu'à l'erreur, si tu n'es pas dans la voie qui
doit servir de route aux autres âmes, tu es maudite, et
tu n'as qu'à te réfugier dans la patience de Dieu, qui
pardonne aux criminels et relève les abjects... Abject!
criminel! moi dont la vertu épouvante les cœurs ten-
dres et désespère les esprits envieux... Orgueilleux!
orgueilleux! Il me semble que, du haut de ces étoiles,
une voix éclatante me crie : « Tu n'es qu'un orgueilleux ! »

O vous qui passez dans la joie, vous dont la vie est

une fête, jeunes gens dont les voix fraîches s'appellent
et se répondent du sein de ces bosquets où vous folâ-
trez autour des lumières, comme de légers papillons de
nuit! belles filles chastes et enjouées qui préludez par
d'innocentes voluptés aux joies austères de l'hyménée!
artistes et poètes qui n'avez pour règle et pour but que
la recherche et la possession de tout ce qui enivre l'i-
magination et délecte les sens! hommes mûrs, pleins
de projets et de désirs pour les jouissances positives!
vous tous qui ne formez que des souhaits faciles à réaliser, et ne concevez que des joies naïves ou vulgaires,
vous voilà tous contents! Et moi, seul au milieu de
cette ivresse, je suis triste, parce que je n'ai pas mis
mon espoir en vous, et que vous ne pouvez rien pour
moi! Vous composez à vous tous une famille dont nul ne
peut s'isoler et où chacun peut être utile ou agréable à
un autre. Il en est même qui sont aimés ou recherchés
de tous. Il n'en est pas un seul qui n'ait dans le cœur
quelque affection, quelque espérance, quelque sympathie! Et moi, je me consume dans un éternel tête-à-
tête avec moi-même, avec le spectre de l'homme que
j'aurais pu être et que j'ai voulu tuer! Comme un remords, comme l'ombre d'une victime, il s'acharne à
me suivre, et sans cesse il me redemande la vie que je
lui ai ôtée. Il raille amèrement l'autre *moi*, celui que
j'ai consacré au culte de la sagesse; et quand il ne m'ac-
cable pas de son ironie, il me déchire de ses reproches!
Et quelquefois il rentre en moi, il se roule dans mon
sein comme un serpent, il y souffle une flamme dévorante; et, quand il me quitte, il y laisse un venin mortel qui empoisonne toutes mes pensées et glace toutes
mes aspirations! O enfants de la terre, ô fils des hommes! à cette heure, aucun de vous ne pense à moi, ne

s'intéresse à moi, n'espère en moi, ne souffre pour moi !
et pourtant je souffre , je souffre ce qu'aucun de vous
n'a jamais souffert et ne souffrira jamais !

(La lyre rend un son plaintif.—Albertus, après
quelques instants de silence :)

Qu'ai-je donc entendu ? Il m'a semblé qu'une voix
répondait par un soupir harmonieux au sanglot exhalé
de ma poitrine. Si c'était la voix d'Hélène ! Ma fille
adoptive serait-elle touchée des secrètes douleurs de
son vieil ami ? La faible clarté de cette lampe... Non !
je suis seul ! Oh , non ! Hélène dort. Peut-être qu'à
cette heure elle rêve que, soutenue par le bras de
Wilhelm , elle erre avec lui sur la mousse du parc , aux
reflets d'azur de la lune , ou bien qu'elle danse là-bas
dans le bosquet, belle à la clarté de cent flambeaux ,
entourée de cent jeunes étudiants qui admirent la légèreté de ses pieds et la souplesse de ses mouvements.
Hélène est fière , elle est heureuse , elle est aimée......
Peut-être aime-t-elle aussi !... Elle ne saurait penser à
moi. Qui pourrait penser à moi ? Je suis oublié de tous ,
indifférent à tous. Qui sait ? haï, peut-être ! Haï ! ce
serait affreux !

(La lyre rend un son douloureux.)

Pour le coup , je ne me trompe pas ; il y a ici une
voix qui chante et qui pleure avec moi... Est-ce le vent
du soir qui se joue dans les jasmins de la fenêtre ? est-
ce une voix du ciel qui résonne dans les cordes de la
lyre ? — Non , cette lyre est muette , et plusieurs générations ont passé sans réveiller le souffle éteint dans ses
entrailles. Tel un cœur généreux s'engourdit et se des-
sèche au milieu des indifférents qui l'oublient ou le mé-
connaissent. O lyre , image de mon âme ! entre les
mains d'un grand artiste, tu aurais rendu des sons di-

vins; et telle que te voici, abandonnée, détendue, placée sur un socle pour plaire aux yeux, comme un vain ornement, tu n'es plus qu'une machine élégante, une boîte bien travaillée, un cadavre, ouvrage savant du créateur, mais où le cœur ne bat plus, et dont tout ce qui vit s'éloigne avec épouvante... Eh bien! moi, je te réveillerai de ton sommeil obstiné. Un instrument mort ne peut vibrer que sous la main d'un mort...

(*Il approche du socle et prend la lyre.*)

Que vais-je faire, et quelle folle préoccupation s'empare de moi? Quand même cette lyre détendue pourrait rendre quelques sons, ma main inhabile ne saurait la soumettre aux règles de l'harmonie. Dors en paix, vieille relique, chef-d'œuvre d'un art que j'ignore; je vois en toi quelque chose de plus précieux, le legs d'une amitié à laquelle je n'ai pas manqué et le pacte d'une adoption dont je saurai remplir tous les devoirs.

(*Il replace la lyre sur le socle.*)

Essayons de terminer ce travail.

(*Il se remet devant sa table. — S'interrompant après quelques instants de rêverie :*)

Comme Wilhelm songe à ma pupille! Quelle puissance que l'amour! O passion fatale! celui qui te brave est courageux; celui qui te nie est insensé... Hélène acceptera-t-elle celui qu'elle a déjà refusé?... Il me semble qu'elle préfère Hanz!... Hanz a une plus haute intelligence; mais Wilhelm a le cœur plus tendre, et les femmes ont peut-être plus de plaisir à être beaucoup aimées qu'à être bien dirigées et bien conseillées... Carl aussi est amoureux d'elle... c'est une tête légère... mais c'est un bien beau garçon..... Je crois que les femmes sont elles-mêmes légères et vaines, et qu'un joli visage a plus de prix à leurs yeux qu'un grand es-

prit..... Les femmes ! Est-ce que je connais les femmes,
moi?... Quel sera le choix d'Hélène ? Que m'importe ?
Je lui conseillerai ce qui me semblera le mieux pour son
bonheur, et je la marierai, après tout, selon son goût...
— Puisse cette belle et pure créature n'être pas flétrie
par le souffle des passions brutales !... Ah ! décidément,
je ne travaille pas... Ma lampe pâlit. Il faudra bien que
ceci suffise pour la leçon de demain. Essayons de dormir; car dès le jour mes élèves viendront m'appeler.

(Il se couche sur son grabat.)

Hélène n'a guère d'intelligence non plus. C'est un
esprit juste, une conscience droite ; mais ses perceptions
sont bornées , et la moindre subtilité métaphysique
l'embarrasse et la fatigue... Wilhelm lui conviendrait
mieux que Hanz... Je m'occupe trop de cela. Ce n'est
pas le moment... Mon Dieu , réglez selon la raison et la
justice les sentiments de mon cœur et les fonctions de
mon être. Envoyez-moi le repos !...

(Il s'endort.)

SCÈNE III.

MÉPHISTOPHÉLÈS , *sortant de la lampe au moment où elle s'éteint ;* ALBERTUS , *endormi.*

MÉPHISTOPHÉLÈS.

Quel triste et plat emploi que celui de veiller sur un
philosophe ! Vraiment me voici plus terne et plus obscurci que la flamme de cette lampe , au travers de laquelle je m'amusais à faire passer sur son papier la
silhouette d'Hélène et de ses amoureux. Ces logiciens
sont des animaux méfiants. On travaille comme une
araignée autour de leur froide cervelle pour les enfermer dans le réseau de la dialectique; mais il arrive qu'ils

regimbent et prennent le diable dans ses propres filets. Oui-dà ! ils se servent de l'ergotage pour résister au maître qui le leur a enseigné ! Celui-ci emploie la raison démonstrative pour arriver à la foi, et ce qui a perdu les autres le sauve de mes griffes. Pédant mystique, tu me donnes plus de peine que maître Faust, ton aïeul. Il faut qu'il y ait dans tes veines quelques gouttes du sang de la tendre Marguerite, car tu te mêles de vouloir comprendre avec le cœur ! Mais vraiment on ne sait plus ce que devient l'humanité ! Voici des philosophes qui veulent à la fois connaître et sentir. Si nous les laissions faire, l'homme nous échapperait bien vite. Holà ! mes maîtres ! croyez et soyez absurdes, nous y consentons ; mais ne vous mêlez pas de croire et d'être sages. Cela ne sera pas, tant que le diable aura à bail cette chétive ferme qu'il vous plaît d'appeler votre monde.

Or, il faudra procéder autrement avec toi, cher philosophe, qu'avec feu le docteur Faust. Celui-là ne manquait ni d'instincts violents ni de pompeux égoïsme ; et, au moment d'en être affranchi par la mort, l'insensé perdant patience, et regrettant de n'avoir pas mis la vie à profit, je sus le rajeunir et le lancer dans l'orage. Sa froide intelligence s'en allait tout droit à la vérité, si je n'eusse chauffé ses passions à temps et allumé en lui une flamme qui dévora madame la conscience en un tour de main ; mais, avec celui-ci, il est à craindre que les passions ne tournent au profit de la foi. Il a plus de conscience que l'autre ; l'orgueil a plus de prise sur lui, la vanité aucune. Il a si bien terrassé la luxure qu'il est capable de comprendre la volupté angélique et de se sauver avec sa Marguerite, au lieu de la perdre avec lui. C'est donc à ton cœur que j'ai affaire, mon cher philosophe ; quand je l'aurai tué, ton cerveau fonctionnera à mon gré. Voyons, tourmentons un peu ce cœur qui se mêle d'être sympathique, et, au lieu de le rajeunir, enterrons-le sous les glaces d'une vieillesse prématurée. Il faudrait commencer par dégrader Hélène, ou l'abrutir en la mariant à un butor ; mais les niais trouveraient encore moyen de poétiser ses vertus domestiques. Le mieux, c'est de l'avilir en la prostituant à tous ces apprentis philosophes qui encombrent la maison du matin au soir. En la voyant souillée, ce beau penseur prendra en horreur la jeunesse, la beauté, l'ignorance. Tout ce qui tranchera du romanesque lui semblera criminel ; il deviendra franchement cuistre, c'est là où je l'attends... Allons un peu trouver la fille. J'ai là quelques bons reptiles immondes que je promènerai sur son front pendant qu'elle sommeille... Mais il est un obstacle entre elle et moi, et il faut le détruire. Je comptais m'en servir pour perdre le philosophe par l'enthousiasme. Si je procède par les contraires, je dois anéantir le talisman qui allumerait ici les flammes du cœur. Holà ! lutins et fées ! à moi, mes braves serviteurs crochus ! Prenez la lyre et mettez-la en pièces avec vos griffes, réduisez-la en cendres avec votre haleine... Et vite !...

CHŒUR D'ESPRITS INFERNAUX.

Eh vite ! eh vite ! brisons la lyre ! Un esprit rebelle aux arrêts de l'enfer habite son sein mystérieux. Un charme le retient enchaîné. Brisons sa prison, afin qu'il retourne à son maître, et qu'il ne puisse plus converser avec les hommes. Eh vite ! eh vite ! brisons la lyre !

Esprit qui fus jadis notre frère, et qui te flattes maintenant d'être réhabilité par l'expiation et replacé au

rang des puissances célestes, tu vas sortir d'ici. Que ton
maître te reprenne et te châtie ! Tu ne te purgeras pas
de ta faute en travaillant au salut des hommes. Eh vite !
eh vite ! brisons la lyre !

LA VOIX DE LA LYRE.

Arrière, cris de l'enfer ! Vous ne pouvez rien sur
moi. Une main pure doit me délivrer. Maudit ! c'est en
vain que tu excites contre moi tes légions à la voix rau-
que. Une seule note céleste couvre tous les rugissements
de l'enfer. Arrière et silence !

MÉPHISTOPHÉLÈS.

Que vois-je ? mes légions épouvantées prennent la
fuite ! et cette puissance enchaînée est plus forte que
moi dans ma liberté !

CHOEUR D'ESPRITS CÉLESTES.

Dieu te permet d'exciter au mal, mais tu ne peux
l'accomplir toi-même. Tu ne peux remuer une paille
dans l'univers; tu verses ton poison dans les cœurs,
mais tu ne saurais faire périr un insecte. Ta semence
est stérile si l'homme ne la féconde par sa malice, et
l'homme est libre de faire éclore un démon ou un ange
dans son sein.

MÉPHISTOPHÉLÈS.

Voilà mon homme qui s'éveille. Allons voir si je ne
trouverai pas quelque mortel qui haïsse la musique autant qu'un diable, et qui m'aide à briser cette lyre.

(*Il s'envole.*)

ALBERTUS, *s'éveillant.*

J'ai entendu une musique céleste, et les merveilles
de l'harmonie, auxquelles je n'ai jamais été sensible,
viennent de m'être révélées dans un songe.... Mais qui
pourrait, dans la réalité, reproduire pour moi une telle
harmonie ? Mon cerveau même n'en peut conserver la

moindre trace.... Il me semblait pourtant qu'à mon réveil je pourrais chanter ce que j'ai entendu.... Mais déjà tout est effacé, et je n'entends que le cri perçant des coqs qui s'éveillent. Le jour est levé. Remettons-nous au travail ; car les élèves vont arriver, et je ne suis pas prêt pour la leçon.

(On frappe.)

Déjà ! Tout professeur devrait avoir chez lui une fille à marier. L'ardeur que cela donne aux élèves pour fréquenter sa maison est vraiment merveilleuse ! Je ne sais pas si la philosophie y gagne beaucoup, et si le philosophe doit en être bien fier !

(Il va ouvrir.)

SCÈNE IV.

HANZ, CARL, WILHELM, ALBERTUS.

ALBERTUS.

Soyez les bienvenus, mes chers enfants ! J'admire votre exactitude. Autrefois, j'étais souvent obligé d'aller vous éveiller, et maintenant à peine me laissez-vous le temps de dormir.

HANZ.

Mon cher maître, si nous sommes venus d'aussi bonne heure sans craindre de vous réveiller, c'est qu'en passant sous vos fenêtres nous avons entendu de la musique.

ALBERTUS.

Vous raillez, mon cher Hanz. Personne dans ma maison ne connaît la musique, et vous savez que je suis un barbare sous ce rapport.

WILHELM.

C'est précisément pourquoi nous avons été fort sur-

pris d'entendre une harmonie vraiment admirable sortir
de votre appartement. Nous avons cru que vous aviez
enfin consenti à faire apprendre la musique à Hélène,
et qu'il y avait ici quelque habile professeur de harpe
ou de piano, quoique à vrai dire nous n'ayons pu nous
rendre compte de la nature de l'instrument qui produisait les sons enchanteurs dont nos oreilles ont été
frappées.

ALBERTUS.

Parlez-vous sérieusement ? Il n'y a chez moi aucun
autre instrument de musique que cette vieille lyre d'A-
delsfreit, et vous savez qu'elle est en trop mauvais état
pour produire un son quelconque. Cependant je vous
dirai que tout à l'heure, tandis que je dormais encore,
j'ai cru aussi entendre une admirable mélodie. J'ai at-
tribué cette audition à un songe; mais je commence à
croire que quelque musicien est venu s'établir ici près.

CARL.

Peut-être Hélène cultive-t-elle la musique à votre
insu. Je gagerais qu'elle cache quelque guitare sous son
chevet, et qu'elle en joue pendant votre sommeil.
Aussi, quelle fantaisie avez-vous, mon bon maître, de
la contrarier ainsi dans ses goûts ? C'était bien assez
que, du vivant de son père, cette privation lui eût
été imposée. Les médecins ne savent ce qu'ils disent.
Comment pouvez-vous leur accorder quelque confiance ?

ALBERTUS.

Les médecins ont eu raison en ceci, mon cher Carl.
Toute excitation nerveuse était absolument contraire à
l'état d'exaltation névralgique de cette jeune fille, et
toutes mes notions sur l'hygiène psychique aboutissaient
au même résultat que leurs observations sur l'hygiène

physiologique. L'âme et le corps ont également besoin de calme pour recouvrer l'équilibre qui fait la santé et la vie de l'un et de l'autre. Vous voyez que mes soins ont été couronnés d'un prompt succès. Tandis qu'un régime doux et sain rétablissait la santé de cette enfant, une instruction sage et paternelle ramenait son esprit à une juste appréciation des choses. J'ai été le médecin de son âme, et j'ai eu le bonheur d'éclairer et de fortifier cette belle organisation. Celui de vous qui obtiendra la main d'Hélène doit donc voir en moi un père, et peut-être quelque chose de plus.

WILHELM.

Oui, sans doute, un ange tutélaire, un ami investi d'une mission divine. Qu'il est beau de faire de semblables miracles, mon cher maître !

CARL.

Vraiment, maître Albertus, croyez-vous qu'Hélène ait beaucoup de dispositions pour la métaphysique ? Il me semble qu'elle s'éclaire par la confiance beaucoup plus que par la conviction. Elle croit en vous avec une sorte d'aveuglement qui n'est que de la piété filiale ; mais si elle comprend la philosophie, et si vos leçons l'amusent, je veux bien l'aller dire à Rome.

ALBERTUS.

Vous parlez comme un enfant.

HANZ.

Excusez son langage un peu trivial. Moi, je vous dirai en d'autres termes quelque chose d'approchant. Ce n'est pas que je ne vous admire et ne vous bénisse d'avoir su, par un traitement tout moral, rendre la raison à notre chère sœur adoptive ; mais permettez-moi d'engager avec vous, à propos d'elle, une discussion purement spéculative. L'heure de votre cours n'est pas encore sonnée; nous pouvons bien causer avec vous quelques instants, car votre conversation est toujours pour nous un enseignement et un bienfait.

ALBERTUS.

Mes enfants, mon temps vous appartient. Je m'instruis souvent à vous écouter plus qu'à vous répondre ; car vous savez beaucoup de choses que j'ignore, ou que j'ai oubliées.

HANZ.

Eh bien ! maître, je dirais presque que, lorsqu'on est fou d'une certaine manière, c'est un malheur d'en guérir. L'exaltation d'un cerveau poétique est peut-être bien préférable au calme d'un jugement froid. Ne pensez-vous pas qu'Hélène était heureuse lorsque ses yeux, animés par la fièvre, semblaient contempler les merveilles du monde invisible? Oh! oui! alors elle était plus belle encore avec son regard inspiré et l'étrange sourire qui errait sur sa bouche entr'ouverte, qu'aujourd'hui avec son regard voilé et sa pudique mélancolie ! Elle est aussi devenue plus triste, ou du moins plus sérieuse, à mesure qu'elle a senti son cœur battre plus lentement. La matière peut faire un effort pour reprendre à la vie matérielle; mais l'esprit n'aime point à descendre du trône qu'il s'est bâti dans les nuées, pour venir s'éteindre ici-bas dans des luttes obscures et pénibles. Maître, qu'en pensez-vous ? Croyez-vous qu'Hélène, en retrouvant la santé physique, ne sente pas son âme se refroidir et tomber dans une langueur douloureuse? Croyez-vous qu'elle ne regrette pas ses extases, ses rêves, et ses danses avec Titania au lever de la lune, et ses concerts avec le roi des gnômes au coucher des étoiles ? Quel est celui de nous qui ne donnerait au moins la moitié de sa grosse santé bourgeoise pour avoir à la place les visions dorées de la poésie ?

ALBERTUS.

Hanz, vous ne parlez pas selon mes sympathies. Êtes-vous un poète ou un adepte de la sagesse ? Si vous êtes poète, faites des vers et quittez mon école. Si vous êtes mon disciple, n'égarez pas l'esprit de vos frères par des rêveries fantasques et des paradoxes romantiques. Toutes ces inspirations de la fièvre, toutes ces métaphores délirantes constituent un état de maladie purement physique durant lequel le cerveau de l'homme ne peut produire rien de vrai, rien d'utile, par conséquent rien de beau. Je comprends et je respecte la poésie ; mais je ne l'admets que comme une forme claire et brillante, destinée à vulgariser les austères vérités de la science, de la morale, de la foi, de la philosophie en un mot. Tout artiste qui ne se propose pas un but noble, un but social, manque son œuvre. Que m'importe qu'il passe sa vie à contempler l'aile d'un papillon ou le pétale d'une rose ? J'aime mieux la plus petite découverte utile aux hommes, ou même la plus naïve aspiration vers le bonheur de l'humanité. Les exaltés sont, selon vous, des sibylles inspirées, prêtes à nous révéler de célestes mystères. Il est possible que, sous l'empire d'une exaltation étrange, ils aient un sens très-étendu pour sentir la beauté extérieure des choses ; mais, s'ils ne trouvent une langue intelligible pour nous associer à leur enthousiasme, cette contention de l'esprit dans une pensée d'isolement ne peut être qu'un état dangereux pour eux, inutile pour les autres.

HANZ.

Eh bien ! maître, il est temps que je vous le dise franchement, je suis poète ! Et pourtant je ne fais pas

de vers, et pourtant, à moins que vous ne me chassiez,
je ne vous quitterai point ; car je suis philosophe aussi,
et l'étude de la sagesse ne fait qu'exalter mon penchant
à la poésie. Pourquoi suis-je ainsi ? et pourquoi êtes-
vous autrement ? et pourquoi Hélène est-elle autrement
encore ? Je puis concilier les idées d'ordre et de logique
avec l'enthousiasme des arts et l'amour de la rêverie.
Vous, au contraire, vous proscrivez la rêverie et les
arts ; car, à vos yeux, l'une ne peut être convertie en
une laborieuse méditation, et les autres s'inspirent souvent, avec succès, des désordres de la pensée et des
excès de la passion. Hélène, dans sa folie, appartient
encore à un autre ordre de puissance. Elle est absorbée
dans une poésie si élevée, si mystérieuse, qu'elle
semble être en commerce avec Dieu même, et n'avoir
aucun besoin de sanction dans les arrêts de la raison
humaine.

ALBERTUS.

Et que voulez-vous conclure, mon enfant ?

HANZ.

Maître, souffrez que le disciple récite d'abord sa leçon devant vous. Dieu nous a jetés dans cette vie comme
dans un creuset où, après une existence précédente
dont nous n'avons pas souvenir, nous sommes condamnés à être repétris, remaniés, retrempés par la souffrance, par la lutte, le travail, le doute, les passions,
la maladie, la mort. — Nous subissons tous ces maux
pour notre avantage, pour notre épuration, si je puis
parler ainsi, pour notre perfectionnement. De siècle en
siècle, de race en race, nous accomplissons un progrès
lent, mais certain, et dont, malgré la négation des
sceptiques, les preuves sont éclatantes. Si toutes les
imperfections de notre être et toutes les infortunes de

notre condition tendent à nous épouvanter et à nous
décourager, toutes les facultés supérieures qui nous
sont accordées pour comprendre Dieu et désirer la perfection, tendent à nous sauver du désespoir, de la misère, et même de la mort ; car un instinct divin, de
plus en plus lucide et puissant, nous fait connaître que
rien ne meurt dans l'univers, et que nous disparaissons
du milieu où nous avons séjourné pour reparaître dans
un milieu plus favorable à notre développement éternel.

ALBERTUS.

Telle est ma foi.

HANZ.

Et la mienne aussi, maître, grâce à vous ; car le
souffle pernicieux du siècle, les railleries d'une fausse
philosophie, l'entraînement des passions, m'avaient
ébranlé, et je sentais l'instinct divin s'affaiblir et s'a-
giter en moi comme une flamme que le vent tourmente.
Par des arguments pleins de force, par une logique
pleine de clarté, par une véritable notion de l'histoire
universelle des êtres, par un profond sentiment de la
vérité dans l'histoire des hommes, par une conviction
ardente, fondée sur les travaux de toute votre vie respectable, vous avez ramené mon esprit à la vérité. Par
une vertu sans tache, une bonté sans bornes, une touchante sympathie pour tous les êtres qui vous ressemblent, soit dans le passé, soit dans le présent ; par une
généreuse patience envers ceux qui vous nient ou vous
persécutent, vous vous êtes emparé de mon cœur, et
vous avez mis d'accord en moi les besoins de la raison
et ceux du sentiment. Que voulez-vous de plus de moi,
maître ? Si vous avez un disciple plus dévoué, plus respectueux, plus affectionné, préférez-le à moi ; car celui-là qui vous comprend le mieux est celui qui vous

ressemble le plus, et celui-là est le meilleur d'entre nous. C'est peut-être Wilhelm, c'est peut-être Carl. Bénissez-les, mais ne me maudissez pas ; car je vous aime de toute la puissance de mon être.

ALBERTUS.

Mon enfant, mon enfant, ne doute pas de ma tendresse pour toi. Doute plutôt de ma raison et de ma science. Maintenant, parle... tu as tes idées...

HANZ.

Les voici. L'humanité est un vaste instrument dont toutes les cordes vibrent sous un souffle providentiel, et, malgré la différence des tons, elles produisent la sublime harmonie. Beaucoup de cordes sont brisées, beaucoup sont faussées ; mais la loi de l'harmonie est telle que l'hymne éternel de la civilisation s'élève incessamment de toutes parts, et que tout tend à rétablir l'accord souvent détruit par l'orage qui passe...

ALBERTUS.

Ne saurais-tu parler autrement que par métaphore ? Je ne puis m'accoutumer à ce langage.

HANZ.

J'essaierai de prendre le vôtre. Nous concourons tous à l'œuvre du progrès, chacun selon ses moyens. Chacun de nous obéit donc à une organisation particulière. Mais nous avons une telle action les uns sur les autres, que l'on ne peut supposer un individu en dehors de toute relation d'idées avec ses semblables, sans supposer un individu existant dans le vide. Nous sommes donc tous fils de tous les hommes qui nous ont précédés et tous frères de tous les hommes qui vivent avec nous. Nous sommes tous une même chair et un même esprit. Pourtant Dieu, qui a fait la loi universelle de la variété

3.

dans l'uniformité, a voulu que, de même qu'il n'y eût pas deux feuilles semblables, il n'y eût pas deux hommes semblables; et il a divisé la race humaine en diverses familles que nous appelons des types, et dont les individus diffèrent par des nuances infinies. L'une de ces familles s'appelle les savants, une autre les guerriers, une autre les mystiques, une autre les philosophes, une autre les industriels, une autre les administrateurs, etc. Toutes sont nécessaires, et doivent également concourir au progrès de l'homme en bien-être, en sagesse, en vertu, en harmonie. Mais il en est encore une qui résume la grandeur et le mérite de toutes les autres; car elle s'en inspire, elle s'en nourrit, elle se les assimile; elle les transforme pour les agrandir, les embellir, les diviniser en quelque sorte; en un mot, elle les propage et les répand sur le monde entier, parce qu'elle parle la langue universelle..... Cette famille est celle des artistes et des poètes. On vit de ses émotions; on les aspire par tous les sens; et l'esprit le plus froid, l'âme la plus austère, ont besoin des créations et des prestiges de l'art pour sentir que la vie est autre chose qu'une équation d'algèbre. Pourtant on traite les artistes comme les accessoires frivoles d'une civilisation raffinée. La raison les a condamnés; et, s'ils ont encore la permission de respirer, c'est parce qu'ils sont nécessaires aux sages, pour les aider à supporter l'ennui et la fatigue de leur sagesse.

ALBERTUS.

Hanz, vous parlez avec amertume. Je ne vois pas que les sages d'aucune nation traitent les artistes et les poètes en parias; je ne vois pas que la misère ou l'obscurité soient leur partage dans la société. Une danseuse mène, dans ce siècle-ci, la vie de Cléopâtre, et le philosophe vit d'un pain amer et grossier, entre la misère et l'apostasie.

HANZ.

Oh! oui, maître, je conviens de cela. Mais je pourrais vous répondre qu'au nom de la philosophie tel ambitieux occupe les premières charges de l'état, tandis que, martyr de son génie, tel artiste vit dans la misère, entre le désespoir et la vulgarité. Ce n'est pas sous ce point de vue que j'envisage le malheur du poète. Le poète ambitieux peut tout dans la société, aussi bien que le philosophe ambitieux ; car l'un et l'autre peuvent abjurer ou trahir la vérité. Dans l'ordre de considérations où je m'élève ici, je ne parle pas des infortunes sociales ni des souffrances matérielles. Je regarde plus haut, et, ne m'occupant guère des individus, je considère l'ensemble du progrès que la poésie et les arts doivent accomplir. Ce progrès serait le plus certain, le plus rapide, le plus magnifique, sans l'obstination des hommes à réprimer toute entreprise hardie, à refroidir toute inspiration ardente chez les poètes. Je dis les poètes, cette dénomination comprend tous les vrais artistes. La génération présente tout entière s'acharne à les faire marcher à petits pas, parce que, vaine de son petit bon sens et infatuée de sa petite philosophie, elle veut qu'on ait égard à sa médiocrité, en ne lui montrant que des œuvres médiocres. Des gens qui ne comprennent que les petites actions et les petits sentiments ont créé le mot de vraisemblance pour tout ce qui répond à leur étroitesse d'intelligence et de cœur. Ils ont rangé dans l'impossible et dans l'absurde tout ce qui les dépasse. De là vient que tous les grands artistes travaillent en martyrs du présent pour l'amour de la postérité ; et, s'ils n'ont une grande vertu, s'ils ne sont d'augustes fanatiques,

ils se résignent à divertir leurs contemporains comme
des saltimbanques, et à déshériter l'avenir des fruits de
leur génie.

ALBERTUS.

Eh bien! mon enfant, tu fais, sans le savoir, le pro-
cès à ces artistes avares de leur gloire, qui divorcent
avec le présent pour avoir dans l'avenir une place plus
distinguée. Je conçois ce genre d'ambition ; c'est le
plus raffiné. Mais, crois-moi, si ces génies étaient bien
pénétrés de l'importance de leur mission sur la terre,
s'ils étaient dévorés du désir d'accomplir le progrès, ils
transigeraient avec leur orgueil, et feraient, pour l'a-
mour de l'humanité, ce qu'avec raison ils refusent de
faire pour de vaines richesses et de vaines distinctions
sociales. Ils ne rougiraient pas de rétrécir ou d'abaisser
leur forme, afin de parler à cette génération vulgaire un
langage intelligible pour elle, et de lui inoculer les grandes vérités de l'avenir avec un levain qui puisse s'assimiler à sa grossière substance.

WILHELM.

Maître, vous oubliez que l'art est une forme, et rien
autre chose. Si on l'abaisse, si on la rétrécit au gré des
gens qui n'aiment pas le beau et le grand, il n'y a plus
d'art, parce qu'il n'y a plus de beauté ni de grandeur
dans la forme.

ALBERTUS.

Et toi aussi, Wilhelm ! Vraiment, je ne me serais pas
douté que j'étais environné de jeunes artistes, et je vois
dans ce fait la plus parfaite critique de ma pauvre philosophie.

HANZ.

Maître, rien n'est plus beau que la philosophie ; mais

il y a quelque chose d'aussi beau, c'est la poésie. La poésie est à la fois mère et fille de la sagesse.

ALBERTUS.

Fille, oui! elle devrait se le tenir pour dit, et ne jamais faire un pas sans sa mère. Mais qu'elle soit mère à son tour, je le nie.

HANZ.

Maître, le premier homme qui conçut la pensée de Dieu ne fut ni un géomètre, ni un mathématicien, ni un philosophe ; ce fut un poète.

ALBERTUS.

C'est possible. Le premier homme qui conçut la pensée de Dieu était encore grossier. Son esprit ne pouvait s'élever jusqu'à la grande cause par l'abstraction. Ses sens lui révélèrent une force extérieure supérieure à la sienne. Ensuite, son intelligence ratifia le jugement des sens, et ne l'invoqua plus. La poésie redevint pour toujours fille de la sagesse.

HANZ.

Maître, ce ne fut pas le jugement des sens qui révéla l'existence de Dieu à l'homme, ce fut l'instinct du cœur. Le ravissement des sens, à l'aspect de la création, ne fut qu'accessoire à cet élan de l'âme humaine, qui, jetée sur la terre, se sentit forcée aussitôt à rêver, à désirer, à aimer l'idéal. L'esprit était encore trop peu exercé aux subtilités de la métaphysique pour se mettre en peine de prouver Dieu ; mais l'âme était assez complète et assez puissante pour vouloir Dieu. Elle le devina et le sentit long-temps avant de songer à le définir. Cette révélation, cette intuition première, c'est la poésie, mère de toute religion, de toute harmonie, de toute sagesse. Je définis donc, pour me résumer, la métaphysique, *l'idée de Dieu ;* et la poésie, *le sentiment de Dieu.*

ALBERTUS.

Ton explication ne me déplaît pas, et je consens de toute mon âme, cher poète, à ce que vous soyez mon père. Mais j'exige que vous le prouviez. Voyons, instruisez-moi ; faites éclore en moi quelque idée nouvelle. Prenez votre flûte, et jouez-moi une valse. Si, pendant ce temps, il me vient une solution aux grands problèmes qui m'occupent, je serai de bonne foi, et, vous remerciant de votre prédication, je me dirai à jamais, comme au bas d'une lettre de nouvel an, votre fils soumis et reconnaissant.

HANZ.

Je ne pourrais ouvrir le ciel avec cette mauvaise flûte que vous venez de découvrir dans la poche de mon gilet. Mais si je n'ai qu'un chétif talent, si je ne possède qu'un pauvre grain de poésie, la faute en est à vous, maître ; car c'est vous qui proscrivez les arts de nos. études, et nous sommes obligés de jouer du violon ou de la clarinette à la dérobée dans les cabarets, bien loin de votre demeure. Sans les arrêts sévères que vous avez portés contre la musique, je serais peut-être un grand artiste, un poète, un magicien comme Adelsfreit ; et, dans ce moment-ci, je pourrais faire un miracle et vous convertir. La chose serait importante, croyez-moi ; car le grand malheur de la poésie n'est nullement d'être méconnue par les jurés et les inspecteurs des beaux-arts ; c'est d'être ignorée des hommes comme vous, maître : car, de même qu'un grand poète tient l'avenir de la philosophie dans ses mains, un grand philosophe tient dans les siennes l'avenir de la poésie. Un ministre peut faire cent bévues par jour, et une coterie cent in-

trigues par heure, et l'avenir de la poésie ne sera pas
entravé au delà de l'existence de ce ministre ou de cette
coterie. Mais si Albertus se trompe, l'avenir de la poésie peut être entravé pour des siècles. Les sots ont pour
refuge l'impunité; les grands esprits n'ont pas le droit
d'errer sur un seul point de la destinée humaine.

ALBERTUS.

Mais enfin, que me reproches-tu? N'ai-je pas toujours enseigné que les arts étaient de nobles et puissants
moyens pour hâter l'éducation du genre humain? Si
j'ai condamné les artistes modernes comme exerçant sur
vous, par leur frivolité moqueuse ou leur amer scepticisme, une action funeste, n'ai-je pas toujours salué
dans l'avenir les grands poètes qui s'attacheront à être
les auxiliaires et les propagandistes de la sagesse?

WILHELM.

Vous croyez donc, maître, qu'il n'existe pas dès aujourd'hui de ces poètes-là?

ALBERTUS.

Je ne veux rien dire des personnes; je dis seulement
qu'aujourd'hui la poésie n'a pas encore trouvé le mot
de sa destinée providentielle sur la terre. Il est quelques productions de l'art que j'admire, parce que je les
comprends, parce que tout le monde peut les comprend-
dre, et qu'elles ont un but louable.... Vous souriez, et
je sais d'avance ce que vous allez dire. Ces œuvres que
vous m'avez vu approuver vous semblent vulgaires, et
ceux qui les ont créées ne méritent, selon vous, ni le
titre de poètes ni celui d'artistes. D'où vient donc cela?
Le beau est-il relatif? est-il le résultat d'une conven-
tion? et ce qui est beau pour l'un ne l'est-il plus pour
l'autre?

HANZ.

Le beau est infini : c'est l'échelle de Jacob qui se perd dans les nuées célestes; chaque degré qu'on monte vous révèle une splendeur plus éclatante au sommet. Ceux qui se tiennent tout en bas n'ont qu'une idée confuse de ce que d'autres, placés plus haut, voient clairement ; mais ce que ceux-là voient, les autres ne le comprennent pas et refusent de le croire. C'est qu'il est diverses manières de gravir cet escalier sacré : les uns s'y cramponnent lentement et péniblement avec les pieds et les mains, d'autres ont des ailes et le franchissent légèrement.

ALBERTUS.

Toujours tes métaphores ! Tu veux dire que, vous autres artistes, vous êtes des colombes, et nous, logiciens, des bêtes de somme. Eh bien! si le genre humain se compose d'êtres vulgaires, et que les poètes, par une intuition divine, pénètrent seuls dans le conseil de Dieu, qu'ils nous le révèlent, mais qu'ils se fassent comprendre avant tout.

HANZ.

Ils vous le disent par toutes les voix de l'art et de la poésie; mais mieux ils le disent, et moins vous les comprenez; car vous fermez vos oreilles avec obstination. Ils ont gravi jusqu'au ciel, ils ont entendu et retenu les concerts des anges, ils vous les traduisent le mieux qu'ils peuvent; mais leur expression retient toujours quelque chose d'élevé qui vous semble mystérieux, parce que votre organisation se refuse à sortir des bornes de la raison démonstrative. Eh bien! modifiez cette organisation imparfaite par une attention sérieuse aux œuvres d'art, par l'étude des arts, et surtout par une grande et entière adhésion au développement et au triomphe des

arts et de la poésie. La philosophie y gagnera ; car, je
le répète, elle est autant la fille que la mère de la poésie, et, si vous n'aviez pas vu les chefs-d'œuvre de la
statuaire antique, vous n'auriez jamais bien compris
Platon.

ALBERTUS.

C'est que ce sont en effet des chefs-d'œuvre. Nul ne
les conteste ; le beau est donc appréciable pour tous.

HANZ

Vous les avez vus sans les bien comprendre ; mais,
comme leur perfection était consacrée par l'admiration
des siècles passés, vous ne vous êtes pas mis en garde
contre l'instinct naturel qui vous révélait, à vous aussi,
cette perfection. Cependant il existe, dans les siècles les
moins féconds en génies, des hommes capables de succéder à Phidias ; on les méconnaît, et on les étouffe.
C'est parce qu'on s'est contenté de jeter un coup d'œil
sur les œuvres de Phidias, sans croire qu'il fût nécessaire de les étudier. Eh bien ! maître, les dispensateurs
de récompenses et de distinctions créées par les princes
sont, par nature et par éducation, ennemis du beau. Le
devoir du logicien serait de chercher partout le beau,
de le découvrir, de le proclamer et de le couronner. En
passant à côté de lui avec indifférence, vous faites aux
hommes un aussi grand mal que si vous laissiez périr
un monument de la science. Tous les hommes ont soif
du beau ; il faut que leur âme boive à cette source de
vie ou qu'elle périsse. Les organisations humaines diffèrent : les unes aspirent à l'idéal par l'esprit, d'autres
par le cœur, d'autres par les sens. Si vous voulez que
les organisations humaines se perfectionnent, et qu'ar-
rivant à un équilibre magnifique, elles conçoivent également l'idéal par l'esprit, par le cœur et par les sens,

4

n'éteignez aucune de ces facultés; car n'espérez pas
amener d'abord tous les hommes à la vérité par les mêmes moyens. A ceux chez qui la beauté idéale ne peut
se manifester que par les sens, donnez, pour préserva-
tif contre la débauche, la nudité sacrée de la Vénus de
Milo. Voyez votre erreur, à vous autres moralistes, qui
vous détournez avec crainte de cette beauté matérielle
comme d'un objet impudique et propre à troubler les
sens! Si vous compreniez l'art, vous sauriez que le beau
est chaste, car il est divin. L'imagination s'éloigne de
la terre et remonte aux cieux en contemplant le produit d'une inspiration céleste; car ce produit, c'est l'i-
déal.

ALBERTUS.

Mon fils, tes idées sur ce point me paraissent dignes
d'être méditées. En effet, ceux qui s'adonnent à la recherche de l'idéal doivent, par tous les moyens, travailler au perfectionnement de leur organisation. Peut-
être la grossièreté de la mienne, sous le rapport des arts,
m'a-t-elle induit jusqu'ici en erreur sur beaucoup de
choses. Mais l'heure de l'étude est sonnée, sans doute
tous les élèves sont déjà dans la salle; ne les faisons pas
attendre. Je reprendrai cet entretien avec plaisir. Rien
ne m'est plus doux que d'être redressé par ceux à qui
je voudrais pouvoir tout apprendre.

HANZ.

*(Il l'embrasse et le prend par le bras pour
sortir.)*

Excellent maître, âme vraiment grande!

(Wilhelm et Carl les suivent.)

WILHELM.

Que de bonté et de simplicité!

CARL.

Il est parfois bien original, mais on ne peut se défendre de l'aimer de tout son cœur.

SCÈNE V.

HÉLÈNE.

Ils sont partis. Je vais ranger les livres et les papiers de mon bon maître. O Dieu ! que vous m'avez donné un noble ami ! Pourquoi ne puis-je en être digne ! Je voudrais, pour reconnaître ses soins, le contenter dans tous ses goûts, et satisfaire le modeste amour-propre qu'il met à m'instruire. Son plus cher désir serait de me voir savante ; mais, hélas ! j'ai l'esprit si borné et la mémoire si faible que je ne puis faire de progrès. Ah ! cette longue maladie a épuisé ma pauvre tête. Quelle langueur pénible s'empare de moi quand j'ouvre ces gros livres ! Rien que leur odeur de parchemin moisi me fait défaillir, et tous ces caractères alignés et pressés avec une désespérante symétrie me donnent des vertiges. Ce brave maître ! sa douceur et sa patience ajoutent à ma honte et à mes remords. Je vois bien qu'il est affligé du peu d'honneur que je lui fais ; mais jamais il ne témoigne le moindre mécontentement. Hier encore, j'ai pris l'objectivité pour la subjectivité, et cette nuit je me suis endormie sur la définition de l'absolu. J'ai rêvé que j'étais dans une belle prairie, et que je regardais couler un ruisseau d'eau vive. Il me semblait qu'il y avait des paroles écrites au fond de son lit transparent, et j'y lisais toutes sortes de belles choses comme dans un livre. Je me promettais de les réciter à mon maître Albertus, et je pensais qu'il serait bien content

de moi. Mais quand je me suis éveillée, je ne me sou-
venais plus de rien , si ce n'est d'avoir vu le ciel bien
pur et bien bleu dans une eau bien claire et bien cou-
rante... Mon Dieu, pourquoi m'avez-vous donné une
intelligence si vulgaire? Maître Albertus dit tous les
jours : « Ce sera mieux demain; » mais le lendemain
ne vaut pas mieux que la veille... Voyons : je veux étudier ma leçon en conscience.

*(Elle s'assied à la table de maître Albertus, et
ouvre un livre.)*

Essayons de retenir par cœur, car je ne comprends
pas du tout. — Quand il m'explique les choses lui-
même , je les conçois ; mais ses vieux bouquins me
tuent. — Quels mots barbares !.... — Ah ! le rossignol !...

(Elle court à la fenêtre.)

Non, c'est une linotte; quel frais gosier !... Oh ! la
jolie modulation ! Pauvre petite, on ne t'a rien appris,
à toi , tu en sais pourtant plus long que moi...

(Elle laisse tomber son livre.)

Comme le soleil est déjà chaud !... Il entre ici comme
un fleuve de poudre d'or..... J'ai envie d'aller cueillir
un beau bouquet pour orner le cabinet de maître Albertus. Il me dira : « Comment, vous avez pensé à moi,
chère enfant?.... » Quoique , après tout, il n'aime pas
beaucoup les fleurs; il y jette un coup d'œil en disant :
« C'est bien beau ! » mais il me trouve niaise de regarder si sérieusement un brin de muguet. — Oh ! je ne
veux pas lui mettre de fleurs sous les yeux , car hier il
a parlé de me donner un professeur de botanique.....
Ah ! ciel ! s'il me fallait apprendre tous vos noms en
grec et en latin, je ne vous aimerais bientôt plus, mes
pauvres petites !... Oh ! le soleil ! que c'est bon ! Et la

brise du matin..... Ah ! bonjour, hirondelle ! ne vous
gênez pas, continuez votre nid à la fenêtre. Oh ! mon
Dieu, si cela vous intimide, je ne vous regarderai pas
travailler... Comme vos petits pieds sont jolis ! — Il
faut pourtant que je ferme la fenêtre et le rideau ; car
maître Albertus n'aime pas beaucoup l'éclat du jour. Il
a tant usé ses yeux à travailler la nuit !... C'est pourtant
dommage de ne plus voir le soleil donner sur les rayons
de la bibliothèque. Je vais m'amuser à regarder la lyre,
mais je n'y toucherai pas. C'était la manie de mon père
de se fâcher quand j'en approchais. Pauvre père ! Cela
me rappelle bien des choses confusément..... mais des
choses tristes !... Je ne veux pas me souvenir.

(*Elle essuie une larme. — Méphistophélès entre
sous la figure d'un vieux juif.*)

SCÈNE VI.

MÉPHISTOPHÉLÈS, HÉLÈNE.

MÉPHISTOPHÉLÈS, *à part.*

Eh ! vite ! tâchons de la distraire ; car, si elle touche
à la lyre, elle est perdue pour nous.

(*Haut.*)

Pardon, ma belle demoiselle, si j'entre ici sans votre
permission ; je croyais trouver maître Albertus.

HÉLÈNE, *à part.*

Quel vilain petit vieux !

(*Haut.*)

Monsieur, qu'y a-t-il pour votre service ? Maître Albertus donne sa leçon.

MÉPHISTOPHÉLÈS.

Vous ne me remettez pas, ma chère demoiselle ? J'ai

eu l'honneur de vous voir souvent quand vous étiez toute petite; j'étais très-lié avec votre respectable père. Ne lui avez-vous pas entendu parler quelquefois de Jonathas Taer ?

HÉLÈNE.

Certainement, monsieur. Il avait fait beaucoup d'affaires avec vous. Vous êtes brocanteur, je crois ?

MÉPHISTOPHÉLÈS.

Précisément. Je vois que vous avez autant de mémoire que de grâce et de beauté.

HÉLÈNE.

Monsieur, je n'aime pas beaucoup les compliments, et je vous assure que je n'en mérite aucun sur ma mémoire.

MÉPHISTOPHÉLÈS.

Je gage que vous vous rappelez pourtant le dernier piano que j'ai procuré à monsieur votre père ?

HÉLÈNE.

Hélas! oui, monsieur. J'avais commencé à en jouer, lorsque, au bout de trois leçons, je tombai malade, et mon père le fit emporter de ma chambre, et me retira mon maître de musique.

MÉPHISTOPHÉLÈS.

Il fit bien. La musique vous aurait tuée, délicate comme vous êtes. Mais veuillez écouter le motif de ma visite aujourd'hui. J'ai une affaire à vous proposer.

HÉLÈNE.

A moi, monsieur? Veuillez revenir quand maître Albertus aura fini sa leçon; il est mon tuteur.

MÉPHISTOPHÉLÈS.

J'aime mieux en causer avec vous, car cela ne regarde que vous. Je veux vous acheter votre héritage.

HÉLÈNE.

Vous plaisantez, monsieur? Je n'ai pas d'héritage ; mon pauvre père est mort ruiné. Toutes ses dettes ont été payées ; et moi, il ne m'est rien resté du tout.

MÉPHISTOPHÉLÈS.

C'est bien malheureux !

HÉLÈNE.

Oh ! je vous assure que cela m'est fort égal.

MÉPHISTOPHÉLÈS.

Mais moi, je n'en puis dire autant ; j'ai été extrêmement frustré dans cette banqueroute.

HÉLÈNE.

Il n'y a pas eu de banqueroute, monsieur ; mon père a laissé de quoi payer tout ce qu'il devait.

MÉPHISTOPHÉLÈS.

En ce cas, votre tuteur voudra bien me solder une petite créance de 500 sequins, dont j'apporte la reconnaissance. Cette dette n'a pas été acquittée.

HÉLÈNE.

Juste ciel ! Et comment faire ? Il ne me reste rien ! Donnez-moi du temps, monsieur, je travaillerai.

MÉPHISTOPHÉLÈS.

Vous travaillerez ! Et que savez-vous faire, ma belle enfant ?

HÉLÈNE.

Hélas ! rien ; mais j'apprendrai, j'aurai du courage. Oh ! maintenant, je sens le prix de l'éducation.

MÉPHISTOPHÉLÈS, *ricanant.*

Vous apprendrez la philosophie... hein ? Savez-vous ce qu'on gagne avec la philosophie ? des rhumatismes et des ophthalmies.

HÉLÈNE.

Monsieur, vous êtes bien cruel !

MÉPHISTOPHÉLÈS.

Pas tant que vous croyez, mon enfant; car je viens,
comme je vous le disais, vous proposer une affaire. Vous
avez un héritage, quoi que vous en disiez, outre vos
beaux yeux et votre joli corsage, qui peuvent devenir
un assez joli fonds de commerce...

HÉLÈNE.

Monsieur, je vous prie de m'épargner vos plaisante-
ries. Je ne suis pas gaie.

MÉPHISTOPHÉLÈS.

De quoi vous fâchez-vous? Étant aussi jolie, vous
pouvez trouver un bon parti, et vous marier avanta-
geusement. Mais allons au fait : outre votre beauté et
vos dix-sept ans, vous avez encore une lyre d'Adelsfreit;
c'est un instrument précieux, quoiqu'il soit en très-
mauvais état. Avec quelques réparations, je me fais fort
de la vendre au moins 600 sequins. Donnez-la-moi, et
je déchire le billet de votre père, et je vous compte encore 100 sequins pour votre toilette, qui est plus que
modeste, à ce que je vois.

HÉLÈNE.

La lyre! vendre la lyre! Oh! c'est impossible! Mon
père y tenait plus qu'à sa vie. C'est la seule chose qui
me reste de lui. Vous ne savez pas, monsieur, qu'il
avait sur cet instrument des idées toutes particulières.
Il pensait que c'était un talisman, et qu'elle lui portait
bonheur.

MÉPHISTOPHÉLÈS.

Ce qui ne l'a pas empêché de se ruiner et de mourir
de chagrin.

HÉLÈNE.

Et il m'a recommandé plus de cent fois de ne jamais
m'en séparer, quoi qu'il arrivât.

MÉPHISTOPHÉLÈS.

Il y tenait tant que, lorsque vous faisiez mine d'y toucher, il entrait dans une colère épouvantable.

HÉLÈNE.

C'est la vérité.

MÉPHISTOPHÉLÈS.

Et un jour, la curiosité l'emportant sur l'obéissance, vous osâtes y porter la main.

HÉLÈNE.

Oh! vous me rappelez un souvenir qui s'était effacé, et qui me tourmentait pourtant comme un remords. La lyre rendit un son terrible..... Je crois l'entendre encore.

MÉPHISTOPHÉLÈS.

Et votre père entra au même instant dans la chambre, avec un geste menaçant et un regard furieux.

HÉLÈNE.

Je tombai évanouie, et depuis j'ai été malade bien long-temps et bien dangereusement, à ce qu'on dit.

MÉPHISTOPHÉLÈS.

Oui, vous avez été folle.

HÉLÈNE.

Folle! oh! que dites-vous là? Folle! Mais c'est affreux! On ne m'a jamais dit que j'eusse été folle!

MÉPHISTOPHÉLÈS.

Je vous demande pardon si j'ai manqué à la galanterie; mais il n'est pas étonnant que vous soyez folle monsieur votre père était fou.

HÉLÈNE.

Ce n'est pas vrai, vous êtes un méchant homme et un imposteur.

MÉPHISTOPHÉLÈS.

Demandez à maître Albertus, à Wilhelm, que vous

avez refusé d'épouser, à M. Hanz, qui vous fait la cour…
et à M. Carl, qui ne vous déplaît peut-être pas.

HÉLÈNE.

Vous êtes un insolent.

MÉPHISTOPHÉLÈS.

Ne nous fâchons pas. Votre père était monomane,
voilà tout. Très-judicieux sur tout le reste, il extrava-
guait sur son aïeul Adelsfreit, qu'il croyait avoir été
sorcier, et sur sa lyre, qu'il croyait ensorcelée. Le fait
est qu'il vous fit une si belle peur le jour où il vous
surprit grattant les cordes du pauvre instrument, que
vous en eûtes une fièvre cérébrale. Il est de la nature
de ces maladies de recommencer avec les causes qui les
ont fait naître. Voilà pourquoi maître Albertus vous a
défendu de toucher à la lyre. S'il était plus prudent, il
la cacherait; car vous n'avez qu'à avoir la fantaisie d'y
toucher encore, et cette fois vous seriez folle pour toute
votre vie. Cela serait fâcheux pour lui; car vous ne
pourriez pas vous marier, et vous resteriez à sa charge.
Le cher homme n'est pas riche. Il est forcé, par manque d'argent autant que par amour pour la philosophie,
de porter ses habits un peu râpés, et son potage est
aussi maigre que sa personne.

HÉLÈNE, *s'éloignant de la lyre avec effroi.*

Oh! oui, Albertus vit de privations, et moi je ne
manque de rien. C'est la vérité. Comment n'ai-je pas
encore songé à la dépense que je lui occasionne? Je ne
pense à rien, moi! Ah! j'épouserai qui l'on voudra
pour le débarrasser de moi.

MÉPHISTOPHÉLÈS.

Moi, je vous conseille de prendre Carl. C'est le mieux
tourné, le plus riche et le moins pédant des trois. Mais
cela ne me regarde pas, direz-vous. Au reste, votre

tuteur vous aime tant, qu'il pourra vous épouser lui-même, quoiqu'il soit d'âge à être votre père. Il est vrai que, s'il a des enfants, il faudra qu'il demande l'aumône.... Mais quand on aime, tout est bonheur et poésie, n'est-ce pas ?

HÉLÈNE.

Tout ce que vous dites est amer comme du fiel. J'aimerais mieux mendier moi-même que d'augmenter la gêne de mon respectable ami.

MÉPHISTOPHÉLÈS.

Il faudra pourtant bien qu'il se gêne encore un peu, car j'ai besoin de mon argent. Je veux partir demain pour Venise, et il faut que j'aie achevé ce soir de rentrer dans tous mes fonds. Vous ne voulez pas me vendre la lyre ?

HÉLÈNE.

Mon Dieu, mon Dieu !

MÉPHISTOPHÉLÈS.

Vous y tenez, vous avez raison. Oh ! ne vous gênez pas, il y a ici de quoi me payer. Le mobilier est encore assez propre.

HÉLÈNE.

Mais rien ici n'est à moi ; vous n'avez pas le droit de saisir le mobilier de mon tuteur.

MÉPHISTOPHÉLÈS.

Mais j'ai le droit de vous envoyer en prison. Et comme votre tuteur ne voudra pas vous y laisser aller, et comme il n'a pas d'argent, il faudra bien qu'il laisse vendre ses meubles et ses effets. Bah ! voilà un bon manteau accroché à la muraille. C'est du luxe pour un philosophe. Un philosophe ne doit pas craindre le froid. Et son lit ! mais c'est un voluptueux ; une paillasse doit suffire à un stoïque.

HÉLÈNE, *se jetant à genoux.*

Oh ! ne le dépouillez pas, ne le faites pas souffrir. Il n'est plus jeune, il est souvent malade, et déjà il ne s'impose que trop de privations. Faites-moi conduire en prison ! qu'il ne le sache pas !...

MÉPHISTOPHÉLÈS.

Quel bien cela me fera-t-il que vous soyez en prison ? Je n'y vois qu'un avantage, c'est de me faire solder par votre tuteur... Allons ! je vais lui dépêcher mon huissier, je n'ai pas un instant à perdre. J'ai dix affaires pareilles à finir aujourd'hui.

HÉLÈNE.

Oh ! monsieur, attendez que maître Albertus revienne. Je lui dirai de vous vendre la lyre.

MÉPHISTOPHÉLÈS.

Il ne le voudra jamais. Maître Meinbaker la lui a confiée comme un dépôt. C'est toute votre fortune. Il aimera mieux vendre son lit. J'en ferais autant à sa place. Quand on a une pupille aussi jolie !...

HÉLÈNE, *se relevant.*

Taisez-vous, malheureux, et prenez la lyre. Elle est à vous. Rendez-moi ce billet.

MÉPHISTOPHÉLÈS.

Un instant ! je ne puis prendre la lyre moi-même. Vous croiriez que je veux gagner dessus.

HÉLÈNE.

Et que m'importe ? Gagnez ce que vous pourrez ; puisqu'il faut que je m'en sépare, emportez-la tout de suite.

MÉPHISTOPHÉLÈS, *à part.*

Peste soit du charme ! Il m'est interdit de la toucher moi-même. Il faut que je la fasse emporter par mes dupes.

(Haut.)

Non, mademoiselle, je ne traite pas les affaires ainsi. Il y va pour moi de l'honneur. J'ai déjà brocanté la lyre, mais je veux que le marché soit conclu devant vous. Les personnes qui veulent l'acquérir sont ici à deux pas, je cours les chercher. Songez que, si vous gagnez quelque chose en retour, vous pourrez l'employer à soulager la misère de maître Albertus.

(Il sort.)

HÉLÈNE, *seule.*

Il a raison. Comment se fait-il qu'un homme si cupide et si grossier ait une sorte de délicatesse ? Folle !... J'ai été folle !... Je le suis peut-être encore ! Oh ! oui, c'est pour cela que je ne puis rien apprendre, et que je suis simple et bornée comme un enfant. C'est pour cela aussi que je ne puis être amoureuse de personne, ni me décider à me marier. Si je suis folle, au reste, je fais bien de ne pas vouloir me mettre comme une infirme à la charge d'un mari. Et je ne dois pas être mère, car la folie est héréditaire.... Mais je vais donc rester à la charge de maître Albertus !... Quel fardeau pour lui !... Oh ! ami trop généreux ! Oh ! malheureuse que je suis !... Je me tuerai... il le faut.... Ah ! ce méchant juif m'a éclairée sur toutes mes infortunes.

SCÈNE VII.

MÉPHISTOPHÉLÈS, LE MAITRE DE CHAPELLE, LE POÈTE, LE PEINTRE, LE CRITIQUE, HÉLÈNE.

MÉPHISTOPHÉLÈS, *à part, en entrant.*

Allons, mes gaillards, si vous ne brisez pas la lyre, si vous ne l'écorchez pas, si vous ne la jetez pas en lambeaux dans la boue, je ne me connais plus en plagiaires et en vandales.

(*Haut et se courbant jusqu'à terre devant eux.*)

Entrez, mes nobles seigneurs! Par ici, mes illustres maîtres! Que vos seigneuries daignent jeter les yeux sur cette merveille de l'art, sans oublier pourtant

(*Montrant Hélène et baissant la voix.*)

de jeter aussi un petit regard sur cette merveille de la nature.

HÉLÈNE, *à part.*

Ah! quelles figures déplaisantes! C'est dans leurs mains que va passer le trésor de mon père. Je n'assisterai point au marché. Cela me ferait trop de mal!

(*Elle sort.*)

LE MAESTRO.

Je tiens, avant tout, à essayer cet instrument incomparable. On le dit d'une qualité de sons si merveilleuse! Je compte l'introduire dans l'orchestre de sa majesté. J'ai déjà composé un solo tout exprès dans ma symphonie en *ré.*

LE PEINTRE.

Quant à cela, je crains qu'on ne vous ait trompé. On m'a dit, à moi, que personne n'avait entendu le son de cette lyre, parce que le propriétaire ne souffre pas qu'on y touche; mais mon ami Lottenwald m'a parlé des figurines d'ivoire qui couronnent l'instrument et qui sont les plus belles statuettes de sirènes qu'il ait jamais vues.

LE POÈTE.

Lottenwald s'y connaît! Quant à moi, je compte mettre en vers la légende fantastique qui se rattache à la lyre d'Adelsfreit. On dit, maître Jonathas, que vous seul connaissez la véritable version. C'est une tradition qu'on dit fort curieuse, et que feu Meinbaker le luthier ne racontait à ses meilleurs amis que sous le sceau d'un secret inviolable. J'espérais, en qualité de poète de la cour, avoir assez de droits à sa considération pour qu'il me confiât cette histoire mystérieuse; mais il ne voulut jamais s'y prêter.

LE PEINTRE.

Parce que vous comptiez la raconter au public sous le sceau d'un secret inviolable..... Moi, je me serais montré moins exigeant. J'aurais désiré copier les figurines, afin d'en orner les cadres des portraits de la famille impériale. Sa majesté eût été sensible à cette invention : elle aime particulièrement les cadres des tableaux; on peut même dire qu'elle daigne les préférer aux tableaux mêmes. Aussi c'est ce que je soigne le plus dans le choix des peintures dont elle me charge de composer sa galerie.

LE MAESTRO.

Mauvais plaisant, taisez-vous; qu'importe que sa majesté comprenne les arts, pourvu qu'elle les protége ?

MÉPHISTOPHÉLÈS.

(Il leur montre la lyre sur le piédestal.)

Voilà, messieurs, cet admirable instrument. On ne vous a pas trompés, comme vous voyez : son pareil n'existe pas dans le monde.

LE MAESTRO.

Ah ! c'est cela? Je m'attendais à autre chose.

LE PEINTRE.

Je vous demande mille pardons, monsieur Jonathas, mais je me connais un peu à ces sortes d'instruments : ceci n'est point un Adelsfreit.

MÉPHISTOPHÉLÈS.

Comment ! monsieur, daignez seulement jeter les

yeux sur la table d'harmonie, vous y pourrez lire en toutes lettres le nom du fameux luthier, et la date.....
la date authentique, le jour de sa mort.

LE PEINTRE.

Et la devise dont on m'avait parlé ?

MÉPHISTOPHÉLÈS.

La voici incrustée en argent sur l'ébène de la table.

LE MAESTRO.

Ce sont des caractères imperceptibles.

LE CRITIQUE.

Ah bon ! je les lirai d'emblée, j'ai la vue d'un lynx.
Écoutez, écoutez !

A qui vierge me gardera
La richesse.
A qui bien parler me fera
La sagesse.
A quiconque me violera
La folie ;
Et s'il me brise, il le payera
De sa vie.

LE POÈTE.

Baste ! ce n'est pas fort !

LE PEINTRE.

Hé ! hé ! il y a de la couleur locale dans ces vers-là.
Mais, franchement, que vous semble des figures sculptées?

LE POÈTE.

Admirables ! sublimes !

LE MAESTRO.

Et les ornements ! quel goût exquis ! quelle délicatesse
dans ces guirlandes de fleurs ! quels feuillages élégants !
quelles arabesques coquettes et déliées ! C'est un bijou.

LE PEINTRE.

Eh bien ! je suis fâché de ne pas partager votre enthousiasme. Tout cela est mesquin, maniéré, de mauvais goût ; c'est du rococo tout pur ! Nous faisons mieux que cela aujourd'hui.

LE CRITIQUE.

J'en doute. Aujourd'hui l'on ne fait rien qui vaille, et ceci est un chef-d'œuvre.

LE PEINTRE.

En admirant ceci, vous vous sentez à l'aise. On n'est pas jaloux des morts.

LE POÈTE.

Ah ! mon cher, on ne saurait nier que votre art soit en pleine décadence...

LE PEINTRE.

Ma foi, je n'ai pas lu, depuis dix ans, une seule strophe qui valût celle-ci.

LE MAESTRO.

La strophe n'est pas mauvaise, je la mettrai en musique ; mais je me garderai bien de la faire accompagner sur un instrument de ce genre. Il est d'une construction détestable, et la musique, aujourd'hui, est trop savante, trop étendue, trop compliquée, pour être exécutée sur de pareils chaudrons.

LE CRITIQUE.

La musique, la peinture et la poésie sont ensevelies dans le même cercueil, mes chers amis. Il n'y a plus qu'une puissance, la critique.

LE PEINTRE.

Et à quoi sert-elle ? Que gouverne-t-elle, cette puissance? S'il n'y a plus d'art, il n'y a plus rien à critiquer, et la critique peut se coucher tout de son long sur notre tombe, comme un chien sur la dépouille de son maître. Voyons, franchement, à quoi sert-elle ?

LE CRITIQUE.

Elle sert à tracer des épitaphes.

LE PEINTRE.

C'est-à-dire que vous faites un métier de croque-mort. Peu m'importe, mon bon ami. Jette à ton aise des fleurs sur mon tombeau ; j'ai toujours ouï dire que les arrêts de la critique portaient bonheur aux artistes. En attendant, fais-moi l'amitié de tenir un peu la lyre... comme cela... bien ! Je vais me hâter de faire un croquis des figurines, pendant que vous débattrez le prix avec maître Jonathas ; car, pour moi, je n'achète pas.

LE CRITIQUE.

Vous voulez les copier, toutes mauvaises qu'elles sont ? Vraiment, les modernes sont bien bons d'emprunter aux anciens, lorsqu'ils sont tellement supérieurs à ce genre mesquin et *rococo!*

MÉPHISTOPHÉLÈS, *à part.*

Je ne me presserai pas d'entrer en marché ; il est bon de les laisser s'échauffer dans la conversation. Avant dix minutes ils vont se disputer. S'ils pouvaient briser la lyre sans sortir d'ici, ce serait le plus prompt et le plus sûr.

LE PEINTRE.

Tiens toujours... Un peu plus droite, bon... j'y suis.

LE CRITIQUE.

Cette tête de muse, qui est au sommet et vers laquelle les deux sirènes se courbent avec tant de grâce, est digne de l'antiquité.

LE MAESTRO.

C'est Polymnie ou sainte Cécile ?

LE POÈTE.

C'est Érato. La lyre est bien plus l'emblème de la poésie que celui de la musique.

LE MAESTRO.

Voilà une singulière prétention ! Essayez donc de faire résonner un instrument en récitant des vers ! Vous ne feriez même pas vibrer une guimbarde avec tous vos sonnets, mon cher ami.

LE POÈTE.

La lyre n'était, chez les anciens, qu'un accessoire, un accompagnement de la déclamation, un moyen de soutenir la voix et de scander le vers sur une certaine mesure... Par exemple, tenez...

LE MAESTRO, *riant.*

Ah ! bon ! vous allez jouer de la lyre à présent ?

LE POÈTE.

Pourquoi non ? Il ne s'agit que de connaître la gamme sur les cordes et de suivre le rhythme poétique. Écoutez !

MÉPHISTOPHÉLÈS, *à part.*

O lyre, voici ta fin !

(*Le poète déclame des vers en touchant les cordes de la lyre, qui reste muette.*)

MÉPHISTOPHÉLÈS, *à part.*

Peste soit de l'esprit rebelle qui n'a pas voulu parler !

LE CRITIQUE, *bas au peintre.*

Voilà les plus mauvais qu'il ait encore faits.

LE POÈTE.

Eh bien ! que dites-vous de cela ?

LE MAESTRO.

Les vers sont beaux.

LE POÈTE.

Mais l'accompagnement ? vous ne m'auriez pas cru capable d'accompagner ainsi ?

LE MAESTRO.

Comment! l'accompagnement?

LE PEINTRE.

Vous avez remué les doigts avec beaucoup de grâce!

LE MAESTRO, *au critique.*

Est-ce que vous avez entendu un accompagnement?

LE CRITIQUE.

Monsieur s'est accompagné de beaux gestes, de poses très-nobles et d'une expression de visage vraiment remarquable.

LE POÈTE.

Monsieur, vous cherchez en vain à me rendre ridicule. Je ne suis pas musicien; ma profession est plus relevée. Si j'ai tiré de cette lyre des sons harmonieux, tout l'honneur en revient à l'ouvrier habile qui l'a fabriquée.

LE MAESTRO.

Mais, mon ami, c'est vous qui voulez vous amuser à nos dépens! Je vous donne ma parole d'honneur que vous n'avez tiré aucune espèce de son de cet instrument.

LE POÈTE.

Je vous trouve plaisant, vous aussi! Un maître de chapelle sourd! Cela nous explique vos symphonies!

LE CRITIQUE, *au maestro.*

Ne contrariez pas monsieur : c'est un des plus beaux priviléges de la poésie de voir et d'entendre dans les ténèbres et dans le silence.

LE PEINTRE, *esquissant toujours.*

Quant à moi, j'ai été tellement ravi et absorbé par les vers de monsieur, que je n'ai pas bien saisi l'accompagnement.

LE POÈTE.

Je ne vous demande pas d'éloges; je tiens seulement

à vous faire constater la beauté des sons que j'ai tirés de cette lyre. Tenez! est-il rien de plus pur et de plus puissant que cet accord?

(*Il touche la lyre qui reste muette.*)

LE MAESTRO.

Eh bien?

LE PEINTRE.

Vous avez entendu quelque chose?

LE CRITIQUE.

Rien du tout.

LE POÈTE.

Allons, vous êtes de mauvais plaisants! Je suis bien fou de m'y laisser prendre! Je jouerai pour moi seul.

(*Il joue en parlant.*)

Quelle sonorité! quelle harmonie céleste! — Eh! mais, cela est étrange! les sons se produisent d'eux-mêmes, et viennent, comme par miracle, vibrer sous mes doigts. Écoutez ; quelle pureté dans mon jeu, quelle légèreté dans ces arpéges, quelle puissance dans ces accords sublimes! O poésie, reine de l'univers, c'est à toi que je dois un talent que j'ignorais, que je regardais comme secondaire, et qui, par la puissance de mon génie, s'élève jusqu'au ciel! — Vous restez muets, vous autres, étonnés, atterrés, foudroyés par mon jeu! Misérables ouvriers, il vous faudrait dix ans d'études pour arriver à jouer médiocrement sur un chalumeau. Et moi, sans avoir jamais appris la musique, sans connaître ni les règles de cet art ni le mécanisme d'aucun instrument, je déploie ici sans effort, sans soin, sans méditation, les trésors de mon âme ; je fais ruisseler presque involontairement des torrents d'harmonie ; je vois tout s'animer autour de moi : ces colonnes se balancent, ces fresques se tordent, et la voûte s'entr'ouvre pour laisser monter jusqu'à l'empyrée l'hymne glorieux qui s'exhale de moi!...

(La lyre est restée muette.)

LE MAESTRO.

Quel dommage! notre pauvre ami est devenu fou! Qui me fera mes libretti maintenant?

LE CRITIQUE, *avec ironie.*

Je ne trouve pas monsieur plus fou que de coutume.

LE PEINTRE.

(Il rit aux éclats et se renverse sur sa chaise.)

Je meurs, j'étouffe; je n'ai jamais rien vu de si divertissant!

LE POÈTE.

C'est vous qui excitez mon ironie et ma pitié! Votre jalousie perce enfin, et je vois qu'au moment où ma force éclate, votre haine à tous ne peut plus se contenir. Vous avez toujours été mes ennemis, je le savais, allez! et si j'écoutais avec patience vos flatteries, c'est que mon mépris vous préservait de mon indignation; mais il est temps que je sorte de cette atmosphère impure. Je me sépare de vous, je vais remplir le monde de ma gloire, et, comme le divin Orphée, porter aux hommes les bienfaits de la civilisation dans la langue sacrée dont j'ai dérobé le secret aux dieux!

(Il s'enfuit à travers le jardin, son chapeau à la main.)

MÉPHISTOPHÉLÈS, *à part.*

Malédiction sur toi, cervelle de singe! Voilà qu'il prend son chapeau pour la lyre! Laissons un peu ceux-ci se chamailler.

(Il se retire à l'écart.)

LE PEINTRE, *riant toujours aux éclats.*

Regardez-le, regardez-le donc! Quelle démarche

théâtrale! quelles contorsions! Les cheveux épars, le manteau flottant dans la nuée orageuse, le chapeau dans les mains comme si c'était la harpe d'Ossian! Parfait! parfait! L'excellente caricature!

LE MAESTRO.

Vous en riez! mais il est fou, réellement fou! C'est un accès de fièvre cérébrale.

LE PEINTRE.

Bah! ce n'est qu'un accès de vanité délirante. Il est habitué à cette maladie; il n'en mourra pas.

LE MAESTRO.

Mais il fait des extravagances! Voyez-le donc saluer et bénir autour de lui, comme s'il voyait une population prosternée! Le voilà qui monte sur une caisse d'oranger, et qui se pose en statue comme sur un piédestal.

LE CRITIQUE.

En Apollon! C'est très-bien. Le chapeau représente admirablement la lyre. Je gage qu'il prend la queue de sa perruque pour celle d'une comète.

LE MAESTRO.

Je ne trouve point cela risible. Cette lyre est ensorcelée.

A quiconque me violera
La folie.

Voilà une prédiction réalisée.

LE CRITIQUE.

Il ne faut pas beaucoup de sorcellerie pour prédire qu'un fou fera des folies, et je vous jure que toutes les machinations de l'enfer ne pouvaient rien ajouter à l'extravagance d'un homme aussi content de lui-même.

LE PEINTRE.

N'importe ! il faut que je me dépêche d'achever ce croquis. Maudit fou, qui m'a dérangé !

LE MAESTRO.

Pendant que le juif n'y fait pas attention, j'ai envie de démonter la lyre pour en connaître le mécanisme intérieur : cela me dispenserait de l'acheter.

MÉPHISTOPHÉLÈS, *à part.*

Oui, oui, à ton aise; je ne demande pas mieux.

(*Le maestro veut prendre la lyre.*)

LE PEINTRE.

Ah ! de grâce, un instant !...

LE MAESTRO.

Mais à quoi vous amusez-vous donc là, mon cher peintre ? ne perdez pas le temps à faire autre chose.

LE PEINTRE.

Qu'est-ce que vous dites ? Vous ne voyez pas mes deux sirènes ? Il me semble que j'ai saisi la courbe avec le sentiment de la chose.

LE CRITIQUE.

Facétieux ! Vos deux satyres ne sont pas mal; mais j'aime mieux les sirènes. Pourquoi, d'ailleurs, des satyres sur un pareil instrument ?

LE PEINTRE.

Voilà la véritable manière du critique. On lui donne à juger un poème héroïque, et, quand il désespère d'y trouver à mordre, il taille sa plume et il écrit : « En tant que poème, celui-ci renferme certainement quelques beautés; mais si nous le considérons (comme nous devons et comme nous voulons le considérer) sous le rapport de la géométrie et des sciences naturelles, nous sommes forcés de le classer au-dessous de tout ce qu'il y a de plus médiocre en ce genre, » etc., etc.

(Au maestro.)

C'est cela, n'est-ce pas?

LE MAESTRO.

De quoi parlez-vous, de la critique ou de votre dessin ?

LE PEINTRE.

Laissons la critique, je m'en moque. — Mes sirènes, ha !...

LE MAESTRO.

Vos satyres ?...

LE PEINTRE.

Vous aussi? Bien ! courage ! C'est égal, elles sont parfaites.

LE CRITIQUE.

Vous avez la fantaisie de faire des satyres au lieu de sirènes; il ne faut jamais discuter sur la fantaisie de l'artiste; mais à quoi bon regarder cette lyre, comme si vous faisiez semblant de copier? Vous n'imitez pas seulement la pose.

LE MAESTRO.

Sans doute. Au lieu de ces deux figures si souples et penchées l'une vers l'autre avec tant de grâce, vous todez en arrière deux troncs grotesques, et vous les disposez dans un plan tout à fait inverse du modèle. Il est possible que cela soit original; mais je n'y vois aucun rapport avec la lyre d'Adelsfreit.

LE PEINTRE.

Cher maestro, vous êtes trop lourd pour faire de l'esprit; contentez-vous de piller les grands maîtres et de nous donner pour les inspirations de votre muse des vols infâmes mal déguisés sous une broderie de mauvais goût; laissez l'ironie légère à monsieur, qui s'en sert si bien, comme chacun sait, et dont les anathèmes sont,

pour les hommes comme moi, des brevets d'immortalité.

(*Au critique.*)

Oui, monsieur, je vous brave et vous méprise; vous
le savez bien. En voyant cette simple esquisse empreinte
d'une grandeur à laquelle vous ne sauriez atteindre,
vous pâlissez de rage; et, ne pouvant comprendre ni la
beauté ni la grâce, vous affectez de voir des sujets grotesques dans ces emblèmes charmants de la séduction...

LE CRITIQUE, *au maestro.*

Emblèmes de la séduction! deux satyres hideux, pris
de vin et se renversant avec un rire obscène!

LE MAESTRO, *au peintre.*

Sur l'honneur! mon maître, vous avez la vue troublée ou l'esprit égaré. Ces deux hommes à pieds de
bouc sont une composition indigne de vous. Remettez-
vous, je vous prie; ouvrez les yeux, et ne prenez point
en mauvaise part l'avis, que je vous donne dans votre
intérêt, de les anéantir.

LE CRITIQUE.

C'est mon avis aussi.

MÉPHISTOPHÉLÈS, *à part.*

Allons donc! battez-vous.

LE PEINTRE, *en colère.*

Oui, vous voudriez bien qu'il en fût ainsi. Mes bons
amis, je vous connais. Vous m'avez trahi tant de fois
que j'ai appris à faire de vos conseils le cas qu'ils méritent. En qualité de misérables plagiaires, vous voyez
avec désespoir grandir les talents d'autrui; toute supériorité vous écrase, et, habitués que vous êtes à copier
servilement, vous criez à la bizarrerie et à l'exagération
lorsque, dans l'imitation d'une œuvre d'art, vous voyez
le génie de l'artiste surpasser son modèle. Eh bien!

vous avez raison ! mes deux sirènes ne ressemblent point
à celles de la lyre, pas plus que vos ouvrages, à l'un et
à l'autre, ne ressemblent aux ouvrages que vous avez
imités ; mais avec cette différence que vous gâtez grossièrement tout ce que vous touchez, tandis que j'ai
donné un cachet sublime à la copie d'un sujet assez médiocre. Les sirènes de cette lyre sont deux jolies filles,
les miennes sont deux déesses, et vos efforts seront
vains : l'univers les jugera et confondra votre plate jalousie ou votre stupide aveuglement.

(Il sort emportant son album.)

LE MAESTRO.

Ceci est de plus en plus étrange. Lui aussi, pris de
vertige et devenu fou pour avoir seulement regardé cette
lyre ! Oui, la prédiction se réalise ; le délire de la vanité
s'empare des talents médiocres qui violent la virginité
du talisman ! O lyre magique ! je reconnais la puissance
surnaturelle qui réside en toi ; et, puisque tu promets
la sagesse et la prospérité à celui qui te fera parler di-
gnement, je m'approche de toi avec une confiance res-
pectueuse, et je me flatte de tirer de toi des harmonies
telles que toutes les puissances du ciel ou de l'enfer qui
ont présidé à ta formation viendront se soumettre à moi
et m'obéir comme au grand Adelsfreit lui-même.

LE CRITIQUE.

Prenez garde : ce qui s'est passé sous nos yeux tient
en effet du prodige, et doit vous servir d'enseignement...

LE MAESTRO.

Vous doutez de ma puissance ?

LE CRITIQUE.

Oui, j'en doute, permettez-moi de vous le dire. Je
vous ai assez loué en public, je vous ai rendu assez de

services pour que vous ayez en moi un peu de confiance. Contentez-vous des couronnes que ma bienveillance vous a décernées; contentez-vous de la renommée que ma plume vous a acquise. Vous avez abusé les
hommes; ne vous jouez point aux esprits d'un autre
ordre...

LE MAESTRO.

Je ne sais ce que vous voulez dire, et je crains que,
pour avoir porté une main profane sur la lyre, vous
aussi vous n'ayez perdu l'esprit. Je ne dois ma renommée qu'à mes chefs-d'œuvre, et ce n'est point la plume
vénale d'un folliculaire qui peut décerner des couronnes. Le génie se couronne lui-même; il cueille ses lau-
riers de ses propres mains, et il méprise les conseils
intéressés des flatteurs qui voudraient le faire douter de
sa force, afin de se donner de l'importance.

LE CRITIQUE, *lui tendant la lyre.*

Vous le voulez! Soit : que votre témérité insensée
porte ses fruits, et que votre destinée s'accomplisse.

LE MAESTRO.

Tombez à genoux, valet !

MÉPHISTOPHÉLÈS.

Ah! cette fois, lyre, tu es perdue.

LE MAESTRO.

(*Il prend la lyre et en tire des sons aigres
et discordants.*)

Voilà qui est étrange. Muette ! muette pour moi
comme pour le poète !

LE CRITIQUE.

Vous appelez cela être muette! Plût au ciel ! Vous
m'avez fait saigner les oreilles !

LE PEINTRE, *rentrant avec le poète.*

Quelle épouvantable cacophonie ! Ah ! c'est vous,

cher maestro, qui nous donnez ce concert diabolique ?
Je ne suis plus étonné de ce que je viens de souffrir.

LE POÈTE, *tenant l'album du peintre entr'ouvert.*

Je n'ai jamais éprouvé rien de si désagréable que d'entendre ce grincement affreux, si ce n'est de voir ces monstrueux satyres faisant la nique au masque ignoblement bouffon du Silène placé là entre les deux, au lieu de la ravissante tête de muse qui surmonte la lyre.

LE PEINTRE.

Et en disant cela, mon bon ami, vous contemplez avec amour la corne de votre chapeau, que vous persistez à prendre pour la lyre d'Orphée.

LE MAESTRO.

Les puissances infernales me sont contraires. Je vous invoque, ô esprits du ciel ! venez rendre la vie à cette harmonie captive ; faites qu'elle se ranime sous mes doigts, et qu'au souffle créateur de mon intelligence elle se répande en sons divins.

(*Il touche la lyre ; elle répand des sons de plus en plus discordants et insupportables, qu'il n'entend pas.*)

LE PEINTRE.

Pour l'amour de Dieu, finissez ; vous nous faites grincer les dents.

LE POÈTE.

Quels abominables sifflements ! On dirait d'un combat de chats sur les toits, ou d'un sabbat de sorcières sur leurs manches à balais.

LE MAESTRO.

Votre folie continue ; j'en suis fâché pour vous. Quant à moi, je puis dire que, si je n'ai pas fait parler la lyre, du moins je ne l'ai pas violée ; car le délire ne s'est pas emparé de moi, et je ne me suis pas imaginé entendre une musique céleste émaner d'un instrument muet.

LE POÈTE.

Comment, vous n'entendez pas crier, grincer et rugir sous vos doigts ces cordes aigres et fausses? Si vous n'êtes pas devenu fou, du moins vous êtes devenu sourd. Je vous le disais bien. Vous n'entendez pas mes divins accords, et vous n'entendez pas non plus l'épouvantable vacarme que vous faites.

LE PEINTRE.

Tenez, tenez; la leçon du professeur Albertus en est interrompue. Voyez là-bas. Les élèves se regardent avec effroi, et les voisins cherchent de tous côtés d'où peut partir un si détestable tintamarre. Faut-il leur annoncer que c'est le début de votre nouvelle symphonie?

LE MAESTRO.

Je ne réponds pas aux insultes d'un fou. Mais je suis fou moi-même d'avoir cru que cet instrument vermoulu renfermait une puissance magique. Je vois bien qu'il n'a rien de merveilleux, qu'il ne résonne pas parce que la table est fendue et les cordes rouillées. Il n'y a rien ici que de très-naturel. Le plus grand génie du monde ne saurait faire parler un morceau de bois, et aux gens perdus de vanité la plus légitime contradiction suffit pour détraquer le cerveau : voilà pourquoi la lyre est muette, et voilà pourquoi vous êtes tous fous.

MÉPHISTOPHÉLÈS, *à part.*

Je commence à croire que le diable lui-même peut le devenir. A quoi avais-je l'esprit quand j'ai compté que ces idiots me seraient bons à quelque chose? L'esprit de la lyre se moque d'eux.

LE CRITIQUE, *au maestro.*

Veuillez faire une exception pour moi, monsieur.

J'ai vu avec la sérénité d'un jugement impartial les diverses tentatives que vous avez faites pour retrouver sur cette lyre quelque trace du génie éteint de nos pères. J'ai vu ici un poète s'évertuer à toucher des cordes muettes et se persuader qu'il nous versait des torrents d'harmonie : ceci est le fait de l'impuissance jointe à un orgueil démesuré. J'ai vu un peintre s'efforcer de saisir du moins la forme de l'art, et, au lieu d'une étude consciencieuse et patiente, produire une fantaisie monstrueuse qu'il croyait empreinte d'une grâce ineffable : ceci est encore le fait de l'impuissance jointe à la vanité aveugle. Enfin, j'ai vu un compositeur qui produisait au hasard des sons bruyants et d'une insupportable dissonance. Habitué qu'il est à mépriser le chant et à surprendre les sens par une confusion d'instruments dont il prend le bruit pour de l'harmonie, il a perdu jusqu'au sens de l'ouïe, et ne se fait plus souffrir lui-même de ses exécrables aberrations : ceci est toujours le fait d'une impuissance sans remède jointe à une confiance grossière. C'est un spectacle bien triste pour celui qui, d'une main assurée, tient la balance de la critique, de voir tant d'avortements misérables et de honteuses défections. Cette douloureuse expérience nous confirme dans la conviction pénible, mais irrévocable, que l'inspiration n'existe plus, et que nos pères ont emporté dans la tombe tous les secrets du génie. Il ne nous reste plus que l'étude laborieuse et l'examen austère et persévérant des moyens par lesquels ils ont revêtu de formes irréprochables les créations de leur intelligence féconde. Travaillez donc, ô artistes ! travaillez sans relâche, et, au lieu de tourmenter inutilement vos imaginations déréglées pour leur faire produire des monstres, appliquez-vous à encadrer, du moins, dans des lignes pures et régulières, les types éternels de beauté et de vérité qu'il n'appartient pas aux générations de changer. Depuis Homère, toute tentative d'invention n'a servi qu'à signaler le progrès incessant et fatal d'une décadence inévitable. O vous qui voulez manier le cistre et la lyre, étudiez le rhythme et renfermez-vous dans le style. Le style est tout, et l'invention n'est rien, parce qu'il n'y a plus d'invention possible.

LE PEINTRE.

Voilà un discours magnifique ;

Mais tournez-vous, de grâce, et l'on vous répondra.

LE POÈTE.

Vous qui nous insultez lâchement, vous, impuissant par système parce que vous l'êtes par nature, vous qui nous accusez d'impuissance parce que vous espérez nous décourager et nous faire descendre à votre niveau, prouvez donc que vous êtes capable de produire quelque chose, quoi que ce soit. Faites seulement un vers passable, pour prouver que vous avez étudié la forme. Je vous en défie.

LE PEINTRE.

Tracez seulement une ligne avec ce crayon.

LE MAESTRO.

Faites seulement un accord avec cette lyre ; c'est là que je vous attends.

LE CRITIQUE.

Les vaines fumées de la gloire sont pour moi sans parfum. Réfugié sur les sommets d'une immuable équité, nourri de joies sérieuses et durables, j'ai méprisé les jouets futiles que vous appelez vos sceptres et vos couronnes : je vous les ai laissé ramasser. Si j'avais voulu, moi aussi, j'aurais joui d'une gloire éphémère et brillé d'un éclat frivole. J'ai préféré être votre conseil, votre appui, votre maître à tous! Disciples indociles, prenez garde; si vous n'écoutez pas mes leçons, je saurai vous démasquer et vous empêcher d'égarer le siècle.

LE PEINTRE.

Une leçon, une petite leçon de peinture, je vous en prie. Tenez, voilà mon crayon. Faites une main, un pied, un nez, ce que vous voudrez, enfin.

LE POÈTE.

Improvisez une strophe, allons! que nous voyions enfin ce que vous savez faire.

LE PEINTRE.

Non, non, qu'il joue de la lyre, et, s'il la fait parler, rendons-lui hommage.

LE PEINTRE et LE POÈTE.

J'y consens, allons!

LE CRITIQUE, *prenant la lyre.*

Et moi aussi, je consens à vous montrer que je sais mieux que vous les arts que vous professez. Je vais vous chanter, en vers alexandrins, une dissertation sur la peinture, et je m'accompagnerai de la lyre sur le mode ionique.

LE PEINTRE.

Ce sera superbe et vraiment neuf. Voyons!

LES DEUX AUTRES.

Voyons, commencez!

MÉPHISTOPHÉLÈS, *à part.*

Allons! toi, tu es celui sur lequel j'ai le plus compté!

(*Le critique pose les doigts sur la lyre, et les retire avec un cri douloureux.*)

LES AUTRES.

Qu'est-ce que c'est? que vous arrive-t-il?

MÉPHISTOPHÉLÈS , *à part.*

Esprit de la lyre , tu triomphes !

LE CRITIQUE.

Infâmes ! vous ne m'aviez pas dit que ces cordes
étaient tranchantes comme des lames de poignard. Je
me suis coupé jusqu'aux os. Ah ! mon sang coule par
torrents , et une douleur cuisante se communique à
tous mes membres. Je succombe. Secourez-moi !

LE MAESTRO.

Il pâlit ; sa blessure saigne horriblement. C'est un
châtiment céleste.

LE POÈTE.

Il va mourir. La justice divine se montre enfin , et
confond la rage de l'envieux.

LE PEINTRE.

Puisse la source de son sang impur être à jamais
tarie et ne pas donner la vie à une nouvelle race de
polypes !

LE CRITIQUE, *avec fureur.*

Détestables scélérats ! ceci est une trahison. Vous
m'avez tendu ce piége pour vous délivrer de moi, votre
juge et votre maître. Mais vous ne jouirez pas long-
temps de votre triomphe. Avant de mourir je briserai
votre lyre , et nul après moi ne s'en servira.

(*Il prend la lyre et veut la briser. — Hanz entre
précipitamment et lui arrache la lyre.*)

HANZ.

Arrêtez ! vous êtes des hôtes de mauvaise foi , et
vous mériteriez d'être chassés d'ici. Vous savez le prix
inestimable que maître Albertus attache à cet instrument, et, non contents d'y toucher sans sa permission,
vous voulez encore l'anéantir. Retirez-vous , misérables insensés, ou j'attirerai sur vous le ressentiment de

maître Albertus et de toute son école. Tenez, les voilà tous qui viennent. Partez vite, ou je ne réponds de rien.

(*Le critique, le maestro, le peintre et le poète se retirent.*)

MÉPHISTOPHÉLÈS, *à part.*

Méchant écolier ! je te ferai payer cher ton beau zèle. Disparaissons, car la figure du juif Jonathas ne serait pas vue de bon œil par tous ces marauds d'étudiants.

(*Il s'envole par la fenêtre.*)

SCÈNE VIII.

HANZ, ALBERTUS, HÉLÈNE, CARL, WILHELM.

ALBERTUS.

Est-ce vous, Hanz, qui interrompez la leçon par ce charivari ?

HANZ.

Dieu m'en garde ! mon tympan en est encore affecté.

CARL.

Jamais, au mardi gras, je n'ai entendu de cornets plus grotesques.

WILHELM.

Dites plutôt que c'était la trompette du jugement dernier.

ALBERTUS.

Mais qui donc s'est permis, chez moi, cette mauvaise plaisanterie ? Est-ce que c'est la lyre d'Adelsfreit qui rend de pareils sons ?

HÉLÈNE, *dans une sorte d'égarement.*

La lyre a été violée, et la lyre s'est vengée. Elle a

puni les profanateurs. La première partie de la prédiction de mon aïeul Adelsfreit est accomplie. Le temps
est venu, et une force invincible me précipite vers l'a-
bîme où je dois me briser.

(Elle prend la lyre des mains de Hanz.)

N'y touchez plus jamais, Hanz. C'est mon héritage.
On appelle cela *la folie.*

ALBERTUS.

Mon Dieu ! Hélène a de nouveau perdu l'esprit.

HÉLÈNE, *dans une sorte d'extase, tenant la lyre.*

La lyre ! voici donc la lyre ! O lyre ! que je t'aime !

CARL.

Que dit-elle ? Voyez donc comme sa figure change !

HANZ.

Son visage blanchit comme l'aube, et ses yeux se
noient dans une béatitude céleste.

ALBERTUS.

Jeune fille, qu'as-tu ? Une auréole lumineuse t'environne !

HÉLÈNE, *parlant à la lyre.*

Oh ! qu'il y a long-temps que je désirais te tenir
ainsi ! Tu sais pourtant que je t'ai respectée comme
une hostie sainte placée entre le ciel et moi !

CARL.

Quelles paroles étranges !

HANZ.

Quel langage sublime !

ALBERTUS.

Hélène, Hélène, prends garde. Tu as juré à ton père
mourant de ne jamais toucher à cette lyre qu'il croyait
enchantée. Les fantaisies des mourants doivent être sa-
crées comme les arrêts de la sagesse. Ma fille, craignez
l'effet des sons sur votre cerveau débile !

CARL.

Chère Hélène, vous n'êtes pas bien. Je ne sais ce que tout cela signifie, mais écoutez maître Albertus; c'est un homme sage et qui vous aime.

HÉLÈNE, *parlant à la lyre.*

Je ne t'ai point profanée, et mes mains sont pures, tu le sais bien. J'ai tant désiré te connaître et m'unir à toi! Ne veux-tu pas me parler? Ne suis-je pas ta fille? (*A Albertus et à Carl qui veulent lui ôter la lyre.*)

Laissez-moi, hommes! je n'ai rien de commun avec vous. Je ne suis plus de votre monde.

(*A la lyre.*)

Je t'appartiens. Veux-tu enfin de moi?

HANZ, *à Albertus.*

O maître! laissez-la, respectez son extase. Voyez! comme elle est belle ainsi, pliée jusqu'à terre sur un de ses genoux! Voyez! comme elle appuie avec grâce la lyre sur son autre genou, et comme ses bras d'albâtre entourent la lyre avec amour!

ALBERTUS.

Jeune enthousiaste, vous ne savez pas à quel péril elle s'abandonne! Craignez pour sa raison, pour sa vie, qui déjà ont été compromises par le son de cette lyre!

HANZ.

Voyez, maître : ceci tient du prodige; les rubans de sa coiffure se brisent et tombent à ses pieds; sa chevelure semble s'animer comme si un souffle magique la dégageait de ses liens brillants, pour la séparer sur son front et la répandre en flots d'or sur ses épaules de neige. Oui, voilà ses cheveux qui se roulent en anneaux libres et puissants comme ceux d'un jeune enfant qui court au vent du matin. Ils rayonnent, ils flamboient,

7

ils ruissellent sur son beau corps comme une cascade embrasée des feux du soleil. O Hélène ! que vous êtes belle ainsi ! Mais vous ne m'entendez pas !

ALBERTUS.

Hanz, mon fils, ne la regardez pas trop. Il y a dans la vie humaine des mystères que nous n'avons pas encore abordés, et que je ne soupçonnais pas, il y a un instant.

(*A part.*)

Oh ! moi aussi, je me sens troublé, je voudrais ne pas voir cette sibylle !

HÉLÈNE.

(*Elle soutient la lyre d'une main et lève l'autre vers le ciel.*)

Voici ! le mystère s'accomplit. La vie est courte, mais elle est pleine ! L'homme n'a qu'un jour, mais ce jour est l'aurore de l'éternité !

(*La lyre résonne magnifiquement.*)

HANZ.

O muse ! ô belle inspirée ?

CARL.

Quelle mélodie céleste ! quel hymne admirable ! Mes oreilles n'ont jamais entendu rien de pareil, et moi, insensible d'ordinaire à la musique, je sens mes yeux se remplir de larmes, et mon esprit aborder des régions inconnues.

ALBERTUS, *baissant la voix.*

Taisez-vous, parlez bas du moins. Observez le prodige. Il y a ici beaucoup à apprendre. Ne voyez-vous pas que ses mains ne sont pas posées sur la lyre ? Son bras gauche seul soutient l'instrument appuyé sur son sein, et comme si les pulsations de son cœur brûlant, comme si un souffle divin émané d'elle suffisaient à faire vibrer les cordes, sans le secours d'aucun art humain, la lyre chante sur un mode inconnu quelque chose d'étrange.

HANZ.

Oh! oui, je vois le miracle! Je savais bien que cette créature appartenait à un monde supérieur! Laissez-moi l'écouter, maître, elle n'a pas fini. Dieu! dans quel ravissement elle plonge tout mon être! Oh! oui, maître, l'âme est immortelle, et, après cette vie, l'infini s'ouvrira devant nous!

CHŒUR DES ESPRITS DE L'HARMONIE.

(Hélène fait chanter la lyre, et Albertus s'entretient à voix basse par intervalles avec ses deux élèves. Les paroles que chantent les esprits ne sont pas entendues des hommes, et la mélodie de la lyre, qui en est l'expression, frappe seule leurs oreilles.

Le moment est venu pour toi, esprit notre frère, qu'un pouvoir magique retient captif au sein de cette lyre. Nous avons entendu ta voix mélodieuse, et nous viendrons voltiger autour de ta prison d'ivoire, jusqu'à ce que la main de cette vierge ait été assez puissante pour rompre le charme et te rendre à la liberté. Déjà tu n'es plus condamné au silence ; un souffle pur t'a ranimé. Espère : l'homme ne peut rien fixer, et ce qui a été ravi au ciel doit y retourner.

L'ESPRIT DE LA LYRE.

O mes frères, ô esprits bien-aimés, approchez-vous, descendez vers moi. Tendez la main. Arrachez-moi de cette prison, afin que j'aille voltiger avec vous dans l'air pur, au-dessus de la région stérile où végètent les hommes. O mes frères, ne m'abandonnez pas. Je soupire, je tremble, je souffre ; écoutez mes plaintes, écoutez mes pleurs timides, emportez-moi sur vos ailes de feu !

LES ESPRITS DE L'HARMONIE.

Le magicien t'a lié avec sept cordes de métal. Pour que tu sortes de la lyre, il faut qu'une main vierge de toute souillure ait rompu les sept cordes une à une ; mais il faut que ce soit la main d'une créature humaine. Nous ne pouvons que charmer ta douleur par nos chants et ranimer ton espoir par notre présence.

L'ESPRIT DE LA LYRE.

Oh ! plaignez-moi, consolez-moi, parlez-moi ; car je suis captif, et je soupire, je tremble, je souffre, je pleure !

ALBERTUS.

Le son de cette lyre est douloureux, et ce chant est d'une tristesse mortelle. O Hélène ! que se passe-t-il dans ton âme, pour que ton inspiration soit si déchirante ?

WILHELM.

Tout à l'heure le rhythme était plus large, les sons plus puissants, l'inspiration plus triomphante. On eût dit d'un hymne, et maintenant on dirait d'une prière.

CARL.

Je n'y comprends rien, moi ; mais je souffre, et pourtant je ne puis m'arracher d'ici.

LES ESPRITS DE L'HARMONIE. .

Frère, nous te parlerons de ta patrie, et tu seras consolé. Nous venons du blanc soleil, que les hommes, tes compagnons de misère, appellent Wega, et qu'ils ont consacré à la lyre. Ton soleil, ô jeune frère, est aussi pur, aussi brillant, aussi serein que le jour où un pouvoir magique t'en fit descendre pour habiter parmi les hommes. Il est toujours régi par le même son. C'est t

toujours le rayon blanc du prisme infini qui chante la
vie de cet astre.

*(Les voisins, attirés par la musique, pénètrent
dans le jardin et se pressent à la porte du
cabinet d'Albertus.)*

UN AMATEUR.

Voilà un instrument peu usité, mais d'une qualité et
d'une étendue de sons incomparables ; c'est sans doute
un ouvrage de M. Meinbaker.

UN AUTRE AMATEUR.

Probablement. Mais n'êtes-vous pas stupéfait du talent
de sa fille ? — Je ne crois pas qu'il y ait une pareille
virtuose au monde. Et elle prétendait ne pas connaître
la musique !

UN BOURGEOIS.

Messieurs, vous êtes placés derrière nous. Vous ne
voyez pas. Avancez un peu, et expliquez-nous, vous
qui êtes des connaisseurs, comment mademoiselle
Meinbaker peut jouer de cet instrument sans toucher
les cordes.

L'AMATEUR, *lorgnant.*

Ah ! c'est bizarre en effet ! Je n'avais pas remarqué.

UNE BOURGEOISE.

Ceci sent par trop la sorcellerie. J'ai envie de m'en
aller. J'avais toujours soupçonné ce vieux sournois de
Meinbaker de s'adonner à la cabale. Il n'allait jamais à
l'église, et il était beaucoup trop lié avec maître Albertus,
qui lui-même est un...

L'AMATEUR.

Rassurez-vous, madame ; il n'y a rien de moins sorcier que cette manière de jouer. Cette lyre est une espèce d'orgue qui est montée comme une horloge, et
qui jouera, sans qu'on y touche, tant que la chaîne

7.

n'aura pas terminé un certain nombre de tours sur un
pivot.

UNE JEUNE FILLE.

Je vous assure, monsieur, qu'Hélène joue avec ses
yeux. Tenez, elle pâlit, elle rougit, son œil brille ou
s'éteint ; et la musique devient lente ou rapide, douce
ou bruyante, selon sa volonté. Je crains bien que la
pauvre Hélène ne soit ensorcelée.

L'AUTRE AMATEUR.

Comment ! mademoiselle, vous ne voyez pas que ce
que vous prenez pour votre amie Hélène est un automate auquel on a donné sa ressemblance ? On dirait
d'Hélène, en effet ; mais c'est tout simplement une machine, et vous allez la voir s'arrêter. Les yeux sont d'é-
mail et tournent au moyen d'un ressort. La respiration
est produite par un soufflet placé dans le corps du man-
nequin...

LES ESPRITS.

Nous t'avons assez parlé. Maintenant, occupe-toi de
ta libératrice, songe qu'elle seule peut briser le charme ;
c'est à toi de l'instruire et de te révéler à elle, si son
intelligence peut s'élever jusqu'à toi.

L'ESPRIT DE LA LYRE.

Eh quoi ! mes frères, déjà ! Que voulez-vous que je
devienne sans vous dans mon cercueil d'ivoire ? Que
puis-je dire à une fille des hommes ? elle n'entendra
pas mon langage. Oh ! je tremble, je souffre, je pleure !

HÉLÈNE, *s'interrompant et se levant avec énergie.*

Tu as parlé ! Tu as dit : « *Je souffre, je pleure !* »
Qui donc es-tu ?

LA JEUNE FILLE, *à l'amateur.*

Voyez si c'est un automate.

ALBERTUS.

Hélène, c'est assez ; la lyre a bien parlé, ne poussez pas l'épreuve plus loin. Le son de cet instrument est trop puissant pour des oreilles humaines, il trouble les idées et peut égarer la raison.

(*Il lui ôte la lyre.*)

HÉLÈNE.

Que faites-vous ? Laissez , laissez-la-moi.

(*Elle tombe évanouie.*)

HANZ.

O maître ! pourquoi lui ôter la lyre ? vous allez la tuer. Maître, elle semble morte, en vérité.

ALBERTUS.

N'aie pas peur, ce n'est rien. La commotion électrique de la lyre en vibration devait produire cette crise. Carl, Wilhelm, emportez-la, je vous prie. Vite ! place ! place ! qu'on la mette à l'air !

HÉLÈNE, *se ranimant, repousse Wilhelm.*

Ne me touche pas , Wilhelm ; je ne suis pas ta fiancée. Je ne serai jamais à toi. Je ne t'aime pas. Tu es un étranger pour moi. J'appartiens à un monde où tu ne saurais pénétrer sans mourir ou sans te damner.

WILHELM.

O mon Dieu ! que dit-elle ? Elle ne m'aime pas !

CARL.

Hanz l'avait bien dit.

ALBERTUS.

Ma fille , vous parlez sans raison , et vous penserez autrement demain. Donnez-moi votre bras, que je vous reconduise à votre chambre.

HÉLÈNE

Non , maître Albertus, s'il vous plaît, je n'irai pas.

Je sortirai dans la campagne. J'irai voir le lever de la lune sur le lac.

THÉRÈSE.

Vous ne parlez pas à notre maître avec le respect que vous lui devez. Revenez à vous, Hélène. Toute la ville vous entend et vous voit.

HÉLÈNE.

Je ne vois et n'entends personne. Rien n'existe plus pour moi. Je suis seule pour toujours.

ALBERTUS.

Hélas ! la crise a été trop forte ! sa raison est perdue... Hélène, Hélène, obéissez-moi ! je suis votre père. Rentrez chez vous.

HÉLÈNE.

Je n'ai point de père. Je suis la fille de la lyre, et je ne vous connais pas. Il y a long-temps que vous me faites souffrir en me condamnant à des travaux d'esprit qui sont contraires à mes facultés. Mais vos grands mots et vos grands raisonnements ne sont pas faits pour moi. Le temps de vivre est venu, je suis un être libre, je veux vivre libre ; adieu !...

(Elle s'enfuit à travers le jardin.)

ALBERTUS.

Hanz, Wilhelm, suivez-la, et veillez sur ses jours.

(Aux autres élèves.)

Mes amis, excusez-moi ; ce malheur imprévu m'ôte la force de reprendre la leçon.

(Tous sortent.)

SCÈNE IX.

MÉPHISTOPHÉLÈS, LA LYRE.

MÉPHISTOPHÉLÈS.

Esprit opiniâtre, qui pourrais recevoir de moi, en un instant, la liberté et la vie ; puisque tu préfères passer par les sept épreuves et sortir lentement de ta prison, au gré d'un homme, attends-toi à souffrir. J'ai assez de pouvoir sur tout ce qui appartient à la terre pour augmenter tes douleurs et prolonger ton agonie. Tu méprises mon secours. Au lieu de venir avec moi habiter les régions de révolte et de haine, tu préfères retourner à un Dieu injuste qui te livre, pour la moindre faute, au caprice et au joug de l'homme. Je mettrai de telles pensées dans le cœur d'Hélène, que tu te repentiras de m'avoir repoussé.

L'ESPRIT DE LA LYRE.

Hélène ne t'appartient pas.

MÉPHISTOPHÉLÈS.

Mais Albertus m'appartiendra !

L'ESPRIT.

Que Dieu le protège !

FIN DU PREMIER ACTE.

ACTE SECOND.

LES CORDES D'OR.

———

SCÈNE PREMIÈRE.

(Une terrasse chez Albertus.)

HÉLÈNE, *étendue sur des coussins, dort en plein air;* ALBERTUS *s'approche avec précaution.*

ALBERTUS.

Voici l'heure où elle exhale son hymne au soleil levant.... Elle repose encore..... Caché là, sous ces lauriers-roses, je pourrai la voir et l'entendre à mon aise.... Quand elle se croit seule, elle tire de sa lyre des mélodies plus étranges... O femme inexplicable! créature sans égale, ou du moins sans analogue sur la terre! quel lien mystérieux unit donc ta destinée à celle de cet instrument de musique? Pourquoi le tiens-tu ainsi embrassé pendant ton sommeil, comme une mère craignant qu'on ne lui ravisse son enfant? Que tu es belle ainsi, ignorante de ta beauté! Hélène! Hélène! je ne profane point ton chaste sommeil par des regards de convoitise! Ta forme est belle, à ce que disent les autres; mais je n'en sais rien. Si j'admire ton front, et tes yeux, et ta longue chevelure, c'est parce qu'à travers ces signes extérieurs, qu'on appelle la beauté physique, je contemple ta beauté intellectuelle, ton âme immaculée. C'est

ton esprit que j'aime, ô vierge mélancolique ! c'est lui
seul que je veux connaître et posséder. C'est pour m'u-
nir intimement avec lui que je veux pénétrer la langue
inconnue par laquelle il se manifeste... La voici qui s'é-
veille. Elle redresse la lyre, elle l'appuie contre son
sein... Ses mains languissantes ne touchent point les
cordes.... et pourtant les cordes s'émeuvent, la lyre
résonne.... Prodige qui échappe à toutes mes recherches !...

(*Il se cache. — La lyre résonne magnifiquement.*)

L'ESPRIT DE LA LYRE.

Éveille-toi, fille des hommes, voici ton soleil qui sort
de l'horizon terrestre. Prosterne ton esprit devant cette
parcelle de la lumière infinie. Ce soleil n'est point Dieu,
mais il est divin. Il est un des innombrables diamants
dont est semé le vêtement de Dieu. La création est le
corps ou le vêtement de Dieu ; elle est infinie comme
l'esprit de Dieu. La création est divine ; l'esprit est
Dieu.

Fille des hommes, je suis une parcelle de l'esprit de
Dieu. Cette lyre est mon corps ; le son est divin, l'harmonie est Dieu. Fille des hommes, ton être est divin,
ton amour est Dieu.

Dieu est dans toi comme un rayon qui te pénètre ;
mais tu ne peux voir le foyer d'où ce rayon émane, car
ce soleil de l'intelligence et de l'amour nage dans l'infini. Comme un des atomes d'or que tu vois étinceler et
monter dans ce rayon de l'orient, ô vierge ! il faut briller et monter vers le soleil qui ne se couche jamais
pour les purs esprits appelés à le contempler.

Fille des hommes, épure ton cœur, façonne-le comme
le lapidaire épure un cristal de roche en le taillant, afin
d'y faire jouer l'éclat du prisme. Fais de toi-même une

surface si limpide, que le rayon de l'infini te traverse et t'embrase, et réduise ton être en poussière, afin de t'assimiler à lui et de te répandre en fluide divin dans son sein brûlant, toujours dévorant, toujours fécond.

(*La lyre se tait.*)

CHŒUR DES ESPRITS CÉLESTES.

Écoute, écoute, ô fille de la lyre! les divins accords de la lyre universelle. Tout cet infini qui pèse sur ton être, et qui l'écrase de son immensité, peut s'ouvrir devant toi, et te laisser monter comme une flamme pure, comme un esprit subtil! Que tes oreilles entendent et que tes yeux voient! Tout est harmonie, le son et la couleur. Sept tons et sept couleurs s'enlacent et se meuvent autour de toi dans un éternel hyménée. Il n'est point de couleur muette. L'univers est une lyre. Il n'est point de son invisible. L'univers est un prisme. L'arc-en-ciel est le reflet d'une goutte d'eau; l'arc-en-ciel est le reflet de l'infini : il élève dans les cieux sept voix éclatantes qui chantent incessamment la gloire et la beauté de l'Éternel. Répète l'hymne, ô fille de la lyre! unis ta voix à celle du soleil; Chaque grain de poussière d'or qui se balance dans le rayon solaire chante la gloire et la beauté de l'Éternel; chaque goutte de rosée qui brille sur chaque brin d'herbe chante la gloire et la beauté de l'Éternel; chaque flot du rivage, chaque rocher, chaque brin de mousse, chaque insecte chante la gloire et la beauté de l'Éternel!

Et le soleil de la terre, et la lune pâle, et les vastes planètes, et tous les soleils de l'infini avec les mondes innombrables qu'ils éclairent, et les splendeurs de l'éther étincelant, et les abîmes incommensurables de l'empyrée, entendent la voix du grain de sable qui roule sur la pente de la montagne, la voix que l'insecte produit en dépliant son aile diaprée, la voix de la fleur qui sèche et éclate en laissant tomber sa graine, la voix de la mousse qui fleurit, la voix de la feuille qui se dilate en buvant la goutte de rosée; et l'Éternel entend toutes les voix de la lyre universelle. Il entend ta voix, ô fille des hommes! aussi bien que celle des constellations; car rien n'est petit pour celui devant lequel rien n'est grand, et rien n'est méprisable pour celui qui a tout créé!

La couleur est la manifestation de la beauté; le son est la manifestation de la gloire. La beauté est chantée incessamment sur toutes les cordes de la lyre infinie; l'harmonie est incessamment vivifiée par tous les rayons du soleil infini. Toutes les voix et tous les rayons de l'infini tressaillent et vibrent incessamment devant la gloire et la beauté de l'Éternel!

ALBERTUS.

D'où vient donc qu'Hélène semble écouter des sons inappréciables à mon oreille? La lyre est muette, et cependant Hélène est ravie en extase, comme si quelque chose planait sur elle en lui parlant... La voici qui reprend la lyre, comme pressée de répondre. Qu'a-t-elle donc entendu?

(La lyre résonne.)

L'ESPRIT DE LA LYRE.

O mes frères! parlez encore à la fille des hommes! Aidez-moi à l'instruire, afin qu'elle me connaisse, qu'elle m'aime et qu'elle me délivre. Faites-lui comprendre les mystères de l'infini, et la grandeur et l'immortalité de l'homme, cet atome divin que le souffle de Dieu aspire sans cesse pour nourrir et peupler un autre abîme de l'infini.

(La lyre se tait.)

8

CHOEUR DES ESPRITS.

O esprit enchaîné! tu dois passer par plusieurs épreuves; lié par la conjuration des sept cordes, tu ne peux être délié que par la souffrance. Tel est le destin de tout ce qui réside dans l'humanité. Cette terre est une terre de douleurs. On n'y descend que pour l'expiation, en n'en sort que par l'expiation.

(*La lyre résonne.*)

L'ESPRIT DE LA LYRE.

O purgatoire! ô attente! ô effroi! Perdrai-je donc le sentiment de l'infini? Faudra-t-il que je nage dans le doute et dans l'ignorance comme les hommes mortels? Faudra-t-il que j'erre dans les ténèbres, privé de la lumière divine?. ... Fille des hommes, faudra-t-il que j'habite ton âme, prison plus sombre et plus froide que la lyre?.....

(*Hélène porte ses mains sur les cordes de la lyre, et les fait vibrer fortement.*)

ALBERTUS.

Qu'entends-je! Quelle harmonie nouvelle! Quels sons puissants et doux à la fois! Ceci est une musique moins savante et plus suave... Il me semble que je vais la comprendre... Mais que vois-je?... Hélène touche les cordes, c'est son âme qui parle...

L'ESPRIT D'HÉLÈNE, *tandis qu'Hélène joue de la lyre. Les paroles d'Hélène ne sont entendues que par les esprits. Le son de la lyre en est l'expression mystérieuse pour les oreilles humaines.*

Que crains-tu de moi, esprit ingrat et rebelle? Tu n'es point Dieu, comme tu t'en vantes; tu es fils des hommes, toi aussi, fils de la science et de l'orgueil! Regarde-moi, et vois si je ne suis point aussi pur que le plus pur cristal. Vois si je ne suis pas inondé du rayon de l'infini, embrasé par le regard de Dieu! Ne me dédaigne point, parce que j'habite le sein d'une vierge mortelle; cette vierge est une hostie sans tache; un amour céleste peut lui inspirer de s'offrir pour toi en holocauste, et d'assumer sur elle l'expiation à laquelle tu es condamné.

(*Hélène cesse de jouer. La lyre résonne d'elle-même.*)

L'ESPRIT DE LA LYRE.

Je t'ai entendue, je t'ai vue, ô vierge immaculée! Tu me comprends, tu me parles, ton être s'est révélé à moi! Dieu l'a permis. Tu m'aimes! et moi aussi je t'aime; car je te vois, et tu me sembles la plus belle des étoiles. Oh! qu'un hymen céleste nous rassemble! Unies pour jamais, fondues l'une dans l'autre, nos âmes iront habiter l'infini des mondes.

HÉLÈNE, *laissant tomber la lyre sur les coussins.*

Assez! laisse-moi. Ton embrassement me consume, je succombe...

(*Elle tombe évanouie.*)

ALBERTUS.

Voici la crise cataleptique où elle tombe tous les jours, à la même heure, après avoir fait résonner la lyre... Ce sommeil qui ressemble à la mort, cet accablement qui m'effrayait tant les premières fois, ne me cause plus de trouble. Il répare ses forces et semble une fonction naturelle de cette organisation particulière. Je vais appeler sa gouvernante et me livrer en secret à l'examen de la lyre.

SCÈNE II.

(Dans le cabinet de maître Albertus.)

ALBERTUS, HANZ.

(Albertus est assis devant sa table; la lyre est posée devant lui, parmi des livres et des papiers épars.)

ALBERTUS.

La musique est une combinaison algébrique des divers tons de la gamme, propre à égayer l'esprit d'une manière indirecte, en chatouillant agréablement les muscles auditifs; chatouillement qui réagit sur le système nerveux tout entier. D'où il résulte que le cerveau peut entrer dans une sorte d'exaltation fébrile, ainsi qu'on l'observe chez les dilettanti.

HANZ.

O maître! la musique est tout autre chose, croyez-moi.

ALBERTUS.

La musique peut exprimer des sentiments... mais rendre des idées... mais seulement peindre des objets... c'est impossible! A moins qu'elle ne soit une magie, comme plusieurs le prétendent. Cependant voici des notes, des clefs, des portées, des signes pour marquer la mesure, d'autres signes pour hausser ou baisser l'intonation... Ce ne sont point là des signes cabalistiques. Ils tombent sous le sens le plus vulgaire et sont soumis à une logique invariable.

HANZ.

Ce sont les éléments simples et connus dont la combinaison devient un mystère, une magie si vous voulez, sous l'inspiration du génie : la langue de l'infini.

ALBERTUS.

Mais le langage de cette lyre est, dites-vous, un fait exceptionnel, unique, complétement en dehors de la science des musiciens : je n'en sais rien, je n'y crois pas; n'importe ! j'accepte l'hypothèse, et je dis que la musique n'est qu'une récréation, ce qu'on appelle avec raison un art d'agrément.

HANZ.

Le prétendu magicien qui a créé ce talisman se serait donc servi des sons, comme d'autres magiciens se sont servis de mots arabes ou de signes astronomiques? tout cela dans le même but, qui est de marquer, par des formules quelconques, les mystérieuses évolutions de la science des nombres, science qui, selon eux, présiderait aux lois de l'univers sans l'action providentielle d'une force intelligente? Maître, vous croiriez à la magie plutôt qu'à la musique!

ALBERTUS.

Hélas! j'ai creusé laborieusement cette mine obscure et profonde qu'on appelle la cabale, espérant y trouver quelques vérités cachées sous un fatras de mensonges et d'aberrations... Je n'ai rien trouvé que l'imposture et l'ignorance des temps grossiers, éléments fatals de l'humanité, qui, à chaque instant, posent des bornes au progrès de l'esprit... Aujourd'hui même, n'essaie-t-on pas de faire revivre la sorcellerie, la puissance des charmes et l'empire des charlatans, sous le nom de magnétisme? C'est la magie des temps modernes.

Et pourtant l'esprit du sage s'arrête devant des faits d'un ordre nouveau et qui détruisent tout l'ordre des

lois connues. Que doit-il conclure en présence de prodiges auxquels ses sens ne peuvent refuser de se soumettre? En théorie, il doit à la postérité de ne rien re-
jeter comme impossible. En fait, il se doit à lui-même
de se méfier du témoignage de ses sens jusqu'à ce que
sa raison se soit mise d'accord avec l'expérience.

HANZ.

Mon Dieu! mon Dieu! serait-il possible que l'homme
eût végété jusqu'ici sur cette terre infortunée sans oser
lever le voile épais qui le tient abruti, tandis 'qu'il ne
faudrait à tous que ce qui a été départi à quelques esprits supérieurs, la force et la confiance d'arracher ce
bandeau et de percer ces ténèbres! Eh quoi! au sein
des générations aveugles qui se sont traînées sur la face
du globe, sans autre espoir que les promesses fallacieu-
ses des prêtres, sans autre consolation que le rêve vague
et flottant d'une autre vie, sans autre morale qu'une
jouissance brutale ou un renoncement absurde..... des
saints, des astrologues, des magiciens, des sibylles, enfin, de quelque nom qu'on les appelle, des hommes
illuminés, auraient, dans tous les temps, vécu en
commerce avec les purs esprits du monde invisible,
sans pouvoir associer leurs semblables à la connaissance
de vérités consolantes et sublimes! Quoi! ils auraient
vu face à face Dieu, ou ses anges, ou les esprits ses mi-
nistres, sans réussir à promulguer une foi basée sur la
certitude, sur le témoignage des sens joint à celui de
l'esprit! Clouée sur le seuil d'une vie amère et désolée,
l'humanité aurait vu quelques élus franchir ces porti-
ques du monde idéal, et, pour se venger de leur bonheur, elle les aurait condamnés au gibet, au bûcher,
à l'infamie, au ridicule, au martyre sous toutes les
formes!

ALBERTUS.

Oh ! s'il en était ainsi, que notre philosophie serait ridicule et méprisable ! C'est nous autres qu'il faudrait fouetter sur les places publiques, et mettre au pilori comme faussaires et blasphémateurs !

HANZ

Maître, est-ce vers les sorciers, est-ce vers les philosophes que vous penchez en cet instant ?

ALBERTUS.

Que t'en semble à toi-même, apprenti philosophe ? Attends-tu de ma réponse la solution du grand problème de ta croyance ? Si tu doutes de ma conviction en cet instant, c'est que tu n'es pas bien sûr de la tienne propre, et s'il faut tout te dire, mon cher Hanz, je te soupçonne fort depuis quelque temps de te perdre un peu dans les nuages de l'illuminisme. Ne serais-tu point affilié à quelque société secrète ?

HANZ.

Depuis quelque temps vous me raillez, mon bon maître, pour détourner mes questions. Je me réjouirais de vous voir en si joyeuse humeur si je ne savais que, chez les esprits sérieux, l'ironie n'est pas l'indice du calme et du contentement intérieur. Vous professez toujours avec un talent admirable; mais, s'il faut tout vous dire, vos leçons ne me semblent plus aussi claires, ni vos conclusions aussi victorieuses. Il semble qu'une nouvelle série d'idées, encore confuses et impossibles à formuler, soit venue interrompre l'unité de votre doctrine. Vous paraissez gêné avec vous-même, et je suis certain d'une chose; c'est qu'avant peu vous fermerez votre cours sans l'achever, parce que le doute s'empare de vous relativement à votre passé, et peut-être qu'une grande lumière se lève sur vous pour vous révéler votre avenir.

ALBERTUS.

J'entends ! Mes élèves doutent de ma loyauté ; ils se demandent si j'ai transigé avec quelque puissance, et ils attendent dans un silence railleur que je leur révèle peu à peu mon apostasie...

HANZ.

O mon maître ! pour parler ainsi, il faut que vous ayez perdu la noble sérénité de votre âme. Nous vous aimons, nous vous respectons, et nul d'entre nous ne vous accuse. Seulement, nous voyons qu'une secrète inquiétude vous ronge, et nous en souffrons, parce que nous étions habitués à trouver dans vos enseignements des espérances et des consolations que nous n'y trouvons plus ; que deviennent les passagers quand le pilote a perdu sa route parmi les écueils ?

ALBERTUS.

Mon ami, nous reprendrons cet entretien ; maintenant laisse-moi seul. Je suis agité en effet, et je ferais peut-être bien de suspendre mon cours. Un monde nouveau s'est ouvert devant moi ; je n'ose encore y pénétrer qu'en tremblant ; c'est que je ne peux point y entrer tout seul. Je sais que j'entraînerai à ma suite les esprits qui ont mis leur confiance en moi, et je ne veux point disposer à la légère du dépôt sacré des consciences.

HANZ.

C'est un scrupule digne de vous. Je vous laisse, maître ; puissiez-vous retrouver la paix de l'âme !

SCÈNE III.

ALBERTUS, *seul.*

Qu'il me tardait de me voir seul! Ah! celui qui prend sur soi la responsabilité des croyances et des principes d'autrui, celui qui ose se mêler d'enseigner et de diriger d'autres hommes, ne sait pas de quel fardeau il écrase sa vie! Celui qui fait de la sagesse une profession est bien fou et bien malheureux quand il n'est pas un vil imposteur! Au moment où il croit posséder la vérité, au moment où il monte en chaire pour la proclamer, ses yeux se troublent, les ténèbres descendent autour de lui, des lueurs confuses s'agitent dans un lointain obscur, et sa bouche prononce des mots qui n'ont plus de sens pour son esprit. Tout n'est qu'orgueil et mensonge dans la vaine science de l'homme. Il ne sera peut-être pardonné là-haut qu'à celui qui aura su douter et se taire!

(Prenant la lyre.)

Pourtant il n'y a pas d'effet sans cause; ceci n'est point une vielle organisée, un accordéon, comme je le laisse croire. Je l'ai démontée pièce à pièce; j'en ai examiné attentivement toutes les parties, et les sons magnifiques que cet instrument produit ne sont dus qu'aux proportions savantes et au rapport parfait de ses parties diverses. J'en fais vibrer les cordes sonores, et sans doute ma main ne les profane pas; car leur vibration ne porte pas le trouble dans mon être; mais il me serait impossible d'en tirer d'autre harmonie que les simples accords qu'une faible notion de la musique me permet de former. Mes doigts les cherchent et les

trouvent ; mon oreille les écoute et les juge ; mais jamais ma pensée ne pourrait éveiller un son sur ces
cordes ; et pourtant la pensée d'Hélène les émeut et en
fait distiller des chants sublimes , sans le secours de l'art,
sans l'aide du toucher... L'effet est bien constaté, je
dois en chercher la cause. Négliger de la trouver, serait
le fait d'une lâche paresse ou d'un orgueil imbécile.....
D'où vient pourtant que je tremble en abordant ce sujet ?.... Il y a là , devant moi, comme un fleuve de
feu , d'où s'élèvent des tourbillons de fumée..... Il me
semble que , comme les astrologues du moyen-âge, je
vais quitter l'air pur des cieux et la lumière du soleil
pour les ténèbres de l'enfer et les prestiges de Satan...
Je saurai pourtant vaincre ces frivoles terreurs... Il n'y
a désormais pour l'imagination de l'homme ni Tartare
ni démons; il y a le doute, il y a le néant plus affreux
encore !.... Soutiens-moi, espérance divine, fruit de
mes longs travaux et de ma pénible austérité !

SCÈNE IV.

ALBERTUS, MÉPHISTOPHÉLÈS , *sous la figure
du juif.*

MÉPHISTOPHÉLÈS , *à part.*

Dans cette disposition-là , tu me plais fort ; je vais
enfoncer quelques aiguillons de curiosité dans ta cervelle paresseuse.

(*Haut.*)

Je m'incline jusqu'à terre devant votre Stoïcisme.

ALBERTUS,

Je suis votre serviteur. Que me voulez-vous ?

MÉPHISTOPHÉLÈS.

Votre Infaillibilité ne me fait pas l'honneur de me remettre !

ALBERTUS.

A moins que je ne vous aie vu dans un hôpital de fous.

MÉPHISTOPHÉLÈS.

Votre Austérité plaisante, je suis le bon israélite Jonathas Taër.

ALBERTUS.

En effet, je vous reconnais maintenant; mais, comme le bruit de votre mort a couru ici, mon esprit ne se prêtait pas à cette reconnaissance.

MÉPHISTOPHÉLÈS.

J'ai été fort malade à Hambourg. Tous les médecins m'avaient condamné; mais, au moment où l'on prétendait qu'il fallait me porter en terre, je me suis trouvé sur pieds, grâce à un topique que m'apporta une tireuse de cartes. Je crois bien que, pour n'en avoir pas le démenti, ces messieurs ont fait enterrer une bûche à ma place. Ma guérison eût ruiné leur réputation.

ALBERTUS.

Et pourquoi? Vous eussiez pu avoir raison tous. Votre maladie était mortelle; mais les juifs ont la vie si dure !.... Voyons, que désirez-vous? Pas de compliments inutiles, je vous prie. Mon temps ne m'appartient pas toujours.

MÉPHISTOPHÉLÈS, *à part.*

Faquin ! qui sait mieux que moi le temps que tu perds à caresser des lubies ?

(*Haut.*)

Mon cher maître, je viens vous proposer une affaire.

ALBERTUS.

Oh ! c'était votre refrain avec mon pauvre ami Meinbaker. Mais, avec moi, quelle affaire pourriez-vous
avoir ? Je n'ai rien, et ne désire que ce que j'ai.

MÉPHISTOPHÉLÈS.

Oh ! j'ai là, dans ma poche, des papiers qui, j'en
suis sûr, vous tenteront.

ALBERTUS.

Des papiers ?

MÉPHISTOPHÉLÈS.

Un manuscrit précieux.

ALBERTUS.

Voyons-le... Mais non, vous ne faites rien pour rien,
et je ne pourrais vous payer. Ne me tentez pas. Gar-
dez-le.

MÉPHISTOPHÉLÈS.

Oh ! la vue n'en coûte rien. Ce sont des parchemins
qui m'échurent en payement dans la vente qu'on fit
après la mort de maître Meinbaker. J'étais un de ses
créanciers, et, comme tant d'autres, je fus ruiné.

ALBERTUS.

Quand un juif se plaint, c'est signe qu'il est content.
De qui donc est ce manuscrit ?

MÉPHISTOPHÉLÈS.

De quel autre pourrait-il être que du grand luthier,
poëte, compositeur, instrumentiste et magicien, Tobias
Adelsfreit ?

ALBERTUS.

Ah ! j'ai vu beaucoup de son écriture.

MÉPHISTOPHÉLÈS.

J'en suis bien aise ; vous pourrez constater l'authen-
ticité de celle-ci.

(*Il étale de vieux cahiers sur la table.*)

ALBERTUS.

En effet, elle me paraît incontestable. Voilà son seing et son cachet... Contrats de vente de divers instruments... inventaires de magasin, à diverses époques, avec la date de la confection des instruments..... Tout cela est sans importance. Mais ce livre couvert de figures bizarres à demi effacées par le temps..... c'est encore son écriture. Voyons donc, sont-ce des vers ?... Non... Voici des essais de composition musicale, pensées lyriques d'une grande valeur sans doute pour les curieux, ou d'un grand mérite pour les artistes... Que vois-je ici ? des mots sans suite... des phrases tronquées, jetées là pour *memento* et dont il serait oiseux ou impossible de reconstruire le sens.....

(Se parlant à lui-même et oubliant la présence
de Méphistophélès.)

Ah ! maintenant, des signes cabalistiques, de la magie ! J'en étais sûr ! nos pères ne pouvaient sortir de leurs grossières perceptions que pour tomber dans des superstitions plus grossières encore. Dois-je m'en étonner ? Moi qui vis dans un siècle plus éclairé et qui juge froidement les erreurs du passé, j'ai pourtant dix fois par jour la tentation de croire à ces absurdités ! C'est une conséquence du besoin impérieux que l'homme éprouve de sortir du positif par une porte ou par une autre, fût-ce par celle qui conduit à la folie !

MÉPHISTOPHÉLÈS , *à part.*

Tu seras content. Cette porte est large , et tu y passeras sans te gêner.

(Haut.)

Maître, il ne faut pas que votre Érudition méprise ctères de nécromancie. Nos pères exprimaient souvent s cette langue barbare des idées aussi sages

9

et aussi philosophiques que vous pourriez les émettre aujourd'hui ; et lors même que ces idées vous sembleraient vagues et mystérieuses , elles auraient toujours une certaine profondeur qui vous donnerait à penser si vous pouviez les lire.

ALBERTUS.

Vous vantez votre marchandise avec beaucoup d'esprit , maître Jonathas ; mais je vous dirai que cela me tente peu. Adelsfreit a écrit de bonnes poésies ; mais je n'en vois point dans ces recueils. La musique et la magie sont aussi peu de mon ressort l'une que l'autre.

MÉPHISTOPHÉLÈS.

Et si cette prétendue magie n'était qu'une forme mystérieuse pour exprimer librement des idées plus avancées que la barbarie du siècle n'eût voulu les admettre ? Si vous alliez , en cherchant bien , y découvrir une source d'aperçus nouveaux et de révélations inattendues ? Par exemple , si je vous traduisais littéralement ce passage-ci...

(Il prend un des parchemins et lit.)

« Un temps viendra où les hommes auront tous l'intelligence et le sentiment de l'infini , et alors ils parleront tous la langue de l'infini : la parole ne sera plus que la langue des sens , l'autre sera celle de l'esprit. »

ALBERTUS.

Qu'entend-il par l'autre ?... La musique ?

MÉPHISTOPHÉLÈS , à part.

Ah ! nous commençons à dresser l'oreille.

(Haut et continuant de lire.)

« Tout être intelligent sera une lyre, et cette lyre ne chantera que pour Dieu. La langue des rhéteurs et des dialecticiens sera la langue vulgaire.

» Et les êtres intelligents entendront les chants du

monde supérieur. Comme l'œil saisira le spectacle magnifique des cieux et surprendra les merveilles cachées de l'ordre infini, l'oreille saisira le concert sublime des astres et surprendra les mystères de l'harmonie infinie.

» Ceci ne sera pas une conquête des sens, mais une conquête de l'esprit. C'est l'esprit qui verra le mouvement des astres, c'est l'esprit qui entendra la voix des astres. L'esprit aura des sens, comme le corps a des sens. Il se transportera dans les mondes de l'infini et franchira les abîmes de l'infini. Cette œuvre est commencée sur la terre. L'homme s'élève, par chaque siècle, de cent mille et de cent millions de coudées au-dessus du limon dont il est sorti. Il y a loin des Corybantes que le choc des boucliers d'airain mettait en fureur aux chrétiens qui se prosternent en écoutant les soupirs de l'orgue.

» L'homme comprendra enfin que si le métal a une voix; si le bois, si les viscères et le larynx des animaux, si le vent, si la foudre, si l'onde ont une voix; si lui-même a, dans ses organes matériels, une puissante voix; son âme, et l'univers, qui est la patrie de son âme, ont des voix pour s'appeler et se répondre. Il comprendra que la puissance de l'harmonie n'est pas dans le son produit par le bois ou le métal, encore moins dans le puéril exercice des doigts ou de la glotte, pas plus que le mouvement perpétuel n'est dans les machines de bois ou de métal que peut créer une main industrieuse. Les sens ne sont que les serviteurs de l'esprit ; et ce que l'esprit ne comprend pas, la main ne peut le créer.

» Je créerai une lyre qui n'aura pas d'égale. L'ivoire le plus solide, l'or le plus pur, le bois le plus sonore, y seront employés. J'y déploierai toute la science du musicien, tout l'art du luthier. Les mains les plus habiles et les plus exercées n'en tireront pourtant que des chants vulgaires, si l'esprit ne les dirige, et si le souffle divin n'embrase l'esprit.

» O lyre ! l'esprit est en toi comme il est dans l'univers ; mais tu seras muette si l'esprit ne te parle... »

Eh bien ! maître, commencez-vous à comprendre?

ALBERTUS.

Certainement, tout ceci a un sens poétique d'un ordre assez élevé peut-être, mais pour moi excessivement vague.

MÉPHISTOPHÉLÈS.

Ne vous rebutez pas. Cherchez long-temps ce sens mystérieux. Il serait possible qu'Adelsfreit ne l'eût pas entrevu clairement lui-même. Les hommes les plus doués du sentiment de l'idéal n'ont encore que des lueurs. Une idée est l'œuvre à laquelle travaillent plusieurs générations d'hommes supérieurs : à eux tous, ils la complètent ; mais chacun d'eux l'a formulée, imparfaitement, à sa manière, et il vous faut combiner ensemble ces divers éléments dans l'alambic de votre cerveau pour en tirer la quintessence.

ALBERTUS.

Vous parlez trop bien pour un simple brocanteur, maître Jonathas. Je vous soupçonne de faire ce métier pour la forme et d'être au fond adonné à des études que vous ne voulez pas laisser paraître. Voyons, qu'êtes-vous ? philosophe ou nécromant?

MÉPHISTOPHÉLÈS.

L'un et l'autre, monsieur !

ALBERTUS.

Comme au moyen âge ? cela ne se voit plus. Vous êtes le dernier de cette race.

MÉPHISTOPHÉLÈS.

Je suis de mon siècle beaucoup plus que vous-même, mon respectable maître. Je suis à la fois adepte de la raison pure et partisan du magnétisme ; je suis spiritualiste-spinosiste ; je ne rejette rien, j'examine tout, je choisis ce qui m'est le plus facile à pratiquer. Je vois les choses de haut, car je suis un peu sceptique. Je suis d'ailleurs très-sympathique à toutes les idées nouvelles et à toutes les anciennes. En un mot, je suis éclectique, c'est-à-dire que je crois à tout, à force de ne croire à rien.

ALBERTUS.

Si vous plaisantez, du moins vous vous moquez de vous-même avec beaucoup d'esprit.

MÉPHISTOPHÉLÈS.

Vous me trouvez un peu fou, mon bon monsieur. Prenez garde, vous, d'être un peu trop sage. J'ai beaucoup suivi vos cours depuis quelque temps : quoique, perdu dans la foule, je n'aie jamais cherché à attirer vos regards, je suis peut-être le seul homme qui vous ait compris et qui vous connaisse bien.

ALBERTUS.

Vous, monsieur !

MÉPHISTOPHÉLÈS.

Sans doute ! je sais que vous êtes précisément le contraire de moi. Vous ne croyez à rien, à force de croire à tout. Allons ! je ne veux pas vous déranger plus longtemps ; je vous laisse ces papiers, je présume que vous les lirez avec plaisir : vous connaissez le caractère arabe,

et plus vous examinerez ces choses, plus vous y pren-
drez goût.

ALBERTUS.

Mais je ne puis vous les acheter...

MÉPHISTOPHÉLÈS.

Je vous les prête ; je serai toujours à temps de m'en
défaire. Je ne vous demande pour payement que la faveur de venir causer quelquefois avec vous. Oh ! vous
n'en serez pas fâché ! Je m'entends un peu à tout, même
à la musique ; et, si vous voulez, nous ferons ensemble
un ouvrage pour expliquer le phénomène harmonico-
magnétique qui fait jouer cette lyre toute seule entre
les bras d'Hélène.

ALBERTUS.

Hélène ! que savez-vous d'Hélène ?

MÉPHISTOPHÉLÈS.

Oh ! votre belle pupille n'est pas tellement cachée
dans votre maison que le bruit de sa folie miraculeuse
ne se soit répandu dans la ville. D'ailleurs, je me suis
souvent tenu ici près pendant qu'elle magnétisait sa lyre,
et j'ai reconnu, aux sons qu'elle en tirait, la nature de
l'instrument aussi bien que celle de la catalepsie.

ALBERTUS.

Monsieur, vous parlez là d'une chose qui m'intéresse
beaucoup, et, si vous avez quelques notions sur ce phénomène, je vous prie, au nom de la science et au nom
de la vérité, de me les communiquer.

MÉPHISTOPHÉLÈS.

Oui-dà ! vous n'êtes pas dégoûté, monsieur le philosophe ! mais vous auriez trop de raison pour comprendre
ce que je me hasarderais à vous expliquer.

ALBERTUS.

Peut-être, au contraire, n'en aurais-je pas assez,

Pourtant je m'efforcerai de me dégager de tout orgueil philosophique.

MÉPHISTOPHÉLÈS.

Non, vous avez trop de préjugés !... La raison, c'est-à-dire l'amour obstiné de l'évidence, est la plus opiniâtre des idées fausses.

ALBERTUS.

Hélas ! monsieur, vous ne savez pas à qui vous parlez ; et peut-être étiez-vous plus près de la vérité que vous ne le pensiez, en me disant tout à l'heure qu'à force de croire à tout je ne croyais à rien.

MÉPHISTOPHÉLÈS.

Ah ! prenez garde de vous amender jusqu'au blasphème, mon pauvre ami. Il faut pourtant croire à quelque chose, ne fût-ce qu'à sa propre ignorance.

ALBERTUS.

Je suis payé pour croire à la mienne. Depuis deux mois que je vois se répéter tous les jours sous mes yeux le phénomène dont nous parlions tout à l'heure, il m'est encore impossible d'établir, à cet égard, une théorie qui me satisfasse le moins du monde.

MÉPHISTOPHÉLÈS, à part.

Attends ! attends! je vais embrouiller toutes tes grandes idées avec des mots !

(Haut.)

Je le crois bien, mon cher monsieur ; vous ignorez une foule de choses que vous méprisez et qui vous ouvriraient pourtant les portes d'un monde inconnu. Par exemple, je parie que vous n'avez jamais entendu parler des harpes magnétiques.

ALBERTUS.

J'ai entendu parler des harpes éoliennes que le vent fait vibrer.

MÉPHISTOPHÉLÈS.

Et vous ne regardez pas la chose comme impossible?

ALBERTUS.

Non certainement.

MÉPHISTOPHÉLÈS.

Vous admettez que l'air peut jouer de la harpe, et vous n'admettez pas que le souffle humain, mu par la volonté, par la pensée, par l'inspiration, puisse produire des effets semblables?

ALBERTUS.

Il faudrait supposer à de tels instruments une incroyable délicatesse d'impressions, si l'on peut parler ainsi.

MÉPHISTOPHÉLÈS.

Supposez encore plus. Supposez qu'il existe un rapport sympathique entre l'artiste et l'instrument.

ALBERTUS.

Voilà ce que je ne puis admettre.

MÉPHISTOPHÉLÈS.

A votre aise! ne supposez rien, n'admettez rien; mais, pour être logique, il vous faut encore nier le phénomène que vous voyez s'accomplir tous les jours sous vos yeux.

ALBERTUS.

J'admettrai tout ce que vous me prouverez.

MÉPHISTOPHÉLÈS.

Voyons, voulez-vous sincèrement connaître le secret de la lyre magnétique?

ALBERTUS.

Je le veux.

MÉPHISTOPHÉLÈS.

N'apporterez-vous pas à cette étude votre orgueil de savant et votre entêtement de logicien?

ALBERTUS.

Je vous promets d'écouter avec la naïveté d'un enfant qui apprend à lire.

MÉPHISTOPHÉLÈS.

Eh bien! apprenez à lire en effet. Étudiez ces parchemins, et puis après vous examinerez attentivement cet instrument.

ALBERTUS, *souriant*.

Et c'est là tout ?

MÉPHISTOPHÉLÈS.

Je reviendrai vous expliquer le reste quand vous aurez étudié votre leçon.

ALBERTUS.

Soit.

MÉPHISTOPHÉLÈS, *à part*.

Laissons-le à lui-même. Ma présence l'intimiderait et l'empêcherait de se livrer à la curiosité puérile qui le dévore. Sa gravité philosophique l'embarrasse avec moi. Seul avec lui-même, il va tourmenter la lyre comme un enfant qui arrache les plumes de l'aile à un oiseau pour voir comment il s'y prend pour voler. Esprit qui m'as bravé, tu te crois sauvé par Hélène; mais je viens de te susciter un ennemi terrible, l'opiniâtre curiosité d'un logicien.

(*A Albertus qui rêve.*)

Je suis forcé de vous quitter, je reviendrai bientôt. Travaillez en m'attendant; soyez sûr qu'il n'est pas de prodige qu'un esprit persévérant et consciencieux ne puisse comprendre.

ALBERTUS.

Je le crois aussi. Dieu vous garde !

MÉPHISTOPHÉLÈS.

Et vous aussi, à moins que le diable ne soit le plus
fort ou le plus malin.

(Il se rend invisible.)

ALBERTUS, *seul.*

Voilà un homme bizarre ; un charlatan, sans doute ;
un escroc, peut-être ! Il m'allèche par ses contes, afin
de me vendre chèrement ses parchemins. N'importe :
la vue n'en coûte rien, a-t-il dit.

(Il lit les parchemins.)

Eh ! mais, voici quelque chose qui ne me paraît pas
dépourvu de sens :

« Esprit qui m'animes et qui veux remonter vers
Dieu, je saurai te lier à la lyre. La trace du génie de
l'homme est immortelle comme le génie lui-même; elle
est la semence qui doit féconder le génie des autres
hommes, jusqu'à ce que, absorbée et transformée par
lui, elle s'efface en apparence. Mais c'est alors qu'elle
remonte vers le ciel comme un sillon de flamme, après
avoir embrasé le champ destiné à alimenter le feu
sacré. »

Ne pourrait-on pas traduire ainsi ce passage : Toute
puissance émanée de Dieu, et versée dans le sein de
l'homme, doit accomplir une mission sur la terre. La
vie de l'homme qui en a été investi ne suffit pas pour
la développer ; c'est pourquoi le pouvoir lui est donné
de la fixer ici-bas, en la matérialisant dans une œuvre
quelconque. Cette œuvre, qui survit à l'homme, ce
n'est plus l'homme lui-même, c'est l'inspiration qu'il
avait reçue, c'est l'esprit qu'il avait possédé durant sa
vie. Cet esprit doit retourner à Dieu, car rien de ce qui
émane de Dieu ne s'égare ou ne se perd. Mais, avant
de remonter à son principe, cette parcelle de la Divinité

doit embraser de nouvelles âmes et contracter une sorte
d'hyménée céleste avec elles. C'est alors seulement que
sa destinée est accomplie, et que l'esprit créateur peut
retourner à Dieu avec l'esprit engendré ; de leur hyménée est sorti un esprit nouveau, qui, à son tour, accomplit une destinée semblable parmi les hommes. C'est
ainsi que le génie est immortel sur la terre, comme
l'esprit est immortel dans le sein de Dieu...

Oui, sans doute, telle était la pensée d'Adelsfreit, et
je vois que le juif avait raison en disant que cette prétendue magie cache de grandes vérités. Je suis satisfait
maintenant d'avoir étudié autrefois la langue cabalisti-
que. Je suis sûr que je trouverai beaucoup de choses
intéressantes dans ce livre.

(Il lit encore.)

« Sept cordes présideront à ta formation, ô lyre magique ! Deux cordes du plus précieux métal chanteront
le mystère de l'infini... La première des deux est consacrée à célébrer l'idéal, la seconde à chanter la foi ;
l'une dira le ravissement de l'intelligence, l'autre l'ardeur de l'âme. Éclairée par ce spectacle de l'infini... »

(Il laisse tomber le livre.)

Il me semble que ceci rentre dans la nécromancie
pure... Et pourtant, si l'on remonte à l'origine de la
lyre, emblème de la poésie chez les anciens, on voit chaque corde ajoutée à l'instrument marquer un progrès
dans le génie et dans la grandeur morale de l'homme.
Chez les Chinois, les dieux mêmes se chargent de révéler aux premiers législateurs le mystère important
d'une nouvelle corde ajoutée à la lyre, emblème de la
civilisation chez ce peuple laborieux et positif..... Qui
fera l'histoire de la musique ? Qui nous expliquera le
pouvoir fabuleux que l'histoire poétique lui attribue sur

les éléments, sur les peuples barbares, sur les animaux féroces?... Un simple effet de sensation eût-il pu produire des résultats aussi puissants, quelque naturels qu'on les suppose, dépouillés de l'allégorie? — D'où vient donc que je ne comprends pas cette langue musicale? J'ai étudié les règles de la musique avec ardeur depuis deux mois, et cela n'a point éclairci le mystère que je cherche. J'ai trouvé là une arithmétique, rien de plus... Voyons! la lyre d'Adelsfreit a en effet des cordes de divers métaux : en voici deux en or pur..... L'infini!... la foi!... l'intelligence et l'amour!... Voilà les mots dont Hanz et Wilhelm se servent pour exprimer le sens de l'hymne qui s'exhale chaque matin de cette lyre lorsque Hélène la fait résonner. Eh bien !... il est un moyen de s'en assurer : c'est de retrancher ces deux cordes, et si l'harmonie qu'elle rendra désormais change de nature, si on lui trouve un autre sens, je commencerai à croire qu'il existe une certaine relation entre les sons et les idées...

(Il essaie de démonter les deux cordes d'or de la lyre.)

Qu'importe à Hélène que la lyre ait sept cordes ou qu'elle n'en ait que cinq? Ses doigts n'y touchent que rarement... O Adelsfreit! Hélène est-elle l'âme que ton esprit, matérialisé dans cette œuvre de la lyre, doit féconder? Hélène est une pure et belle improvisatrice ; mais ce n'est point une intelligence supérieure. Elle ignore tout ce qui fait la science de l'homme ; son âme est engourdie dans une sorte d'aliénation douce et permanente ; son improvisation lyrique est un phénomène jusqu'ici inobservé de cet état cataleptique qu'on appelle aujourd'hui magnétique, mot nouveau, obscur et indéfini, comme l'état qu'il désigne... Mais enfin, Hélène n'a pu, dans l'inaction où dorment ses facultés, s'élever vers les sommets de la métaphysique, tandis que moi, qui travaille depuis trente ans à agrandir mon intelligence, je ne puis percer le mystère de cette algèbre inconnue?... Maudite corde qui se casse! Quelle horrible plainte est sortie de la lyre!... Tout mon sang s'est glacé dans mes veines. Ah! mon pauvre esprit est fatigué, et je ne suis pas éloigné peut-être d'avoir des hallucinations... Le cerveau s'épuise plus en une heure à s'abandonner à des chimères qu'il ne ferait en un an à suivre le fil conducteur de la logique... Aussi, pourquoi vouloir bâtir dans le vide? Quoi! la parole humaine, cet attribut divin qui distingue l'homme de la brute, et qui sert à déterminer, à préciser, à classer les idées les plus abstraites, à rendre les propositions les plus ardues aussi claires que la lumière du jour, serait une langue vulgaire, et la cadence du rossignol serait la langue de l'infini? Maudits paradoxes des artistes et des poètes, vous ne servez qu'à égarer le jugement!

(*La seconde corde d'or se brise dans les mains d'Albertus.*)

Encore! Cette plainte amère me déchire l'âme! Quelle puissance les émotions nerveuses peuvent exercer sur le cerveau! Puissance fatale et dangereuse, le sage doit se tenir en garde contre toi... Les arts devraient être proscrits de la république idéale.... Non! non! des sons ne sont pas des idées... La musique peut tout au plus rendre des sensations... et encore sera-ce d'une manière très-vague et très-imparfaite...

THÉRÈSE, *accourant.*

Maître Albertus, Hélène est réveillée; elle cherche sa lyre avec inquiétude.

10

ALBERTUS.

Je vais la lui porter.

(*A part.*)

C'est la seule joie de cette pauvre créature... Je lui rendrai la lyre et ne l'écouterai plus.

(*A Wilhelm, Hanz et Carl, qui s'avancent d'un autre côté.*)

Mes enfants, la logique gouverne l'univers, et ce qui ne peut être démontré par elle ne peut passer en nous à l'état de certitude. — Préparez tout pour la leçon ; je suis à vous dans l'instant.

(*Il sort.*)

HANZ.

Il me paraît que son bon génie a pris le dessus.

CARL.

C'est possible; mais sa figure est bien altérée. Croyez-moi, il est amoureux d'Hélène : on ne peut être amoureux et philosophe en même temps.

WILHELM.

Ne parlons pas légèrement de cet homme. Il souffre, mais son âme ne peut que grandir dans les épreuves.

(*Ils sortent.*)

MÉPHISTOPHÉLÈS.

Très-bien ! Je les lui ferai telles qu'elle n'y résistera pas. Puisque Hélène ne m'appartient plus, puisque l'esprit triomphe, ma haine retombera tout entière sur le philosophe, et son âme est la lyre que je saurai briser.

FIN DU SECOND ACTE.

ACTE TROISIÈME.

LES CORDES D'ARGENT.

SCÈNE PREMIÈRE.

(Au bord de l'eau.)

ALBERTUS, HANZ, CARL, WILHELM, HÉLÈNE, *assise sur la marge du ruisseau, un peu à l'écart.*

ALBERTUS.

Le soleil est couché, le frais commence à se faire sentir. Il serait temps pour Hélène de rentrer. Il est prudent de ne pas trop prolonger sa première promenade.

WILHELM.

Encore quelques instants, mon cher maître. La soirée est si belle ! Le ciel est encore embrasé des feux du couchant. Hélène semble goûter un bien-être qu'à votre place je n'oserais pas troubler.

CARL.

Il est certain que depuis deux mois je ne l'ai pas vue aussi bien portante que ce soir. Son teint est calme, ses yeux doucement voilés. Elle ne répond pas encore à nos questions, mais elle les écoute et les entend. Je suis sûr qu'elle guérira, et que bientôt elle pourra nous raconter les belles visions qu'elle a eues. Hanz, tu le crois aussi, n'est-ce pas ? Tu as remarqué comme toute

la journée elle a été moins distraite que de coutume ?
On dirait qu'elle fait un grand effort intérieur pour reprendre à la vie réelle.

ALBERTUS.

J'ai essayé hier de calmer son esprit en l'élevant vers
la pensée de Dieu. Elle m'a écouté attentivement, et
ses regards, ses courtes réponses, me prouvaient que
j'étais compris. Mais quand j'ai eu fini de parler, elle
m'a dit : Je savais tout cela ; vous eussiez pu l'exprimer
d'un mot.

HANZ.

Et quel était ce mot ? Vous l'a-t-elle dit ?

ALBERTUS.

Amour.

WILHELM.

O maître ! Hélène n'est point folle ! Elle est inspirée.

ALBERTUS.

Oui, elle est poète ; c'est une sorte de folie, folie
sublime, et que je voudrais avoir un instant, pour la
connaître, et pour savoir au juste où finit l'inspiration
et où commence la maladie.

HANZ.

Mon bon maître, nos longues discussions à ce sujet
n'ont donc rien modifié à vos idées ? Vous m'aviez pourtant promis d'y réfléchir sérieusement.

ALBERTUS.

J'y ai réfléchi ; mais, avant tout, il faudrait comprendre la musique. J'observe Hélène, j'écoute la lyre.
Je cherche à me rendre compte des impressions que
j'en reçois. Elles me paraissent si différentes des vôtres,
que je n'ose rien décider. J'essaie de saisir le sens de
ces mélodies savantes ; mais j'avoue que je n'ai rien
compris jusqu'ici qui m'éclairât suffisamment.

HANZ.

Quoi ! maître, rien senti non plus ?

ALBERTUS.

J'ai senti une émotion étrange, mais que je ne pouvais pas plus analyser et définir que la musique qui l'avait causée.

HANZ.

Ne vous semblait-il pas que cette musique exprimait des idées, des images et des sentiments ?

ALBERTUS.

Plutôt des sentiments que des idées, plutôt des images que des sentiments.

HANZ.

Mais quelles images ?

ALBERTUS.

Les images vagues d'une splendeur infinie, insaisissable.

CARL.

Qu'avez-vous, chère Hélène ? Que cherchez-vous avec inquiétude ?

WILHELM.

N'espère pas qu'elle te réponde ; elle ne t'entend même pas.

ALBERTUS.

Peut-être m'entendra-t-elle aujourd'hui. Hélène, que désirez-vous ?

HÉLÈNE.

Qui me parle ? Vous !

ALBERTUS.

Moi, votre frère.

HÉLÈNE.

Mon frère n'est pas de ce monde.

ALBERTUS.

Votre père.

HÉLÈNE.

Mon père n'est plus.

ALBERTUS.

Votre ami.

HÉLÈNE.

Ah ! mon ami le philosophe ! Écoutez ici. Vous êtes un homme savant ; vous connaissez les secrets de la nature. Parlez à ce ruisseau.

ALBERTUS.

Que lui dirai-je ?

HÉLÈNE.

Dites-lui de se taire, afin que j'entende la musique de là-haut...

ALBERTUS.

Quelle musique ?

HÉLÈNE.

Je ne puis vous le dire. Mais vous pouvez dire au ruisseau de s'arrêter. Cette cascade chante trop haut.

ALBERTUS.

Je commanderais en vain à l'onde de suspendre son cours : Dieu seul peut commander aux éléments.

HÉLÈNE.

Ne savez-vous pas un seul mot de la langue de Dieu ?

ALBERTUS.

Étrange fille ! Son délire est plein d'une poésie inconnue.

HANZ.

La lyre est suspendue aux branches de ce saule. Voulez-vous, Hélène, que je vous la présente ?

HÉLÈNE.

Hâte-toi : le ruisseau se moque du philosophe ; il élève la voix de plus en plus.

(*Hanz lui donne la lyre.*)

ALBERTUS , *à part.*

Elle ne s'aperçoit pas de l'absence des deux cordes.

HÉLÈNE.

Écoute, ruisseau, et soumets-toi !

(*Elle touche la lyre. Au premier accord, le ruisseau s'arrête.*)

ALBERTUS.

Quel est ce nouveau prodige? Voyez-vous? la cascade reste immobile et suspendue au rocher comme une frange de cristal.

HÉLÈNE.

Coule, beau ruisseau, mais chante à demi-voix.

WILHELM.

Le ruisseau reprend son cours, mais avec précaution, comme s'il craignait d'éveiller les fleurs endormies sur ses rives.

(*Hélène joue de la lyre.*)

L'ESPRIT DE LA LYRE.

Maintenant, la terre recueillie attend avec respect la voix de la lune qui vient regarder sa face assombrie. Écoute bien, fille de la lyre, apprends les secrets des planètes. Du fond de l'horizon, à travers les buissons noirs, voici venir une voix faible, mais d'une incroyable pureté, qui monte doucement dans l'air sonore. Elle monte, elle grandit; les notes sont distinctes, le disque d'argent sort du linceul de la terre, la terre vibre, l'espace se remplit d'harmonie, les feuilles frémissent à la

cime des arbres. La lueur blanche pénètre dans toutes
les fentes du taillis, dans les mille et mille clairières du
feuillage : voici des gammes de soupirs harmonieux qui
fuient sur la mousse argentée ; voici des flots de larmes
mélodieuses qui tombent dans le calice des fleurs entr'ouvertes. Silence, oiseaux des bois ! Silence, insectes
des longues herbes ; repliez vos ailes métalliques ! Silence, ruisseau jaseur ; ne heurte pas ainsi en cadence
les cailloux de ton lit ! Silence, roseaux frissonnants ;
dépliez sans bruit vos lourds pétales, lotus du rivage !
Alcyons pétulants, ne ridez pas ainsi le miroir où la
lune veut se regarder ! Écoutez ce qu'elle vous chante,
et vous lui répondrez quand elle vous aura pénétrés et
remplis de sa voix et de sa lumière. Enivrez-vous en
silence de sa plainte mélancolique ; buvez à longs traits
son reflet humide ; courbez-vous avec crainte, avec
amour sous le vol des anges blancs qui nagent dans le
rayon oblique. Attendez, pour vous relever, qu'ils vous
aient effleurés du bout de leurs ailes embaumées, et
qu'ils aient confié tout bas à chaque oiseau, à chaque
insecte, à chaque flot, à chaque branche, à chaque
fleur, à chaque brin d'herbe, le thème de la grande
symphonie que cette nuit la terre doit chanter aux
astres.

HANZ.

Eh bien ! maître, cette musique ne parle-t-elle pas
à votre âme ?

ALBERTUS.

Elle ne saurait parler à ma raison. Elle émeut en
moi je ne sais quels instincts de contemplation ; mais
par quels moyens, je l'ignore. Je ne saurais traduire ni
ce que j'entends ni ce que j'éprouve ; et pourtant je
prête toute mon attention.

WILHELM.

Écoutez maintenant ! le rhythme change.

L'ESPRIT DE LA LYRE.

Et maintenant elle est levée , elle règne , elle brille !
elle se baigne dans l'éther comme une perle immaculée
au sein de l'immense océan. Les pâles couleurs du
prisme lunaire dansent en cercle autour d'elle. Ses
froides mers , ses vastes lacs , ses monts d'albâtre , ses
crêtes neigeuses se découpent et se dessinent sur ses
flancs glacés. Miroir limpide , création incompréhensible de la pensée infinie , paisible flambeau enchaîné
au flanc de la terre ta souveraine , pourquoi répands-tu
dans les abîmes du ciel cette plainte éternelle ? pourquoi verses-tu sur les habitants de la terre une influence
si douce et si triste à la fois ? Es-tu un monde fini ou
une création inachevée ? Pleures-tu sur une race éteinte,
ou es-tu en proie aux douleurs de l'enfantement ? Es-
tu la veuve répudiée ou la fiancée pudique du soleil ?
Ta langueur est-elle l'épuisement d'une production con-
sommée ? est-elle le pressentiment d'une conception fatale ? Redemandes-tu tes enfants couchés sur ton sein
dans la poussière du sépulcre ? Prophétises-tu les malheurs de ceux que tu portes dans tes entrailles ? O lune!
lune si triste et si belle ! es-tu vierge , es-tu mère ? es-
tu le séjour de la mort, es-tu le berceau de la vie ? Ton
chant si pur évoque-t-il les spectres de ceux qui ne
sont plus ou de ceux qui ne sont pas encore ? Quelles
ombres livides voltigent sur tes cimes éthérées? sont-
elles dans le repos ou dans l'attente ? sont-ce des esprits
célestes qui planent sur ta tête triomphante ? sont-ce des
esprits terrestres qui fermentent dans ton flanc et qui
s'exhalent de tes volcans refroidis ?

HÉLÈNE. *Le son de la lyre est la seule manifestation de la pensée d'Hélène pour les oreilles humaines. Les pensées qu'elle exprime ici ne sont clairement comprises que par les esprits célestes.*

Pourquoi interroger l'astre, toi qui connais tous les secrets de l'infini? Si le charme te lie à mes côtés, ne peux-tu par la mémoire te reporter aux lieux qu'autrefois tu habitais par la pensée?

L'ESPRIT DE LA LYRE.

Ma mémoire s'éteint, ô fille des hommes! Depuis que je t'aime, je perds le souvenir de tout ce qui est au delà des confins de la terre. Interroge avec moi l'univers, car je ne puis plus rien t'apprendre que ce qui existe ici-bas. Ne sens-tu pas toi-même une langueur délicieuse s'emparer de ton être? N'éprouves-tu pas qu'il est doux d'ignorer, et que sans l'ignorance l'amour ne serait rien sur la terre? Aimons-nous, et renonçons à connaître. Dieu est avec nous, car il est partout; mais sa face nous est voilée, et nous sommes désormais l'un à l'autre l'image de Dieu.

HÉLÈNE.

J'espérais que tu me révélerais toutes choses. Tu me l'avais promis, et déjà nous avions pris ensemble notre vol vers les sphères étoilées. Pourquoi renonces-tu déjà à m'initier? Ne saurais-tu me conduire dans cette étoile qui brille là-haut, à cent mille abîmes au-dessus de la lune? C'est là que je voudrais aller. Mais tu ne veux même pas me conduire dans la plus voisine des planètes!

L'ESPRIT.

Je ne le puis. Je suis lié par les cordes de la lyre et par l'amour que j'ai conçu pour toi. Fille des hommes, ne me reproche pas la chaîne dont tu m'as chargé. Je ne suis plus un esprit céleste ; je ne sais même plus s'il existe un autre ciel que celui qu'on aperçoit de cette rive, à travers la cime des arbres. Ton sein est mon univers ; uni à toi, je comprends et je goûte les beautés du monde que tu habites. Vois comme cette nuit est sereine, comme les voix de ce monde sont harmonieuses ; comme elles se marient au concert des astres, et comme, sans savoir le sens mystérieux de l'hymne qu'elles chantent, elles s'unissent dans un accord sublime à la voix de l'infini !

HÉLÈNE.

Que parles-tu de l'infini ? Tu ne sais plus la langue de l'infini. Tu ne chantes pas mieux maintenant que l'insecte caché dans l'herbe ou le roseau balancé par les ondes.

L'ESPRIT.

Hélène, Hélène ! tu promettais de m'aimer, et tu voulais t'anéantir pour me délivrer. Mais tu es bien une fille des hommes. A mesure que l'esprit se soumet et se livre à toi, tu veux pénétrer plus avant dans les mystères de l'esprit, et tu le tortures par les étreintes d'une implacable curiosité. O esprits mes frères ! venez vers moi ; venez vers la fille de la lyre ; instruisez-la, ou rendez-moi la mémoire. Montrez-lui Dieu, ou rendez-moi le prisme qui me servait à le contempler. Secourez-moi. L'hymne funèbre de la lune a engourdi ma flamme. Les cordes de la lyre se sont détendues à l'humidité de la nuit. Les soleils de l'infini brillent là-haut de leur splendeur éternelle, et je les vois à peine à travers les voiles dont la terre est accablée.

LES ESPRITS CÉLESTES.

Résigne-toi, esprit frère ! il faut que ta destinée s'accomplisse. Une main fatale a commencé à briser tes liens ; mais il faut que toi-même tu sois brisé sur la terre avant de retourner aux cieux, et ta délivrance doit s'opérer par la douleur, l'effroi, l'ignorance, l'oubli, la faiblesse. Telle est la loi éternelle. La terre est un aimant, et ceux qui sont nés d'elle ne peuvent la quitter qu'avec désespoir. La terre est le temple de l'expiation.

L'ESPRIT DE LA LYRE.

Eh bien ! je t'aime, ô terre, fille de l'amour et de la douleur ! Je sens en effet s'exhaler de ton sein une attraction brûlante. Je voudrais, languissant, t'étreindre dans un immense baiser, et m'endormir sur ton flanc tiède sans savoir dans quel monde je m'éveillerai.

HÉLÈNE.

Oui, la nuit est belle, et la terre est enchantée. Les rayons de la lune la caressent doucement, et son chant se marie délicieusement au chant des étoiles. Chante encore, ô belle création d'amour et de douleur ; chante par tes mille voix. Éveillez-vous, créatures embrasées de la soif de l'infini. Esprits terrestres, beaux sphinx aux ailes de pourpre et d'azur, ouvrez vos yeux ardents et plongez-les dans le sein des fleurs enivrées. Allons, datura paresseux, chante l'hymne aux étoiles ; déjà le phalène qui t'aime danse en rond autour de ta corolle endormie. Et toi, pervenche, relève ta tête appesantie, et n'attends pas que la brise te secoue rudement pour chanter avec elle. Commence ton poème, ô rossignol inspiré ! ne souffre pas que les sanglots de la chouette te devancent. Allons, ruisseau, élance-toi parmi les rochers, et que tes marges fleuries répètent ta fanfare sur tous les tons de la joie, du désir, de l'amour et de l'inquiétude. O mon âme, que tu souffres ! Que les étoiles

sont loin ! que leur voix est faible ! O terre , je t'aime !
Quand mourrai-je , ô mon Dieu ! O mon Dieu , où es-
tu ? Quand briseras-tu la lyre ? Esprit, esprit de la lyre,
quand te verrai-je , quand serons-nous délivrés ?

L'ESPRIT.

Fille des hommes, tu ne m'aimes pas. Tu ne songes
qu'à Dieu ; tu n'aspires qu'à l'infini. Vois comme la terre
est belle , et comme il est doux de vivre sur son sein
dans l'oubli de l'avenir, dans la contemplation du présent , dans les voluptés de la paresse , dans les larmes
de l'amour. Aime , aime ce qui t'appartient. Dieu ne
t'aime peut-être pas ; Dieu ne t'appartiendra peut-être
jamais.

HANZ.

Les mains d'Hélène cherchent encore les cordes.
Remarquez-vous , maître, qu'aujourd'hui elle joue davantage, et qu'elle semble établir un dialogue avec cette
puissance invisible qui fait chanter la lyre ?

ALBERTUS.

Aujourd'hui il me semble que je suis sur la trace
d'une explication naturelle du prodige. Cette lyre serait une sorte d'écho. Sa construction ingénieuse la
rendrait propre à reproduire les sons déjà produits par
la main qui en ébranle les cordes.

WILHELM.

O maître , vous n'écoutez donc pas ? Les sons produits par la main d'Hélène et ceux qui se produisent
ensuite d'eux-mêmes n'ont rien de commun. Ce sont
des mélodies toutes différentes ; mais, comme elles ne
changent ni de ton ni de mouvement , vous n'appréciez
pas la différence continuelle des phrases.

ALBERTUS.

Décidément je suis un barbare.

HÉLÈNE , *jouant de la lyre.*

« Peut-être jamais ! » Que ces mots sont effrayants !
Est-il possible qu'on les prononce sans mourir ? Ah ! si
l'homme pouvait dire avec certitude *jamais !* aussitôt
il cesserait de vivre. *Peut-être !* voilà donc le thème
mélancolique que tu redis incessamment , ô terre infortunée ! Dans tes plus beaux jours de soleil comme
dans tes plus douces nuits étoilées , ton chant est une
continuelle aspiration vers des biens inconnus. Aussi
Dieu a fait bien courte l'existence des êtres que tu en-
gendres ; car le désir est impérieux ; et , si la vie de
l'homme se prolongeait au delà d'un jour, le désespoir
s'emparerait de son âme et consumerait sa puissance
d'immortalité. O lune ! à ton aspect la face de la terre
se couvre de larmes, et son sein n'exhale que des
plaintes ; car ton spectre livide et ta destinée mystérieuse semblent remplir la voûte céleste d'un cri de
souffrance et de crainte : *Peut-être jamais !*

HANZ , à *Albertus.*

Maître , vous devenez triste. Ce chant vous émeut
enfin ?

ALBERTUS.

Il me fait mal, j'ignore pourquoi.

WILHELM.

Et moi, il me déchire.

L'ESPRIT DE LA LYRE.

Hélène , Hélène , reviens à toi ; chasse ces terreurs
inutiles. La nature est belle , la Providence est bonne.
Pourquoi toujours aspirer à un monde inaccessible ?
Que t'importe demain, si aujourd'hui peut donner le
bonheur ? Si tu veux entrer dans la vie immatérielle ,
apprends la première faculté que tu dois acquérir , la
résignation.

L'orgueil de l'homme ne veut jamais se plier à la sainte ignorance où végètent tant d'êtres paisibles dont son univers est peuplé. Vois, fille de la lyre, comme les fleurs sont belles; écoute comme le chant des oiseaux est mélodieux; respire toutes ces suaves émanations, entends toutes ces pures harmonies de la terre. Quel que soit l'auteur et le maître de ces choses, une pensée d'amour a présidé à leur création, puisqu'elle leur a départi la beauté et l'harmonie. Il y a bien assez de bonheur à les contempler. L'homme est ingrat quand il ferme ses sens à tant de chastes délices.

Ah! plutôt que de chercher sans cesse à déchirer le voile qui te sépare de l'idéal, pourquoi ne pas jouir de la réalité? Viens avec moi, ma sœur, viens : mes ailes t'enlaceront et te porteront sur les cimes des montagnes. Nous raserons d'un vol rapide les nappes de fleurs variées que la brise fait onduler sur les prairies. Nous franchirons les torrents en nous jouant dans le prisme écumant des cataractes; nous mouillerons nos robes argentées à la crête des vagues du lac, et nous courrons sur le sable fin des rivages sans y laisser l'empreinte de nos pas. Nous nous suspendrons aux branches des saules, et je sèmerai tes blondes tresses des insectes d'azur, vivants saphirs que distillent leurs rameaux éplorés. Je te ferai une couronne de fleurs d'iris et de lotus. Nous les irons chercher sur ces roches glissantes que les pieds de l'homme n'ont jamais touchées, au milieu de ces abîmes tournoyants d'où les barques s'éloignent avec effroi. Et puis nous traverserons les jeunes blés, et nous marcherons sur leurs têtes blondes sans les courber; nous gravirons les collines, plus rapides que l'élan et le chamois; nous franchirons ces grandes bruyères où le francolin et le lagopède cachent leurs nids dans des retraites

inaccessibles ; nous voltigerons , comme les grands ai-
gles , sur ces pics de marbre où l'arc et la fronde ne
peuvent les atteindre ; nous les dépasserons ; nous irons
nous asseoir sur ces aiguilles de glace où l'hirondelle
même n'ose poser ses pieds délicats, et de là nous verrons scintiller les étoiles dans une atmosphère plus pure,
et nous embrasserons d'un coup d'œil l'immensité des
constellations célestes. Et alors, abaissant les regards
sur cette terre si belle , d'où montent sans cesse de si
touchantes harmonies, et les reportant sur le firmament , qui lui répond par des chants d'espérance si faibles , mais si doux, tu sentiras ton âme se fondre et tes
pleurs couler ; car tu comprendras que , si Dieu a mis
des bornes à la connaissance de l'homme , il a donné en
revanche à sa pensée le sens du beau , et à ce sens l'aliment inépuisable d'une création sublime à contempler.

HÉLÈNE.

Oui, la contemplation est la plus grande jouissance de
l'homme ! et je te salue, je t'admire et je t'aime, ô terre,
œuvre magnifique de la Providence ! Aime-moi aussi,
ô ma mère féconde ! aime tous tes enfants ; pardonne-
leur l'ennui qui les ronge et l'impatience de te quitter
qui les dévore. Tes enfants sont tristes, ô mère patiente !
Tu les combles de tes dons, et ils en abusent ; tu leur
crées mille délices, et ils les méprisent. Tu les engen-
dres et tu les nourris de ton sein ; mais leur unique
plainte est celle-ci : « O mère impitoyable, tu m'as donné
la vie , et je te demandais le repos. Maintenant, à peine
ai-je joui de la vie, et tu ouvres ton sein avide pour m'y
replonger dans un affreux sommeil. O marâtre , puisque tu m'as fait vivre, pourquoi veux-tu me faire mourir ? »

L'ESPRIT.

Écoute! rien ne meurt, tout se transforme et se re-
nouvelle; et quand même ta pensée ne remonterait pas
vers ces hauteurs sublimes d'où tu la crois émanée, il y
aurait encore pour toi des rêves délicieux au delà de la
tombe. Quand même ton essence enchaînée pour jamais
à celle de la terre se mêlerait à ses éléments, il y aurait
encore une destinée pour toi. Qu'oserais-tu mépriser
dans la nature, ô fille de la lyre? Si tu comprends la
beauté de tous les êtres qui la remplissent, quelle trans-
formation peut t'effrayer ou te déplaire? N'as-tu jamais
envié les ailes soyeuses de l'hespérie ou le plumage du
cygne? Quoi de plus beau que la rose? quoi de plus pur
que les lis? N'est-ce rien que la vie d'une fleur? Celle
de l'homme est-elle aussi douce, aussi résignée, aussi
touchante? Y a-t-il une seule grâce oubliée ou perdue
dans ce tableau immense? y a-t-il une seule note isolée
ou étouffée dans ce vaste concert? La Providence n'a-
t-elle pas une caresse pour le moindre brin d'herbe qui
fleurit, aussi bien que pour le plus grand homme qui
pense? Écoute, écoute; tu t'es trompée. Ce thème que
tu as cru entendre, ce n'est point un chant de doute et
d'angoisse..... Écoute mieux, le ciel dit : « Espoir! »
Et la terre lui répond : « Confiance!... »

(*Hélène dépose la lyre et s'agenouille.*)

HANZ.

Qu'avez-vous, chère sœur? Pourquoi vos larmes cou-
lent-elles ainsi sur vos belles mains jointes?

WILHELM.

Laisse-la prier Dieu. Elle ne t'entend pas.

ALBERTUS, *à Hélène qui se relève.*

Êtes-vous mieux, mon enfant?

11.

HÉLÈNE.

Je me sens bien.

ALBERTUS, *à ses élèves.*

Il est temps qu'elle rentre. La soirée devient froide ; emmenez-la, mes amis, et recommandez à sa gouvernante de la faire coucher tout de suite.

WILHELM.

Ne venez-vous pas avec nous, maître ?

ALBERTUS.

Non, j'ai besoin de marcher encore. Je vous rejoindrai bientôt.

CARL.

N'oublions pas la lyre.

ALBERTUS.

Laissez-la-moi. J'en aurai soin. Prenez soin de votre sœur.

WILHELM.

Hélène, appuie-toi sur mon bras.

HÉLÈNE, *prenant le bras de Wilhelm.*

La vie n'a qu'un jour.

CARL.

Hélène, laisse-moi t'entourer de mon manteau.

HÉLÈNE, *mettant le manteau sur ses épaules.*

Et ce jour résume l'éternité.

HANZ.

Hélène, ne saurais-tu nous dire à quoi tu pensais tout à l'heure en jouant de la lyre ?

HÉLÈNE.

Je le sais, mais je ne pourrais pas vous l'expliquer.

CARL.

Mais ne saurais-tu donner à cette improvisation un nom qui nous en révèle le sens ?

HÉLÈNE.

Appelez-la, si vous voulez, *les cœurs résignés.*

ALBERTUS.

Et celle d'hier?

HÉLÈNE, *effrayée.*

Hier! hier!... c'était... *les cœurs heureux;* mais je n'ai pu la retrouver aujourd'hui, je ne m'en souviens plus.

SCÈNE II.

ALBERTUS, *seul.*

Il n'y a plus à en douter, cette lyre est enchantée. Elle commande aux éléments; elle commande aussi à la pensée humaine; car mon âme est brisée de tristesse, et, sans comprendre le sens mystérieux de son chant, je viens d'en subir l'émotion douloureuse et profonde... *Enchantée!...* Est-ce donc moi dont la bouche prononce et dont l'esprit accepte un pareil mot? Il me semble que mon être s'anéantit. Oui, ma force intellectuelle est sur son déclin; et, au lieu de lutter par la raison contre une évidence peut-être menteuse, je l'accepte sans examen, comme un fait accompli... Peut-être le meunier du moulin, que j'aperçois là-bas parmi les peupliers, pourrait m'expliquer fort naturellement le prodige des eaux suspendues dans leur cours. Il n'a fallu qu'une coïncidence fortuite entre le moment où Hélène, dans sa folie, commandait au ruisseau de s'arrêter, et celui où le garçon du moulin fermait la pelle de l'écluse... Il y a peu de temps, je n'aurais pas hésité un seul instant à constater l'explication grossière de ce fait en apparence surnaturel; aujourd'hui je me complais dans le doute, et je crains d'éclaircir le mystère. Est-ce qu'à force de contempler la face auguste de la vérité l'esprit mobile et frivole de l'homme s'en lasserait? Ah! sans doute, quand ce moment arrive pour un esprit méditatif, il doit s'épouvanter; car ce moment marque sa décadence et son épuisement.

SCÈNE III.

MÉPHISTOPHÉLÈS, *sortant des saules;*
ALBERTUS.

MÉPHISTOPHÉLÈS.

Si le meunier avait baissé la pelle de l'écluse juste au moment où Hélène prononçait les paroles sacramentelles, la coïncidence fortuite serait un prodige beaucoup plus étonnant que le fait naturel dont vous avez été témoin.

ALBERTUS.

Encore ce juif! Il me suit comme mon ombre; que le soleil se montre ou que la lune se lève, il est sur mes talons... Maître Jonathas, vous prenez beaucoup d'intérêt, ce me semble, aux perplexités de mon esprit.

MÉPHISTOPHÉLÈS.

Maître Albertus, je m'intéresse à toutes choses et ne m'étonne d'aucune.

ALBERTUS.

Vous êtes plus avancé que moi.

MÉPHISTOPHÉLÈS.

Beaucoup plus avancé, sans aucun doute, car vous ne l'êtes guère. Vous n'avez donc jamais ouï constater par les savants le rapport qui existe entre le son et le mouvement de certains corps? Vous n'avez point assisté aux cours d'un savant qui, tout dernièrement, à placé devant nous un vase rempli d'eau incliné sur un récipient? En calculant la masse d'eau coulante sur la force du son d'un violon, il modifiait la direction, le bouillonnement et la rapidité de l'irrigation au gré de l'archet promené sur les cordes. La théorie de cette action sympathique sera long-temps discutée peut-être, mais le fait est avéré. Peut-être en trouveriez-vous une explication satisfaisante dans les manuscrits que je vous ai remis ce matin.

ALBERTUS.

Plût au ciel que je n'eusse pas jeté les yeux sur ce maudit grimoire! Les extravagances dont il est rempli ont troublé mon cerveau toute la journée.

MÉPHISTOPHÉLÈS.

Pourtant, mon maître, vous avez fait une expérience qui n'a pas mal réussi. En retranchant deux cordes de la lyre, vous avez tellement changé la nature des inspirations d'Hélène que, pour la première fois de votre vie, vous avez failli comprendre la musique.

ALBERTUS, à part.

Ses railleries m'irritent, et pourtant cet homme semble lire en moi. Il sait évidemment beaucoup de choses que j'ignore. Pourquoi ne lui ouvrirais-je pas mon âme? Son scepticisme ne peut être contagieux pour moi, et sa science peut me tirer du labyrinthe où je m'égare.

(Haut.)

Maître Jonathas, vous étiez donc là pendant qu'Hélène jouait de la lyre? Vous avez compris son chant?

MÉPHISTOPHÉLÈS.

Très-bien. Elle a chanté la création terrestre, la nature, comme on disait au dix-huitième siècle, en langue philosophique. La première corde d'argent est consacrée à la contemplation de la nature; la seconde, à la Providence... Oh ! je sais par cœur le manuscrit d'A-delsfreit... Aujourd'hui vous avez retranché les cordes d'or, l'infini et la foi. Il faut bien que la pauvre inspi-rée se rejette sur l'espérance et sur la contemplation.

ALBERTUS.

Sur le doute et la mélancolie ; car voilà ce que j'ai compris dans son chant, et voilà l'impression doulou-reuse qui m'en est restée, à moi !

MÉPHISTOPHÉLÈS.

Il ne faut pas que cela vous inquiète. Si vous retran-chiez les deux cordes d'argent, vous verriez bien autre chose.

ALBERTUS.

Et si je retirais ces deux cordes d'acier ?

MÉPHISTOPHÉLÈS.

La lyre chanterait tout différemment, et vous com-menceriez à lire dans la musique et dans la poésie comme vous lisez dans le dictionnaire de Bayle.

ALBERTUS.

Vous le croyez ?

. MÉPHISTOPHÉLÈS.

J'en suis sûr. Consultez le manuscrit en rentrant chez vous.

ALBERTUS.

Eh bien ! j'essayerai encore cela. Mais je tâcherai de ne pas briser les cordes, comme j'ai brisé, sans le vou-loir, les deux premières.

MÉPHISTOPHÉLÈS.

Sans doute ! La lyre est enchantée, et cela peut por-ter malheur ! Ne vous sentez-vous pas la fièvre depuis tantôt ?

ALBERTUS.

Quel plaisir pouvez-vous prendre à railler un esprit sincère qui s'abandonne à vous?

MÉPHISTOPHÉLÈS.

Je ne raille pas. N'avez-vous jamais entendu raconter à maître Meinbaker, père de votre Hélène et descendant en ligne directe du fameux Adelsfreit, que ce magicien, le jour de sa mort, ayant mis la dernière main à la lyre, se prit d'un tel amour pour ce chef-d'œuvre, qu'il demanda à monseigneur de là-haut, le pape des étoiles...

ALBERTUS.

Quelles folies me racontez-vous là? Meinbaker avait la tête pleine de contes de fées. Il prétendait qu'Adelsfreit avait demandé à Dieu de mettre son âme dans cette lyre, et que Dieu, pour le punir d'avoir ainsi joué avec son héritage céleste, l'avait condamné à vivre enfermé dans cet instrument jusqu'à ce qu'une main vierge de tout péché l'en délivrât.

MÉPHISTOPHÉLÈS.

Et à l'instant même où il eut prononcé ce vœu téméraire, il mourut subitement.

ALBERTUS.

Son esprit était égaré depuis quelque temps; il se donna la mort volontairement.

MÉPHISTOPHÉLÈS.

Tout ceci renferme une charmante allégorie.

ALBERTUS.

Laquelle?

MÉPHISTOPHÉLÈS.

C'est que le savant, comme l'artiste, se doit à la postérité. Le jour où l'amour de l'art et de la science devient une satisfaction égoïste, l'homme qui sacrifie l'avantage des autres hommes à son plaisir est puni dans son œuvre même. Elle reste enfouie, oubliée, inutile, pendant des siècles ; sa gloire se perd dans les nuages dont la superstition l'environne ; et, pour avoir dédaigné de se révéler à ses contemporains, il est condamné à n'être tiré de la poussière que par un esprit simple qui profite de ses découvertes et usurpe sa renommée.

ALBERTUS.

J'aime cette interprétation ; je savais bien que vous étiez un homme plus sérieux que vous ne voulez le paraître.

MÉPHISTOPHÉLÈS.

Puisque vous me faites tant d'honneur, profitez, maître Albertus, d'un conseil très-sérieux : ne négligez pas de pénétrer le mystère qui vous paraît encore envelopper les propriétés de cette lyre magnétique. Soyez sûr qu'il y a, entre elle et la folie de votre pupille Hélène, un rapport qu'il est de votre devoir d'éclaircir et de faire connaître. Autrement le public imbécile s'emparera d'un fait naturel pour accréditer ses superstitions. On dira qu'il s'est passé dans votre maison des choses diaboliques, et votre silence sera une sanction des contes absurdes qu'on débite déjà. La magie était passée de mode ; mais le peuple n'en a pas perdu le goût, et des esprits distingués aiment à ressusciter ces vieilles croyances sous d'autres noms, croyant faire du neuf et sortir de la routine philosophique.

ALBERTUS.

Vous avez raison. Mes meilleurs élèves sont les premiers à accepter toutes ces extravagances. Je poursuivrai l'expérience ; et, pour commencer..... je vais ôter les deux cordes d'argent, mais avec précaution, afin de voir, en les remettant plus tard, si Hélène recommence le chant de ce soir.

MÉPHISTOPHÉLÈS.

Tournez les chevilles tout doucement.

(*Albertus touche la première corde d'argent, qui se brise aussitôt qu'il y porte la main.*)

ALBERTUS.

O ciel! déjà brisée! Il semble que mon intention suffise sans le secours de ma main!

MÉPHISTOPHÉLÈS.

Je vous avais prévenu. Cet instrument est d'une délicatesse extrême. La sympathie le gouverne.

ALBERTUS.

Comme tout à coup le ciel est devenu sombre!..... Voyez donc, maître Jonathas, la lune est cachée sous les nuages, et l'orage s'amoncelle sur nos têtes.

MÉPHISTOPHÉLÈS, *riant.*

C'est sûrement l'effet de cette corde cassée. Je ne vous conseille pas de toucher à l'autre.

ALBERTUS.

Vous me prenez pour un enfant... Je tournerai cette cheville avec tant de lenteur...

(*Il y touche, et la corde se brise.*)

MÉPHISTOPHÉLÈS.

Vous l'avez tournée à rebours. Décidément vous êtes adroit comme un philosophe!

ALBERTUS.

Quel cri lamentable est parti du sein des ondes! Ne l'avez-vous pas entendu, maître Jonathas?

MÉPHISTOPHÉLÈS.

Le grincement de cette corde cassée agace les nerfs du courlis endormi dans les roseaux.

12

ALBERTUS.

Quel terrible coup de vent! Les peupliers se plient comme des joncs!

MÉPHISTOPHÉLÈS.

Il va faire de l'orage. Bonsoir, maître Albertus.

ALBERTUS.

Vous me quittez! Ne m'expliquerez-vous pas ce que j'éprouve en cet instant? Une terreur invincible s'empare de moi. La sueur coule de mon front. Ah! ne riez pas de ma détresse! Je consens à souffrir, je consens même à être humilié, pourvu que mon esprit s'éclaire, et que je fasse, à mes dépens, un pas vers la connaissance de la vérité.

MÉPHISTOPHÉLÈS, *éclatant de rire.*

La vérité, c'est que vous êtes un grand philosophe, et que vous avez peur du diable.

(*Il se montre sous sa véritable forme. Albertus fait un cri et tombe évanoui.*)

MÉPHISTOPHÉLÈS.

Maintenant, privée de toutes les cordes qui chantent la gloire ou la bonté de son maître, cet Esprit doit être en ma puissance. Tâchons de briser la lyre. Hélène mourra, et Albertus deviendra fou.

(*Il veut briser la lyre.*)

COEUR DES ESPRITS CÉLESTES.

Arrête, maudit! Tu ne peux rien sur elle. Dieu protége ce que tu persécutes. En faisant souffrir les justes, tu les rapproches de la perfection.

(*Méphistophélès s'envole et disparaît dans la brume de la rivière.*)

SCÈNE IV.

ALBERTUS, *se ranimant peu à peu.*

Quelle affreuse vision ! Ne l'avez-vous pas vue, maître
Jonathas ? C'était un spectre hideux. Toutes les souffrances de la perversité semblaient avoir creusé ses
joues livides. Un rire amer, triomphe d'une haine implacable, entr'ouvrait ses lèvres glacées ; et dans son
regard j'ai vu toutes les fureurs de l'injustice, toutes les
ruses de la lâcheté, toute la rage impitoyable d'un désespoir sans ressources ! Quel est cet être infortuné dont
l'aspect foudroie et dont le regard déchire ? Dites, Jonathas, le connaissez-vous ?..... Mais où donc est le
vieux juif ? Je suis seul, seul dans les ténèbres !.....
Mes cheveux sont encore dressés sur ma tête !... Ah !
quelle faiblesse s'est donc emparée de moi ? Quelle douleur est tombée sur ma poitrine et l'a brisée, comme un
marteau brise le verre ?.....

(Voyant la lyre à ses pieds.)

Ah ! je me souviens ! J'ai porté encore une fois ma
main impie sur cette relique sacrée, dépôt d'un ami
mourant, héritage d'une fille pieuse. J'ai voulu détruire
ce chef-d'œuvre d'un artiste, cet instrument, source
des seules joies qu'éprouve la triste Hélène. Il y avait dans
cette lyre un mystère que j'aurais dû respecter ; mais mon
orgueil, jaloux de ne pas comprendre son langage, et
les perfides conseils de ce juif sophiste m'ont égaré....
Pauvre Hélène ! que te restera-t-il, si tu ne peux chanter ni la force ni la douceur du Tout-Puissant ? Mon
crime porte avec lui son châtiment. Les mêmes cordes
que j'ai brisées à cette lyre se sont brisées au fond de
mon âme. Depuis hier, l'idée de l'infini s'est voilée en

moi : le doute amer a contristé toutes mes pensées, et
depuis un instant ma confiance en Dieu s'est évanouie
comme ma foi. Il me semblait, pendant qu'Hélène im-
provisait en regardant la lune, que je pourrais bientôt
comprendre les secrets de sa poésie étrange. La nature
s'embellissait à mes yeux, et, en même temps qu'une
mélancolie profonde s'emparait de moi, j'éprouvais un
charme inconnu à savourer ces langueurs d'une contemplation à la fois chaste et voluptueuse auxquelles je
n'avais jamais osé me livrer. Oui, je comprenais ce
qu'il y a de religieux dans le doute et ce qu'il y a de
divin dans la rêverie.... Et maintenant ce monde poétique s'est déjà écroulé. Une voix aigre a jeté un cri de
malédiction sur la terre épouvantée. La lune ne répand
plus sa molle clarté sur les gazons, et les insectes ca-
chés sous l'herbe ne sèment plus leurs petites notes
mystérieuses dans le silence solennel de la nuit. La
chouette glapit et s'envole vers le cimetière ; le ruisseau
traîne de longs sanglots, comme si sa naïade déchirait
ses membres délicats sur les cailloux tranchants ; le
vent froisse les feuilles avec colère, et sème les fleurs
sur le gravier ; les reptiles sifflent, et les ronces se dressent sous mes pieds. Tout pleure, rien ne chante plus ;
et il me semble que c'est moi qui ai troublé la paix de
cette nuit sereine en évoquant le désespoir par je ne sais
quel maléfice !..... O mon Dieu ! pourquoi ai-je sacrifié
à une vaine sagesse les plus douces impressions de ma
vie ? Pourquoi cette âpre résistance, quand une destinée nouvelle pouvait s'ouvrir devant moi ? Que n'ai-je
cédé au penchant qui m'entraînait vers la jeunesse, vers
la beauté, vers l'amour ? Hélène m'eût aimé peut-être,
si, au lieu d'égarer son esprit dans le dédale du raisonnement, je l'eusse laissée s'élever en liberté vers les ré-

gions fantastiques où son essor l'entraînait ! Peut-être
y avait-il autant de logique dans sa poésie qu'il y en
avait dans ma science. Elle m'eût révélé une nouvelle
face de la Divinité ; elle m'eût montré l'idéal sous un
jour plus brillant... Dieu ne s'est communiqué à moi
jusqu'ici qu'à travers le travail, la privation et la douleur ; je l'eusse possédé dans l'extase de la joie... Ils le
disent, du moins ; ils le disent tous ! ils se prétendent
heureux, tous ces poètes, et leurs larmes sont encore
du bonheur, car elles sont versées dans l'ivresse. Notre
sérénité leur offre l'image de la mort, et notre existence
est à leurs yeux le néant !... Qui donc m'a persuadé
que j'étais dans la seule voie agréable au Seigneur ?
N'avais-je pas, moi aussi, des facultés pour la poésie ?
Pourquoi les ai-je refoulées dans mon sein comme des
aspirations dangereuses ?.... Et moi aussi, j'eusse pu
être homme... Et moi aussi, j'eusse pu aimer !...

SCÈNE V.

HANZ, ALBERTUS.

HANZ.

Nous sommes inquiets de vous, mon cher maître ; la
pluie commence, et l'orage va éclater. Veuillez prendre
mon bras, car l'obscurité est profonde et le sentier est
escarpé.

ALBERTUS.

Hanz ! dis-moi, mon fils, es-tu heureux ?

HANZ.

Quelquefois, mon bon maître, et jamais bien malheureux.

ALBERTUS.

Et ton bonheur, il te vient... de la sagesse ? de l'étude ?

HANZ.

En partie ; mais il me vient aussi de la poésie, et encore plus de l'amour.

ALBERTUS.

Tu es aimé ?

HANZ.

Non, mon maître. Hélène ne m'aime pas ; mais je l'aime, moi, et cela me rend heureux, quoique cela me fasse souffrir.

ALBERTUS.

Explique-moi ce mystère.

HANZ.

Maître, l'amour me rend meilleur ; il élève mon âme, il l'embrase, et je me sens plus près de Dieu quand je me sens amoureux et poète..... Mais rentrons, mon cher maître, la pluie augmente, et le chemin sera difficile. Vous semblez plus fatigué que de coutume.

ALBERTUS.

Hanz, je me sens faible... Je crois que je suis découragé !...

FIN DU TROISIÈME ACTE.

ACTE QUATRIÈME.

LES CORDES D'ACIER.

SCÈNE PREMIÈRE.

(Sur la grande tour de la cathédrale.)

ALBERTUS, HÉLÈNE.

ALBERTUS.

Arrêtons-nous sur cette terrasse, mon enfant ; cette rapide montée a dû épuiser tes forces.

HÉLÈNE.

Non ; je veux monter plus haut, toujours plus haut.

ALBERTUS.

Tu ne peux monter sur la flèche de la cathédrale. L'escalier est dangereux, et l'air vif qui souffle ici est déjà assez excitant pour toi.

HÉLÈNE.

Je veux monter, monter toujours, monter jusqu'à ce que je retrouve la lyre. Un méchant esprit l'a enlevée et l'a portée sur la pointe de la flèche. Il l'a déposée dans les bras de l'archange d'or qui brille au soleil. Mais j'irai la chercher, je ne crains rien. La lyre m'appelle.

(Elle veut s'élancer sur l'escalier de la flèche.

ALBERTUS, *la retenant.*

Arrête, ma chère Hélène ! Ton délire t'abuse. La lyre n'a point été enlevée. C'est moi qui, pour t'empêcher t'en jouer, l'ai ôtée de dessous ton chevet. Mais reviens à la maison, et je te la rendrai.

HÉLÈNE.

Non ! non ! vous me trompez. Vous vous entendez avec le juif Jonathas pour tourmenter la lyre et me donner la mort. Le juif l'a portée là-haut. J'irai la reprendre ; suivez-moi, si vous l'osez.

(*Elle commence à gravir l'escalier.*)

ALBERTUS ; *lui montrant la lyre, qu'il tenait sous son manteau.*

Hélène ! Hélène ! la voici, regarde-la ! Reviens, au nom du ciel ! Je t'en laisserai jouer tant que tu voudras. Mais redescends ces marches, ou tu vas périr.

HÉLÈNE, *s'arrêtant.*

Donnez-moi la lyre, et ne craignez rien.

ALBERTUS.

Non ; je te la donnerai ici. Reviens. O ciel ! je n'ose m'élancer après elle. Je crains qu'en se hâtant, ou en cherchant à se débattre, elle ne se précipite en bas de la tour.

HÉLÈNE.

Maître, étendez le bras et donnez-moi la lyre, ou je ne redescendrai jamais cet escalier.

ALBERTUS, *lui tendant la lyre.*

Tiens, tiens, Hélène, prends-la. Et maintenant appuie-toi sur mon bras, descends avec précaution.

(*Hélène saisit la lyre, et monte rapidement l'escalier jusqu'au sommet de la flèche.*)

ALBERTUS, *la suivant.*

O ciel ! ô ciel ! elle est perdue, elle va tomber ! O malheureux! à quoi ont servi tes précautions! elles n'ont servi qu'à hâter sa perte.

(*A Hanz et à Wilhelm, qui arrivent sur la terrasse.*)

O mes amis! ô mes enfants! voyez à quel péril elle est exposée...

HÉLÈNE.

Laissez-moi! si un de vous met le pied sur ces marches, je me précipite.

WILHELM.

Le plus sage est de la laisser contenter sa fantaisie. En voulant la secourir, on ne peut que déterminer sa mort.

HANZ.

N'ayez pas peur, maître, il y a en elle un esprit qui la possède. Elle agit par une impulsion surnaturelle. Laissez-la, ne lui dites rien. Je vais monter, sans qu'elle me voie, par l'escalier opposé. Je me cacherai derrière l'archange de bronze, et, si elle veut se précipiter, alors je me jetterai sur elle et la retiendrai de force. Ayez l'air de ne pas vous inquiéter d'elle.

(*Il passe derrière la flèche, et monte l'escalier opposé à celui qu'Hélène a franchi. Albertus et Wilhelm s'appuient contre la balustrade de la tour. Hélène, au haut de la flèche, s'assied sur la dernière marche, aux pieds de la statue de l'archange.*)

ALBERTUS.

Quel effrayant spectacle! Suspendue ainsi dans les airs, sans appui, sans balustrade, sur cette base étroite, pourra-t-elle résister au vertige? O misérable que je suis! C'est moi qui serai cause de sa mort!

WILHELM.

Maître, son délire même la rend inaccessible au vertige. Elle échappera au danger , parce qu'elle n'en a pas conscience. D'ailleurs voyez ! Hanz est déjà auprès d'elle , derrière la statue. Hanz est vigoureux et intrépide ; il est calme dans les grandes occasions : il la préservera. Prenez courage, et surtout montrez-vous tranquille.

(Hélène accorde la lyre.)

ALBERTUS , *à part.*

Si elle s'aperçoit de la soustraction des deux cordes , qui sait à quel acte de désespoir elle peut se porter ? Mais non !... elle ne s'en aperçoit pas... Elle rêve , elle s'inspire du spectacle déployé sous ses pieds !

L'ESPRIT DE LA LYRE.

O fille des hommes ! vois ce spectacle éblouissant ! Écoute ces harmonies puissantes !

HÉLÈNE.

Je ne vois rien qu'une mer de poussière embrasée que percent çà et là des masses de toits couleur de plomb et des dômes de cuivre rouge où le soleil darde ses rayons brûlants ! Je n'entends rien qu'une clameur confuse , comme le bourdonnement d'une ruche immense , entrecoupé par instants de cris aigus et de plaintes lugubres !

L'ESPRIT.

Ce que tu vois, c'est l'empire de l'homme ; ce que tu entends , c'est le bruissement de la race humaine.

HÉLÈNE.

Maintenant , je vois et j'entends mieux. Mes yeux percent ces nuages mouvants et distinguent les mouvements et les actions des hommes. Mes oreilles s'habituent à cette sourde rumeur, et saisissent les discours et les bruits que fait la race humaine.

L'ESPRIT.

N'est-ce pas un tableau magique et un concert imposant? Vois quelle est la grandeur et la puissance de l'homme! admire ses richesses si chèrement conquises, et les merveilles de son infatigable industrie! Vois ces temples majestueux qui dressent, comme des géants, leurs têtes superbes sur ces masses innombrables de demeures élégantes ou modestes, accroupies à leurs pieds! Vois ces coupoles resplendissantes, semblables à des miroirs ardents, ces obélisques effilés, ces sveltes colonnades, ces palais de marbre, où le soleil allume dans chaque vitre de cristal un diamant aux mille facettes! Regarde ce fleuve qui se roule comme un serpent d'or et d'azur autour des flancs de la grande cité, tandis que des ponts de fer et de granit, ici bordés de blanches statues qui se mirent dans les ondes, là suspendus comme par magie à d'invisibles cordons de métal, s'élancent d'une rive à l'autre, tantôt en arcades de pierres fortes et massives, tantôt en réseaux de fer transparents et déliés, et tantôt en élastiques passerelles qui plient sans rompre sous le poids des chariots et des cavaliers! Vois ces arcs de triomphe où le jaspe et le porphyre travaillés par les mains les plus habiles servent de piédestal aux statues des grands hommes ou aux trophées de la guerre! Vois de toutes parts ces symboles de la puissance et du génie, ces frontons chargés d'emblèmes, ces victoires aux ailes éployées, ces coursiers de bronze qui semblent bondir sous la main des conquérants! Vois ces fontaines jaillissantes, ces édifices où la science accomplit ses prodiges; ces musées où

l'art entasse ses chefs-d'œuvre; ces théâtres où l'imagination voit réaliser chaque jour ses plus beaux rêves !
Vois aussi cette rade immense où les bannières de toutes
les nations flottent sur une forêt de mâts, et où, des
extrémités de la terre, le commerce vient échanger ses
richesses ! Porte tes regards plus loin, vois ces rivages
fertiles, ces campagnes fécondes semées de villas magnifiques et coupées dans tous les sens de larges voies
plantées d'arbres, où les chars volent dans la poussière,
et où le pavé brûle sous le pied des coursiers rapides !
Vois des merveilles plus grandes encore : sur ces che-
mins étroits, rayés de fer, qui tantôt s'élèvent sur les
collines et tantôt s'enfoncent et se perdent dans le sein
de la terre, vois rouler, avec la rapidité de la foudre,
ces lourds chariots enchaînés à la file, qui portent des
populations entières d'une frontière à l'autre dans l'espace d'un jour, et qui n'ont pour moteur qu'une co-
lonne de noire fumée ! Ne dirait-on pas du char de
Vulcain roulé par la main formidable des invisibles cy-
clopes ? Vois aussi sur les flots la puissance de cette
vapeur qui sillonne le flanc de la mer avec des roues
brûlantes, et la rend docile comme la plaine au tranchant de la charrue ! — Et maintenant, écoute ! Ces
myriades d'harmonies terribles ou sublimes qui se con-
fondent en un seul rugissement plus puissant mille fois
que celui de la tempête, c'est la voix de l'industrie, le
bruit des machines, le sifflement de la vapeur, le choc
des marteaux, le roulement des tambours, les fanfares
des phalanges guerrières, la déclamation des orateurs,
les mélodies de mille instruments divers, les cris de la
joie, de la guerre et du travail, l'hymne du triomphe
et de la force. Écoute, et réjouis-toi; car ce monde est
riche, et cette race ingénieuse est puissante !

WILHELM.

O mon maître ! l'heure et le lieu inspirent Hélène ! Jamais la lyre n'a été plus sonore, jamais le chant n'a été plus mâle, et l'harmonie plus large ou plus savante.

ALBERTUS.

Oui, maintenant enfin, je comprends le langage de la lyre. La vie circule dans mon sang et embrase mon cerveau du feu de l'enthousiasme. Il m'a semblé que je voyais au delà des bornes de l'horizon, et que j'entendais la voix de tous les peuples se marier à une voix éloquente émanée de mon propre sein.

WILHELM.

Maintenant Hélène touche la lyre ; notre émotion sans doute va changer de nature ; écoutez bien !

HÉLÈNE, *jouant de la lyre.*

O Esprit ! où m'as-tu conduite ? Pourquoi m'as-tu enchaînée à cette place, pour me forcer à voir et à entendre ce qui remplit mes yeux de pleurs et mon cœur d'amertume ? Je ne vois au-dessous de moi que les abîmes incommensurables du désespoir, je n'entends que les hurlements d'une douleur sans ressource et sans fin ! Ce monde est une mare de sang, un océan de larmes ! Ce n'est pas une ville que je vois ; j'en vois dix, j'en vois cent, j'en vois mille, je vois toutes les cités de la terre. Ce n'est pas une seule province, c'est une contrée, c'est un continent, c'est un monde, c'est la terre tout entière que je vois souffrir et que j'entends sangloter ! Partout des cadavres et autour d'eux des sanglots. Mon Dieu, que de cadavres ! mon Dieu, que de sanglots !...

Oh ! que de moribonds livides couchés sur une paille infecte ! Oh ! que de criminels et d'innocents agonisants pêle-mêle sur la pierre humide des cachots ! Oh ! que

13

d'infortunés brisés sous des fardeaux pesants ou courbés sur un travail ingrat ! Je vois des enfants qui naissent dans la fange, des femmes qui rient et qui dansent dans la fange, des lits somptueux, des tables splendides couvertes de fange, des hommes en manteaux de pourpre et d'hermine tout souillés de fange, des peuples entiers couchés dans la fange ! La terre n'est qu'une masse de fange labourée par des fleuves de sang. Je vois des champs de bataille tout couverts de cadavres fumants et de membres épars qui palpitent encore ; j'en vois d'autres où s'élancent des bataillons poudreux, au son des fanfares guerrières. Je vois bien les armes reluire au soleil, j'entends bien les chants de l'espoir et du triomphe ; mais j'entends aussi les gémissements des blessés, les derniers soupirs des mourants que brisent les pieds des chevaux. J'entends aussi le cri des vautours et des corbeaux qui marchent derrière les armées, et l'air est obscurci de leur vol sinistre : eux seuls seront les vainqueurs ! eux seuls entonneront ce soir l'hymne du triomphe, en enfonçant leurs ongles ensanglantés dans la chair des victimes !

Je vois des palais, des armées, des fêtes, un grand luxe, une joie bruyante, en effet ! je vois et j'entends ruisseler l'or sur les tables et dans les coffres ! Ce sont les larmes du pauvre, la sueur de l'ouvrier, le sang du soldat qui coulent sur ces tables et qu'on serre dans ces coffres !... Chacune des pièces de cette monnaie devrait être frappée à l'effigie d'un homme du peuple ; car il n'est pas une de ces pièces de métal qui n'ait coûté la santé, l'honneur ou la vie à un homme du peuple !

Je vois des monarques assis sur des trônes élevés, autour desquels les nations se prosternent et que garde le triple rempart d'airain des armées ; mais j'entends aussi le peuple qui menace et qui pleure aux portes du palais ; j'entends les arbres des jardins royaux qui tombent sous la cognée, et les pavés qui s'entassent avec les cadavres pour fermer la marche aux soldats sanguinaires ; j'entends les cris de l'émeute, l'hymne généreux de la délivrance, le bruit des canons, le craquement des édifices qui s'écroulent sur les vaincus et sur les vainqueurs ; j'entends le tocsin terrible qui ébranle les vieilles tours et qui sonne d'une voix haletante la victoire et les funérailles !

J'entends aussi la parole sonore des nombreux orateurs ; j'entends le mensonge et le blasphème étouffer la parole du juste ; j'entends les applaudissements effrénés de la foule qui porte en triomphe les délateurs et les faussaires !

Je vois de majestueuses assemblées, et j'entends ce qu'on y discute. Quelques-uns disent qu'il s'agit de soulager la misère du peuple ; tous répondent que le peuple est trop riche, trop heureux, trop puissant ; et j'entends la masse immense des pharisiens qui se lève lentement en disant d'un air sombre : « Qu'il périsse ! » et je vois les puissances de la terre qui se parfument les mains en disant, le sourire sur les lèvres : « Qu'il périsse !... »

ALBERTUS.

Le rhythme est lugubre et la mélodie déchirante ! Voyez comme Hélène souffre, comme son visage est pâle et comme ses bras se tordent avec désespoir autour de la lyre ! O malheureuse prêtresse ! J'ai voulu être initié par toi à la poésie de la civilisation. Pythonisse enchaînée au trépied, tu expies dans les tortures ma coupable curiosité ! O Hélène ! cesse tes chants, reviens vers nous !...

WILHELM.

Maître, Hanz nous fait signe de ne pas l'appeler. Ravie dans une douloureuse extase, elle oublie que nous l'écoutons. Craignez qu'elle ne s'éveille et que le vertige ne la surprenne.

L'ESPRIT DE LA LYRE.

Fille des hommes, pourquoi te désespérer ainsi ? As-tu donc oublié la Providence ? N'est-ce pas elle qui permet ces choses pour amener, par une dure expérience et une lente expiation, tous les hommes à la connaissance de la vérité et à l'amour de la justice ? Regarde ! il est déjà des hommes pieux et des cœurs vraiment purs. Le crime des uns ne fait-il pas la vertu des autres ? L'iniquité des tyrans ne fait-elle pas ressortir la patience ou l'audace des opprimés ? Vois ! que de dévouements sublimes, que d'efforts courageux, que de résignations évangéliques ! Vois ces mains fermes et patientes qui s'arment pour la délivrance, tandis que, pour les encourager, les captifs étouffent leurs sanglots derrière les barreaux de la prison ! Vois ces amis qui s'embrassent ; comprends-tu la dernière étreinte de celui qui accompagne l'autre jusqu'au pied de l'échafaud ? Comprends-tu le dernier regard de celui qui place en souriant sa tête sous la hache ?

HÉLÈNE.

Je vois des vierges qu'on profane et des enfants qu'on égorge ; je vois des vieillards que l'on suspend au gibet ; je vois une femme que des courtisans traînent dans le lit d'un prince, et qui expire de honte et de désespoir dans ses bras ; je vois l'époux de cette femme qui reçoit de l'or et des honneurs pour garder le silence, et qui baise la main du prince ; je vois une jeune fille que des soldats frappent à coups de verges sur la place publique pour avoir chanté : *Non, la patrie n'est pas perdue!* et qui devient folle ; je vois des enfants qu'on sépare de leur mère, qu'on isole de leur famille, et à qui l'on veut apprendre à maudire le nom de leur père et à renier l'héroïsme de leur sang! Je vois des héros qu'on proscrit, des libérateurs dont la tête est mise à prix ; je vois de jeunes martyrs qu'on traîne hors de la prison, parce qu'ils n'expirent pas assez vite, et qu'on mène sous les glaces du pôle, de peur que leurs derniers soupirs ne percent les murs du cachot et n'arrivent à l'oreille de leurs frères ; je vois des paysans dont on déchire la chair avec des hameçons de fer, parce qu'ils ont oublié de couper leur barbe et d'endosser la livrée du vainqueur ; je vois une nation qu'on veut rayer de la face du globe, comme si elle n'avait jamais existé. On lui ôte ses chefs, ses libérateurs, ses prêtres, ses institutions, ses biens, son costume et jusqu'à son nom pour qu'elle périsse, et l'univers regarde en disant : « Qu'elle périsse! »

L'ESPRIT DE LA LYRE.

Tu vois le mal qui se montre, tu ne vois pas le bien qui se cache. Ne peux-tu lire au fond des âmes généreuses qui préparent le jour de la justice? n'entends-tu pas la prière des exilés, et ces chants de la patrie absente qui appellent la colère céleste sur les injustes, la miséricorde sur les faibles, la protection sur les forts? Fille de la lyre! au lieu de te lamenter sur les forfaits et les infortunes de l'homme, agenouille-toi et invoque le secours d'en haut. Prions ensemble, unissons nos larmes et nos prières. Que notre amour nous donne l'espoir et la ferveur! Prions! tenons-nous embrassés et prosternés aux pieds de celui....

13.

HÉLÈNE.

Tais-toi ! ne nomme pas ce qui n'existe pas ! Si une puissance fatale préside aux destins de l'humanité , c'est le
génie du mal, car l'impunité protége le crime ! Que parles-tu de Providence? que parles-tu d'amour? La Providence est muette, elle est sourde, elle est impotente
pour les victimes ; elle est ingénieuse et active pour servir les desseins de la perversité. Sois maudite , ô Providence ! Et toi, Esprit, ne me parle plus. Tu m'as révélé
des maux que j'ignorais ; sois puni de tes enseignements
cruels par mon silence ; cherche l'amour dans un cœur
que tu n'auras pas brisé ; demande ton salut à une âme
qui pourra encore aimer et croire !

(*Elle se lève. — Albertus fait un cri.*)

WILHELM,

Non, non ! elle ne veut pas attenter à sa vie. Voyez !
elle jette la lyre dans l'abîme , et redescend vers nous
légère comme l'hirondelle qui cache son nid au sommet
des vieilles tours. Oh ! qu'elle est belle avec ses cheveux
épars et sa robe blanche que le vent fait ondoyer !

HÉLÈNE, *se jetant dans les bras d'Albertus.*

Mon père, emmenez-moi, cachez-moi ! Descendez-
moi aux entrailles de la terre ; je ne veux plus voir le
soleil, je ne veux plus entendre aucun bruit humain,
Que personne ne me parle plus... Je veux arracher mes
yeux, je veux être enfonie comme la taupe , endormie
comme la chrysalide.

ALBERTUS,

Hélène , éloigne-toi de moi, accable-moi de ta haine,
je suis l'auteur de tous tes maux... J'ai voulu ôter à la
lyre...

HÉLÈNE.

Ne me parlez plus de lyre , la lyre est brisée, Je l'ai

jetée au vent... Vous ne la reverrez plus... Hanz, mon
frère, emmenez-moi... Cet endroit me donne le vertige
du désespoir.

ALBERTUS.

Emmenez-la bien vite, mes enfants, je vous suis.

SCÈNE II.

(Sur la place publique.)

GROUPE DE BOURGEOIS.

UN BOURGEOIS.

La musique a cessé! Vraiment c'est une chose merveilleuse, et de mémoire d'homme il ne s'est vu rien de
pareil.

SECOND BOURGEOIS.

Qu'avez-vous donc à vous récrier ainsi, voisin? Est
ce que le sucre a encore baissé?

UNE VIEILLE DAME.

Un miracle, monsieur, un miracle véritable!

LE SECOND BOURGEOIS.

Le café ne paie plus les droits?

LA DAME.

Non, monsieur, l'archange de la cathédrale a joué
de la trompette.

TROISIÈME BOURGEOIS.

Quel archange? quelle trompette?

LE PREMIER BOURGEOIS.

Parbleu! compère, l'archange de cuivre qui est là-
haut, là-haut, et qui souffle dans sa trompette depuis
le temps du roi Dagobert sans en faire sortir le plus
petit bruit. Eh bien! tout à l'heure il a joué des airs

charmants pendant plus de vingt minutes; je l'ai entendu comme...

LE SECOND BOURGEOIS.

Comme vous m'entendez causer quand je ne dis rien.
A d'autres, maître Spiegendorf!

LE TROISIÈME BOURGEOIS.

Vous avez eu une lubie, ma bonne dame. Les oreilles vous ont tinté.

LA DAME.

Monsieur, je ne suis pas faite pour en imposer.

LE SECOND BOURGEOIS.

Si vous n'avez que cela à nous dire, c'était bien la
peine que je me dérange de mon comptoir.

LE TROISIÈME BOURGEOIS.

Et moi donc! qui voyais tous ces badauds rassemblés
là sur le milieu de la place, regardant en l'air le bout
de leur nez, qu'ils prenaient pour la flèche de la cathédrale. J'espérais.... c'est-à-dire je croyais qu'il était
tombé quelqu'un du haut des tours, et je venais voir
bien vite.

LE SECOND BOURGEOIS.

Ils auront entendu l'organiste de la cathédrale qui
étudie l'air de *Marie trempe ton pain*, pour nous le
jouer dimanche à la grand'messe.

LE PREMIER BOURGEOIS.

Ah! au fait, c'était peut-être cela.

LA DAME.

Je connais très-bien le son de l'orgue. D'ailleurs l'é-
glise est fermée, on ne l'entendrait pas d'ici. Et puis
l'ange n'a pas du tout joué des airs d'église; c'est même
singulier comme c'était peu religieux.

LE PREMIER BOURGEOIS.

Ah! c'était pourtant joli, très-joli!

LE TROISIÈME BOURGEOIS.

Ils ont peut-être inventé quelque machine à musique qu'ils ont fourrée dans le corps de la statue pour qu'elle ait l'air de jouer de la trompette. Je parie que cela va sonner à toutes les heures, comme l'horloge de Jean de Nivelle.

LE SECOND BOURGEOIS.

Ou bien seulement au coup de midi... Quelle heure est-il?

LE PREMIER BOURGEOIS.

Il est certain qu'il y avait quelque chose de blanc aux pieds de la statue.

LE TROISIÈME BOURGEOIS.

C'est cela! c'était un cadran!

LE PREMIER BOURGEOIS.

C'est égal, je vais voir ce qu'il en est. Je connais concierge des tours; il me laissera monter.

LE TROISIÈME BOURGEOIS.

Eh bien! j'y vais aussi.

(Ils s'éloignent tous deux.)

LA DAME.

Moi, je vais raconter à toute la ville ce que j'ai entendu.

(Elle s'éloigne.)

LE SECOND BOURGEOIS, <i>d'un air capable, croisant ses bras sur son tablier.</i>

Croirait-on qu'au jour d'aujourd'hui il y a encore tant de gens superstitieux?... Ah! voilà maître Albertus qui vient par ici. C'est un homme que je n'aime pas à rencontrer. Il vous regarde d'une drôle de manière, et il se passe dans sa maison des choses auxquelles le diable ne comprend goutte. Oh! le juif Jonathas Taër qui vient derrière lui!... Pour le coup, je m'en vais à la

maison. Je n'aime pas du tout les gens qui courent les
rues après leur mort.

(Il s'enfuit.)

SCÈNE III.

ALBERTUS, MÉPHISTOPHÉLÈS.

MÉPHISTOPHÉLÈS, *suivant Albertus, qui ne le
voit pas.*

Où courez-vous si empressé et si agité, mon respectable maître? Vous n'avez pas un regard, pas un simple
signe de tête pour votre meilleur ami, ce matin.

ALBERTUS.

Toujours ce juif! Il me suit comme un remords.....
Laissez-moi, monsieur, de grâce! Je n'ai pas l'honneur
d'être votre ami, et je n'ai pas de temps à perdre.

MÉPHISTOPHÉLÈS, *le suivant toujours et se
plaçant près de lui.*

Je conçois votre inquiétude; l'état d'Hélène vous afflige. Mais rassurez-vous, elle ne s'est jamais mieux
portée.

ALBERTUS, *haussant les épaules.*

Qu'en savez-vous?

MÉPHISTOPHÉLÈS.

Vous ne pouvez pas douter que j'en sache plus long
que vous sur bien des choses.

ALBERTUS.

Gardez votre science maudite; elle ne m'a causé que
trouble et désespoir.

MÉPHISTOPHÉLÈS.

Je m'étonne qu'un aussi grand philosophe se décourage pour un peu de souffrance. N'enseignez-vous pas

tous les jours en chaire qu'il faut beaucoup souffrir pour
arriver à la vérité? qu'on ne saurait payer trop cher la
conquête de la vérité? que la vérité ne s'achète qu'au
prix de nos sueurs, de nos larmes, de notre sang
même?....

ALBERTUS.

J'ai déjà beaucoup souffert depuis que je vous écoute,
et, loin d'être arrivé à la vérité, il me semble que j'en
suis plus éloigné que jamais. Le délire d'Hélène augmente, et rien ne m'explique les propriétés sympathi-
ques de la lyre.

MÉPHISTOPHÉLÈS.

Permettez. D'abord le délire d'Hélène n'augmente
pas. Hier, toute la journée, après sa promenade au
bord de l'eau, elle a été pleine de raison.

ALBERTUS.

Il est vrai que son délire n'a commencé qu'au moment où je lui ai refusé la lyre. Alors elle s'est enfuie
de la maison, et je n'ai pu la rejoindre qu'au sommet
de la grande tour.

MÉPHISTOPHÉLÈS.

Aussi pourquoi vouliez-vous l'empêcher de faire résonner la lyre?

ALBERTUS.

Je craignais ce qui est arrivé. En la voyant si sensée
et suivant avec tant de clarté une leçon assez abstraite
que je venais de lui donner, je me flattais de la voir
guérie, et j'aurais voulu que la lyre fût anéantie; car,
n'en doutez pas, tout son délire vient de cet instrument.

MÉPHISTOPHÉLÈS.

Sans aucun doute. Vous avez toujours pris pour un
conte, pour une rêverie du vieux Meinbaker, un fait

très-certain. Le premier accès de folie d'Hélène et la
longue maladie qui en fut la suite n'eurent pas d'autre
cause qu'un attouchement à la lyre.

ALBERTUS.

Le fait est bien constaté pour moi aujourd'hui. Mais
qu'il reste à l'état de prodige ! je ne m'en tourmenterai
plus. Hélène pouvait périr victime de ma curiosité.
Dieu merci ! elle a échappé aujourd'hui à son dernier
danger : la lyre est anéantie. Elle l'a jetée du haut de la
flèche sur le marbre du parvis.

MÉPHISTOPHÉLÈS.

Ce qui n'empêche pas qu'elle soit intacte. Vous la re-
trouverez sur son socle dans votre cabinet. Il n'y manque d'autres cordes que celles ôtées par vous-même, et
la table n'est pas seulement fêlée. Ses figures n'ont perdu
ni bras ni jambes dans la bataille, et je suis sûr que l'accord n'est pas seulement dérangé.

ALBERTUS.

Ce que vous dites est impossible. Vous me raillez,
mais je vous avertis que je suis las de vos discours.

MÉPHISTOPHÉLÈS.

Ne m'adressez jamais la parole si la lyre n'est pas
telle que je vous dis et où je vous dis. Elle est tombée
à mes pieds, comme j'écoutais Hélène au bas de la
grande tour; et, en ce moment, j'ai vu passer votre
gouvernante Thérèse, à qui j'ai dit de la ramasser et de
l'emporter.

ALBERTUS.

Je saurai bien tout à l'heure à quoi m'en tenir. Mais
comment pouviez-vous entendre la lyre à une aussi
grande distance?

MÉPHISTOPHÉLÈS.

Le son de la lyre a cela de particulier que, quelle

qu'en soit la douceur, on en distingue les moindres notes d'un bout de la ville à l'autre. Tout le quartier l'a entendue aujourd'hui ; et quant à moi, dont l'ouïe est très-fine, je pourrais vous raconter mot à mot ce que la lyre et Hélène se sont dit l'une à l'autre au sommet de la grande aiguille du clocher.

ALBERTUS.

Vous comprenez donc parfaitement le sens de la musique ?

MÉPHISTOPHÉLÈS.

Très-bien. N'a-t-elle pas chanté aujourd'hui les merveilles et les misères de la civilisation ? Tandis que la lyre disait la grandeur et le génie de l'homme, Hélène ne disait-elle pas ses crimes et ses malheurs ?

ALBERTUS.

Oui, j'ai compris cela aussi, — très-bien cette fois, — à ma grande surprise ! Le manuscrit d'Adelsfreit me l'avait prédit.

MÉPHISTOPHÉLÈS.

« *Sur trois cordes la mélodie sera forte et limpide. Tous la comprendront, car les deux cordes d'acier traitent de l'homme, de ses inventions, de ses lois et de ses mœurs.* » Vous voyez que je sais mon Adelsfreit sur le bout du doigt. Quant à la corde d'airain, la dernière de toutes... « *celui qui la fera vibrer connaîtra le mystère de la lyre.* »

ALBERTUS.

Eh bien ! je ne le connaîtrai pas. J'y renonce. Je briserai la lyre en rentrant à la maison.

MÉPHISTOPHÉLÈS.

Présomptueux ! Croyez-vous que cela soit en votre pouvoir ? La lyre est tombée tout à l'heure du ciel en

14

terre sans recevoir le plus léger dommage. Votre main se briserait en essayant de la détruire.

ALBERTUS.

D'où vient donc que je brise sans le vouloir, et par le plus léger attouchement, ses cordes délicates?

MÉPHISTOPHÉLÈS.

Tout cela tient au mystère que vous ne voulez pas connaître. N'avez-vous jamais ouï dire qu'une âme poétique et tendre résiste avec constance aux plus grands revers de la fortune, tandis qu'elle se contriste, se resserre et se brise au moindre échec dans ses affections? Vous-même, vous souriez quand l'autorité brutale ferme votre cours et arrête vos publications. Pourtant, si Hélène est malade, ou si un de vos disciples commet un acte d'ingratitude envers vous, votre force est vaincue, et vous versez des pleurs comme un enfant. Le mystère de la lyre n'est pas plus inexplicable que cela.

ALBERTUS.

Vous vous tirez de tout par des comparaisons et des symboles.

MÉPHISTOPHÉLÈS.

Tout est symbole dans l'ordre intellectuel comme dans l'ordre matériel; ces deux ordres obéissent à des lois analogues et accomplissent des phénomènes analogues. En partant de ce raisonnement, et en brisant encore deux cordes de la lyre, vous vous emparerez du secret.

ALBERTUS.

Je ne le ferai pas. Dieu sait quelle crise Hélène aurait à subir cette fois-ci!

MÉPHISTOPHÉLÈS.

C'est un noble sacrifice, et je vous approuve. Cependant je suis fâché que tout ceci ait fait tant de bruit, et

que le pays tout entier soit bouleversé par les contes de
sorciers et de revenants auxquels la folie d'Hélène et le
son étrange de la lyre ont donné lieu. Vous passez maintenant pour un magicien, et moi aussi par contre-coup.
Vous savez que je ris volontiers de toutes les choses qui
me concernent; mais quant à vous, je suis vraiment
affligé de vous voir perdre toute votre salutaire influence,
et je prévois que vos excellentes doctrines, loin de porter leurs fruits, vont tomber dans un discrédit com-
plet.

ALBERTUS.

N'espérez pas me prendre par la vanité, je suis au-
dessus de ce que les hommes diront de moi.

MÉPHISTOPHÉLÈS.

Il n'est pas question de cela. Vous aviez une mission
à remplir auprès des hommes, et vous les abandonnez
à l'ignorance et à l'erreur...

ALBERTUS.

Je n'aime pas assez l'humanité pour lui sacrifier Hélène; Hélène est une âme pure, un être céleste. Les
hommes sont tous des despotes, des traîtres et des
brutes.

MÉPHISTOPHÉLÈS.

Je vois que la musique a fait son effet: c'est le propre
de la lyre d'imposer à ceux qui l'écoutent les émotions
de celui qui la fait parler. Il serait bien malheureux
pour vous que vous restassiez sous cette impression fâcheuse; le monde y perdrait beaucoup, et vous en auriez un jour de grands remords.

ALBERTUS.

N'est-ce pas vous qui m'avez engagé à détruire les
cordes qui eussent pu, par leur mélodie, élever et em-

braser mon âme? Il vous sied bien de me reprocher l'effet de vos conseils !

MÉPHISTOPHÉLÈS.

Vous me remercierez de mes conseils quand vous aurez accompli votre tâche, c'est-à-dire quand vous aurez fait de la lyre un instrument monocorde. Concevez encore ceci sous la forme symbolique. Pour élever votre âme vers l'idéal comme vous êtes parvenu à le faire, n'avez-vous pas, durant de longues années, travaillé à briser dans votre propre sein les fibres qui tressaillaient pour des joies terrestres ? N'avez-vous pas détruit tout ce qui eût pu vous distraire de votre but, et n'avez-vous pas concentré toutes vos pensées, tous vos sentiments, tous vos instincts sur un seul objet ?

ALBERTUS.

C'est vrai, mais ici je travaille dans le sens inverse. J'ai commencé par détruire dans la lyre la poésie de l'infini, et je suis arrivé à la poésie des choses terrestres, tandis que dans mon travail philosophique sur moi-même j'ai procédé au rebours.

MÉPHISTOPHÉLÈS.

C'est un tort que vous avez eu. Ce qu'on étouffe avant qu'il soit né n'est jamais bien mort. Les besoins refoulés avant leur développement redemandent la vie impérieusement. C'est ce qui vous est arrivé. Votre vertu vous rendait l'homme le plus malheureux du monde, et à l'heure qu'il est, en prêchant tous les jours la certitude, vous ne la possédez sur aucun point.

ALBERTUS, *à part*.

Je suis épouvanté de voir cet homme lire en moi de la sorte !

MÉPHISTOPHÉLÈS.

Si vous en restez là, vous êtes perdu, mon bon ami.

Il faut que vous retourniez à la foi par une forte réaction. Il faut que vous connaissiez les passions, leurs angoisses, leurs périls, leurs fureurs même. Il faut, en un mot, que vous passiez par l'épreuve du feu ; ensuite vous rendrez témoignage de votre foi, car vous aurez connu la vie, et vous ne vous tromperez plus.

ALBERTUS.

Vous me donnez un odieux conseil. Croyez-vous donc que l'âme humaine soit assez forte pour résister à une telle épreuve ? C'est tenter Dieu que de s'abandonner au mal de gaieté de cœur. Quiconque essaiera ses forces de la sorte le paiera cher, et perdra, dans l'exercice des mauvais instincts, le sentiment et le désir de l'idéal.

MÉPHISTOPHÉLÈS.

Qui vous parle de faire le mal et de cultiver les instincts grossiers ? Vous oubliez que je suis philosophe aussi bien que vous, quoique je ne sois pas patenté. Je ne vous conseille pas de vous avilir, mais de vous retremper. Il est une seule passion, grande dans ses puérilités, généreuse dans ses emportements, sublime dans ses délires : c'est l'amour. Vous vous êtes trompé quand vous avez cru que votre idéal pouvait absorber toute la flamme déposée dans votre sein. Cette flamme est de deux natures : l'une est pour le ciel, l'autre pour la terre ; et l'une ne peut pas plus dévorer l'autre, que la volonté humaine ne peut étouffer l'une des deux.

(Posant sa main sur le bras d'Albertus.)

Qui le sait mieux que vous, mon cher philosophe ? Cette flamme terrestre vous consume, et rien n'a pu encore l'éteindre en vous !

14.

ALBERTUS, *tressaillant et se parlant à lui-même.*

Ses paroles embrasent mon sang, et pourtant sa main me glace comme si elle était de marbre !

MÉPHISTOPHÉLÈS, *lui tenant toujours la main.*

Donnez un aliment à cette flamme, et, quand elle aura brûlé le temps nécessaire, elle s'éteindra d'elle-même ; car, étant de nature terrestre, elle doit périr. L'autre, qui est céleste, lui survivra et vous possédera tout entier.

ALBERTUS.

Mais, pour aimer, il faut pouvoir être aimé.

MÉPHISTOPHÉLÈS.

Vous l'êtes peut-être déjà sans vous en douter.

ALBERTUS.

Moi !... Qui pourrait donc m'aimer ?...
(*Brusquement.*)
Maître Jonathas, ne la nommez pas !... je vous le défends.

MÉPHISTOPHÉLÈS.

Vous pensez que son nom serait profané dans ma bouche ? Vous êtes déjà bien amoureux, maître Albertus ?

ALBERTUS, *troublé.*

Mais elle ne m'aime pas, elle ne m'aimera jamais...

MÉPHISTOPHÉLÈS.

Elle vous aimera quand vous voudrez, et cet amour ui rendra la raison, la santé et la vie !

ALBERTUS.

Et que faut-il donc faire pour qu'elle m'aime ?

MÉPHISTOPHÉLÈS.

Il faut briser encore deux cordes à la lyre ; et quand vous serez las d'aimer, ou effrayé de la force de votre amour, il ne tiendra qu'à vous d'en guérir sur-le-champ.

ALBERTUS.

Comment cela ?

MÉPHISTOPHÉLÈS.

En épousant Hélène et en brisant la dernière corde de la lyre !

(*A part.*)

Il est à moi !

(*Il disparaît.*)

ALBERTUS, *dans une sorte d'égarement.*

Dieu ! que l'empreinte de sa main est froide !... Ma vue est troublée... J'ai peine à retrouver mon chemin.., Serait-il possible que la lyre ne fût pas brisée ?...

FIN DU QUATRIÈME ACTE.

ACTE CINQUIÈME.

LA CORDE D'AIRAIN.

SCÈNE PREMIÈRE.

ALBERTUS, *dans son cabinet, contemplant la lyre;* MÉPHISTOPHÉLÈS, *invisible pour lui, assis dans un coin.*

MÉPHISTOPHÉLÈS, *à part.*

C'est cela! contemple ta besogne, gémis, effraie-toi, frappe-toi la poitrine; cela ne raccommodera rien, et tu peux jouer à ton aise maintenant sur la seule corde qui te reste : ce sera une belle musique, mais, par malheur, elle ne durera pas long-temps!

ALBERTUS.

Je n'ai pu y résister!... Quelle est donc cette tentation infernale? Ce juif maudit, avec ses manuscrits et ses conseils, a fait de moi un enfant. Il a bouleversé ma raison en me promettant un secret que je ne saurai jamais sans doute!... En vain je cherche dans ces papiers quel chant est consacré par la septième corde; Adelsfreit ne s'est point expliqué à cet égard, et je suis forcé de m'en rapporter à Jonathas. Prédictions incompréhensibles! vous vous êtes pourtant réalisées avec une justesse dont une science plus grande que la mienne serait épouvantée. Mais plus le mystère paraît impénétrable, plus ma conscience doit en chercher l'explication ; je la dois aux hommes, je me la dois à moi-même, cette solution, sans laquelle leur esprit et le mien peuvent rester à jamais trompés..... Les hommes!... ma conscience! Est-ce donc pour eux, est-ce donc pour elle que j'ai tenté l'expérience? Est-ce l'amour de la vérité qui m'a guidé en tout ceci? est-ce lui qui me dévore en cet instant? Ah! malheureux, avoue qu'en brisant ces deux dernières cordes un amour insensé de la vie, une soif ardente des passions t'a seule entraîné!... Oh! comme ma main tremblait, comme ma poitrine était en feu lorsque j'ai suivi le conseil du juif! Je m'attendais encore à voir le ciel s'obscurcir, la terre trembler et ma maison s'écrouler sur moi. Rien de tout cela n'est arrivé, et même je n'ai point entendu les cordes d'acier rendre un son plaintif comme celles que j'avais déjà brisées. Cette fois la lyre a été muette! Peut-être que c'est ma conscience qui est devenue sourde!.... Quel est donc mon crime, cependant? Si l'action est utile en elle-même, qu'importe qu'une mauvaise intention se soit glissée malgré moi parmi les bonnes? Je devais poursuivre ici la vérité à travers les épreuves; et quand même la paix de mon âme en serait à jamais troublée, c'est encore un sacrifice que je dois à mon œuvre.

MÉPHISTOPHÉLÈS, *se montrant sous la figure du juif.*

Mille pardons si je surprends sans façon le secret de vos pensées. Les grands esprits ont la mauvaise habitude de causer tout haut avec eux-mêmes. Cela ne vous arriverait pas si vous connaissiez la musique; mais vous ne tarderez pas à la savoir, car je vous trouve dans de meilleures idées. Il me semble que vous commencez à ouvrir les yeux et à reconnaître que vous devez tâter le pouls à la vie si vous voulez être le vrai médecin de l'humanité.

ALBERTUS, *à part.*

Cet homme me déplaît ; je me méfie de lui, et pourtant il me mène où il veut ? D'où vient que sa visite m'est agréable en cet instant ? Serait-ce que j'ai besoin d'une plus mauvaise conscience que la mienne pour m'encourager dans le mal ?

MÉPHISTOPHÉLÈS.

Ne seriez-vous pas moine, par hasard ?

ALBERTUS.

Rien ne peut me déplaire davantage que cette plaisanterie. Que voulez-vous dire ?

MÉPHISTOPHÉLÈS.

C'est que vous appelez crime tout ce qui est en dehors de votre morale personnelle.

ALBERTUS.

S'il en est ainsi, n'ai-je pas raison pour moi du moins ? Tout est relatif.

MÉPHISTOPHÉLÈS.

Je m'exprime mal. Je devrais dire : vœux insensés, orgueil téméraire.

ALBERTUS.

Ce reproche est un lieu commun. Vous qui prétendez lire au dedans de moi, vous devriez savoir que mon renoncement aux choses humaines est une résolution naïve et consciencieuse.

MÉPHISTOPHÉLÈS.

Comme il vous plaira ; j'aimerais mieux passer pour un orgueilleux que pour un niais.

ALBERTUS.

Le mépris et l'ironie ne me touchent point.

MÉPHISTOPHÉLÈS.

Cela veut dire que vous êtes blessé. Allons! ne nous fâchons pas. Depuis vingt-cinq ans vous êtes la victime d'une erreur, voilà tout. Il est temps de vous en affranchir. Vous avez pensé qu'un philosophe devait être un saint; et, au lieu de chercher la sainteté dans l'emploi bien dirigé de vos facultés, vous avez suivi la vieille routine des dévots en tâchant d'éteindre ces facultés même. Ce qui doit vous amener à reconnaître votre illusion, c'est que vous devez vous souvenir des doutes qui ont torturé votre âme depuis le jour où vous êtes entré dans cette carrière jusqu'à celui-ci; c'est aussi que vos facultés n'ont fait que grandir et réclamer toujours plus impérieusement leur emploi. Le maître que vous invoquez, et avec lequel vous vous croyez en rapport direct, serait bien ingrat et bien fou de ne point vous secourir si, en vous immolant ainsi, vous aviez rempli ses intentions. Apprenez donc à reconnaître, dans la révolte des besoins de votre cœur, la légitimité de ces besoins, ou doutez de cette puissance céleste que vous appelez toujours en témoignage et à qui vous offrez tous vos sacrifices. Voyons, de quelle mission vous croyez-vous investi en ce monde? Est-ce de faire votre salut comme un chartreux, ou de chercher la sagesse afin de l'enseigner aux hommes comme un philosophe? Si c'est le dernier cas, apprenez qu'on n'enseigne pas ce qu'on ignore. La sagesse que vous pratiquez est un état exceptionnel qui pourra former tout au plus deux ou trois adeptes placés, comme vous, dans une voie d'exception; c'est une vertu de fantaisie qui rentre dans la série des essais artistiques; et vous, qui demandez toujours compte aux poètés de la moralité et de l'utilité de leurs travaux, vous seriez fort embarrassé de prouver en quoi votre céno-bitisme peut être profitable à la société.

ALBERTUS.

Vous ne sauriez nier pourtant que j'aie enseigné des vérités utiles, et je vous répondrai que je n'eusse pas eu le loisir de découvrir et d'enseigner ces vérités si j'eusse livré ma vie au caprice des passions.

MÉPHISTOPHÉLÈS.

Qui vous parle de caprices? qui vous parle de pas-sions? Ne pouviez-vous cultiver dans le sanctuaire de votre âme, comme vous dites, un amour pur, une amitié conjugale, durable, légitime? Ne pouviez-vous pas vous marier, être père? Alors vous eussiez enseigné avec autorité les devoirs de la famille dont vous parlez si souvent à vos élèves, à peu près comme un aveugle parle des couleurs.

ALBERTUS.

J'y ai souvent songé; mais j'ai senti dans mon âme le germe de passions si violentes que je n'eusse pu faire de l'hyménée un lien aussi paisible, aussi noble, aussi durable que ma raison le conçoit et que ma conviction le prêche aux autres.

MÉPHISTOPHÉLÈS.

Et pourquoi, s'il vous plaît, le germe de vos passions est-il devenu si brûlant et si dangereux? C'est que vous l'avez trop long-temps comprimé. Ainsi, avec toute votre vertu, vous êtes inférieur au dernier bourgeois de votre ville.

ALBERTUS.

J'en suis trop convaincu! mais le mal est fait. Plus j'ai tardé, plus il est certain que je ne dois pas entrer dans cette carrière. Il est peut-être des erreurs dans lesquelles la sagesse nous ordonne de persévérer en apparence, ou du moins dont elle nous condamne à porter la peine jusqu'au bout.

MÉPHISTOPHÉLÈS.

Voilà le plus beau sophisme qui soit jamais sorti de la bouche d'un sage ; mais ce n'en est pas moins un sophisme bien conditionné. Dites tout bonnement que, ce qui vous arrête aujourd'hui, c'est la timidité : d'une part, la crainte de ne pas savoir plaire à une femme ; de l'autre, la peur de paraître ridicule à vos élèves.

ALBERTUS.

Je puis jurer devant Dieu et devant les hommes que vous vous trompez. Si je croyais devenir meilleur et plus utile à la société en me mariant, je le ferais tout de suite, avec simplicité, avec franchise. J'augure assez bien des femmes pour croire qu'il s'en trouverait au moins une qui serait touchée de ma candeur, et je connais assez mes élèves pour être sûr qu'ils apprécieraient ma bonne foi ; mais je suis certain que l'amour serait désormais un poison pour mon âme. Je serais porté à m'absorber tellement dans l'amour d'une créature semblable à moi que je perdrais le sentiment de l'infini et la contemplation assidue de la Divinité. La jalousie dévorerait mes entrailles, et détruirait peu à peu toutes mes idées de justice, de patience et d'abnégation. Pour quelques enfants de plus que je donnerais à la patrie, je lui retirerais ma doctrine, qui certes lui est plus nécessaire ; car les bras manqueront toujours moins que les intelligences. N'est-ce pas votre avis ?

MÉPHISTOPHÉLÈS.

Ainsi, vous êtes bien décidé à rester moine ? C'est votre dernier mot ?

ALBERTUS.

Si c'est ainsi qu'il vous plaît de me qualifier, soit !
C'est ma dernière résolution.

MÉPHISTOPHÉLÈS.

En ce cas, dites-moi donc, maître Albertus, pourquoi vous avez réduit la lyre à cette seule corde d'airain ?

ALBERTUS , *troublé.*

Qu'ont de commun le son de cette lyre et les expé-
riences physiques dont elle est l'objet pour moi, avec
les principes de ma conduite et les sentiments de mon
âme ?

MÉPHISTOPHÉLÈS.

Sans doute ; qu'a de commun la poésie avec l'amour ?
Jamais cela n'est tombé sous le sens d'un philosophe !

ALBERTUS.

C'est assez ! vos railleries me fatiguent, et tout ce
que je viens de vous dire est assez triste pour mériter,
de votre part, autre chose qu'un froid dédain. Vous
êtes un homme sans entrailles ; laissez-moi !

MÉPHISTOPHÉLÈS.

Vous m'accusez, ingrat, quand je vous sers malgré
vous ! Dupe de vos propres sophismes, vous aviez mis
entre vous et le bonheur des obstacles invincibles, la
contrainte et la gaucherie d'un philosophe ! Je vous ai
fait connaître et modifier les propriétés magiques de
cette lyre. Grâce à moi, vous avez dans les mains un
talisman avec lequel vous pouvez toucher le cœur d'Hélène, et lui apparaître plus jeune et plus beau que le
plus jeune et le plus beau de vos élèves... Et vous le
dédaignez, pour vous renfermer dans votre sot orgueil
ou dans votre prudence couarde ! Eh bien ! que votre

destinée s'accomplisse ! Maintenant, la mélodie de la
lyre est tellement simplifiée, que vous pourriez en jouer
aussi bien qu'Hélène, et agir sur elle comme jusqu'ici
elle a agi sur vous... Le tendre Wilhelm, ou le passionné
Hanz, ou le beau Carl, en joueront à votre place ; et
Hélène, à jamais guérie de sa folie, sera l'heureuse et
chaste amante de celui des trois qui sera le mieux inspiré !... Bonsoir, maître, je vous souhaite une bonne
nuit et de longs jours sur la terre !

ALBERTUS.

Attendez : que dites-vous ?... Hélène guérie ? Hélène
heureuse ?

MÉPHISTOPHÉLÈS.

Ma société vous fatigue... Adieu !...

ALBERTUS.

Encore un mot ! Vous avez une telle foi dans la puissance incompréhensible de ce talisman, que vous oseriez
me promettre de semblables résultats ?... Le manuscrit
d'Adelsfreit s'arrête à la corde d'acier...

MÉPHISTOPHÉLÈS.

Depuis quand ajoutez-vous foi à la sorcellerie ? Ne
voyez-vous pas que tout ceci est un jeu ? Quand vous
avez cru qu'Hélène jouait de la lyre avec sa pensée,
vous aviez sur les yeux une taie qui vous empêchait de
distinguer ses mains ; quand le ruisseau s'est arrêté à
son commandement, le meunier fermait l'écluse ; quand
la lyre est tombée du haut de la cathédrale sur le pavé,
un corbeau l'a saisie au vol et l'a déposée tout doucement
par terre. Tout s'explique par des faits naturels. Je ne
conçois pas qu'on se rompe la tête à chercher le mot
d'une énigme, quand la première explication venue est

aussi bonne que toutes les autres. Bonsoir, maître, pour
la dernière fois !

(*Il redevient invisible pour Albertus, et reste
auprès de lui, appuyé sur le dos de son fauteuil.*)

ALBERTUS.

Non ! tout ceci n'était pas explicable par le hasard.
Les prodiges accomplis par la lyre peuvent s'accomplir
encore, et tous les jours nous recevons du ciel des
bienfaits qui dépassent la portée de notre intelligence ;
celui-ci peut-être m'était réservé, de donner le bonheur
et de le recevoir en empruntant à la lyre une éloquence
inconnue et une puissance sympathique... Oh ! rendre
la raison à Hélène, et en retour être aimé d'elle !

(*Saisissant la lyre.*)

O lyre ! est-il possible que tu puisses opérer un tel
miracle, et que ta dernière corde, docile enfin à mes
doigts inhabiles, me révèle la poésie, la grâce, l'enthousiasme et toutes les puissances de la séduction ?
Lorsque tu vibreras sous ma main, une flamme descen-
dra-t-elle d'en haut pour illuminer mon front et me
révéler cette langue de l'infini qu'Hélène parle et que
je comprends à peine ? Oui, sans doute, poète et musicien, investi de cette magie sans laquelle le monde
est froid et sombre, je saurai me faire aimer... Je ne
serai plus le triste philosophe dont l'aspect n'inspire que
la crainte et la parole que l'ennui ! Maussade enveloppe,
disgracieuse gravité, je vais te dépouiller comme un
vêtement d'hiver aux rayons du printemps..... Oh ! je
suis vaincu ! L'espérance d'être heureux m'a rendu
l'espérance d'être bon ! Oui, je saurai aimer avec justice, avec douceur, avec confiance, car je saurai que
je puis être aimé de même ; et mes amis seront heureux

de mon bonheur, car je leur en parlerai naïvement, et
ils verront que mon âme est sincère dans la joie comme
dans la souffrance.

SCÈNE II.

HÉLÈNE, ALBERTUS, MÉPHISTOPHÉLÈS, *invisible.*

MÉPHISTOPHÉLÈS, *à part.*

Oui ! oui ! compte sur eux, compte sur elle, compte
sur toi-même ! c'est là que je t'attends ! Il me semble
que, malgré ses forfanteries, l'Esprit de la lyre va enfin
être chassé d'ici. Alors Hélène me revient de droit, et
nous verrons comment monsieur le philosophe prendra
l'amour conjugal avec la veuve d'un ange devenue maîtresse du diable.

ALBERTUS, *regardant Hélène qui s'est assise avec*
préoccupation sur le bord de la fenêtre, sans
faire attention à lui.

Comme elle est pâle et triste ! Ah ! son dernier chant
l'a brisée !

(*S'approchant d'elle.*)

Hélène ! êtes-vous plus malade, mon enfant ? — Elle
ne m'entend pas, ou ne veut pas me répondre.—Chère
Hélène, si vous m'entendez, répondez-moi, ne fût-ce
que par un regard. Votre silence m'inquiète, votre indifférence m'afflige.

(*Hélène le regarde avec étonnement, et reporte*
les yeux sur la campagne.)

ALBERTUS.

Elle m'entend cependant, mais il semble que mes

15.

paroles n'aient aucun sens pour elle. Peut-être, si je lui montrais la lyre, retrouverait-elle la mémoire.

(Il prend la lyre et la pose sur la fenêtre. Hélène la regarde avec indifférence.)

ALBERTUS.

Allons ! sa raison est entièrement perdue, il faut un miracle pour la ressusciter. Si je suis dupe d'une grossière imposture, pardonnez-moi, ô vérité ! ô Dieu !... Pour la première fois je vais avoir recours à autre chose que la certitude.

(Il essaie la lyre, qui reste muette.)

MÉPHISTOPHÉLÈS, *à part.*

Malédiction sur toi, pédagogue incurable ! Tu ne peux pas seulement faire résonner la corde de l'amour ! Qui donc brisera la lyre ? Allons chercher Hanz ou Wilhelm. Peut-être seront-ils moins encroûtés. Que m'importe, au reste, qui ce soit ? La pureté d'Hélène ne peut résister au charme de la corde d'airain, et, qu'elle soit souillée par le philosophe ou par toute la ville, il faudra bien que l'esprit de la lyre s'humilie, et que le philosophe se damne !

(Il s'envole.)

SCÈNE III.

HÉLÈNE, ALBERTUS.

ALBERTUS, *consterné.*

Tous mes efforts sont vains ! Elle est muette pour moi, muette comme Hélène, muette comme moi-même ! Et pourtant mon âme est pleine d'ardeur et de conviction ! D'où vient donc que depuis si long-temps mes lèvres sont closes et ma langue enchaînée comme la voix au sein de cet instrument? Pourquoi n'ai-je encore jamais osé dire à Hélène que je l'aimais?... Ah! le juif m'a trompé : il m'a dit que ce talisman me donnerait l'éloquence de l'amour, et le talisman est sans vertu entre mes mains! Dieu me punit d'avoir cru à la puissance des chimères en m'enlevant ma dernière illusion et en me replongeant dans l'horreur du désespoir! O solitude! je suis donc à jamais ta proie! O désir! vautour insatiable dont mon cœur est l'indestructible aliment!...

(*Il croise ses bras sur sa poitrine, et regarde Hélène avec douleur. La lyre tombe et rend un son puissant. Hélène tressaille et se lève.*)

HÉLÈNE.

C'est ta voix!... Où donc es-tu?

(*Elle cherche autour d'elle avec inquiétude, et, après quelques efforts pour retrouver la mémoire, elle aperçoit la lyre et là saisit avec transport. La lyre résonne aussitôt avec force.*)

ALBERTUS.

Quels sons graves et terribles!... Je ne croyais plus à la puissance du talisman. Pourtant cette voix me remplit de trouble et d'épouvante!

L'ESPRIT DE LA LYRE.

L'heure est venue, ô fille des hommes! C'est maintenant que tous mes liens avec le ciel sont brisés; c'est maintenant que j'appartiens à la terre; c'est maintenant que je suis à toi. Aime-moi, ô fille de la lyre; ouvre-moi ton cœur, afin que je l'habite et que je cesse d'habiter la lyre!

L'ESPRIT D'HÉLÈNE, *pendant qu'Hélène touche la corde d'airain.*

Être inconnu qui me parles depuis long-temps et qui ne t'es jamais montré à moi, il me semble que je t'aime, car je ne puis rien aimer sur la terre. Mais mon amour est triste, et la crainte le glace; je sens que ta nature est supérieure à la mienne, et j'ai peur d'être sacrilége en osant aimer un ange.

L'ESPRIT DE LA LYRE.

Si tu veux m'aimer, ô Hélène, si tu oses me prendre et m'enfermer dans ton intelligence, je consens à m'y perdre, à m'y absorber à jamais. Alors nous serons liés par un indissoluble hyménée, et ton esprit me verra face à face. O Hélène, aime-moi comme je t'aime ! L'amour est puissant, l'amour est immense, l'amour est tout : c'est l'amour qui est Dieu ; car l'amour est la seule chose qui puisse être infinie dans le cœur de l'homme.

L'ESPRIT D'HÉLÈNE.

Si l'amour est Dieu, il est éternel. Notre hyménée sera donc éternel, et ma mort n'en brisera pas les liens. Parle-moi ainsi si tu veux que je t'aime ; car la soif de l'infini me dévore, et je ne puis concevoir l'amour sans l'éternité !

CHŒUR DES ESPRITS CÉLESTES.

Approchons-nous, entourons-les, planons sur leurs têtes ! Que la grâce et la puissance de Dieu soient ici avec nous ! L'heure fatale approche, l'heure décisive pour notre jeune frère captif au sein de la lyre ! Doux esprit de l'harmonie, que ne peux-tu nous voir et nous entendre ! Mais tes liens avec nous sont brisés, les cordes d'or et d'argent ne nous évoquent plus ; l'amour seul nous ramène près de toi. Mais l'amour terrestre t'a envahi et t'a ravi la mémoire. Tu ne nous connais plus ; ta douloureuse épreuve s'accomplit, ton sort est dans les mains d'une fille des hommes. Puisse-t-elle rester fidèle aux instincts divins qui l'ont préservée jusqu'ici de l'amour terrestre ! O puissances du ciel, réunissons-nous, embrasons l'air du battement mélodieux de nos ailes !

ALBERTUS.

La voilà encore ravie en extase, comme si elle entendait dans le silence un langage divin. Oh ! qu'elle est belle ainsi ! Oui, son âme est ouverte aux inspirations du ciel, et sa folie apparente n'est que l'absence des instincts grossiers de la vie. O créature charmante, combien je t'ai calomniée autrefois lorsque j'ai douté de ton intelligence ! combien j'ai été fou moi-même de me défendre de l'émotion que ta beauté m'inspirait ! C'était une pensée sacrilége que de ne pas croire l'existence d'une telle beauté extérieure liée à celle d'une beauté intellectuelle aussi parfaite ! Hélène, les sons puissants que tu viens de me faire entendre ont ouvert mon âme aux harmonies du monde supérieur. Je sens que tu célèbres les feux d'un amour divin, et cet amour pénètre mon sein d'une espérance délicieuse. Écoute-moi, Hélène ! je veux te dire que je t'aime, que je te comprends, et que mon amour est enfin digne de toi ! Écoute-moi, car l'âme est une lyre ; et, comme tu as fait vibrer celle-ci par ton souffle, tu as éveillé par ton regard une harmonie cachée au fond de mon être...
(*Il s'agenouille auprès d'Hélène, qui le regarde avec surprise.*)

L'ESPRIT DE LA LYRE.

Hélène, Hélène ! un esprit puissant te parle, un esprit lié encore à la vie humaine, mais dont l'essor me-

sure déjà le ciel, un esprit de méditation, d'analyse et
de connaissance.... Hélène, Hélène ! ne l'écoute pas,
car il n'est pas, comme toi, enfant de la lyre !... Il est
grand, il est juste, il est dans la lumière et dans l'espérance ; mais il n'a pas encore vécu dans l'amour que
célèbre la corde d'airain. Il a trop aimé les hommes,
ses frères, pour s'absorber en toi. Hélène, Hélène ! ne
l'écoute pas, crains le langage de la sagesse. Tu n'as pas
besoin de sagesse, ô fille de la lyre ! tu n'as besoin que
d'amour. Écoute la voix qui chante l'amour, et non pas
la voix qui l'explique.

ALBERTUS.

Écoute, écoute, ô Hélène ! Quoique fille de la poésie,
tu dois entendre ma voix ; car ma voix vient du fond
de mon cœur, et l'amour vrai ne peut manquer de
poésie, quelque austère que soit son langage. Laisse-
moi te dire, ô jeune fille, que mon cœur te désire et
que mon intelligence a besoin de la tienne. L'homme
seul est incomplet. Il n'est vraiment homme que lorsque sa pensée a fécondé une âme en communion avec
la sienne. N'aie plus peur de ton maître, ô ma chère
Hélène ! Le maître veut devenir ton disciple, et apprendre de toi les secrets du ciel. Les desseins de Dieu sont
profonds, et l'homme n'y peut être initié que par l'a-
mour. Toi qui chantais hier d'une voix si déchirante les
crimes et les infortunes de l'humanité, tu sais que l'humanité aveugle et déréglée erre sur le limon de la terre
comme un troupeau sans pasteur ; tu sais qu'elle a perdu
le respect de son ancienne loi ; tu sais qu'elle a méconnu
l'amour et souillé l'hyménée ; tu sais qu'elle demande à
grands cris une loi nouvelle, un amour plus pur, des
liens plus larges et plus forts. Viens à mon aide, et prête-
moi ta lumière, ô toi qu'un rayon du ciel a traversée !

Unis dans une sainte affection, nous proclamerons, par notre bonheur et par nos vertus, la volonté de Dieu sur la terre. Sois ma compagne, ma sœur et mon épouse, ô chère fille inspirée ! Révèle-moi la pensée céleste que tu chantes sur ta lyre. Appuyés l'un sur l'autre, nous serons assez forts pour terrasser toutes les erreurs et tous les mensonges des faux prophètes. Nous serons les apôtres de la vérité ; nous enseignerons à nos frères corrompus et désespérés les joies de l'amour fidèle et les devoirs de la famille.

HÉLÈNE, *jouant de la lyre.*

Écoute, ô esprit de la lyre ! ceci est un chant sacré, c'est une belle et noble harmonie ; mais je la comprends à peine ; car c'est une voix de la terre, et depuis long-temps mes oreilles sont fermées aux harmonies de la terre. Les cordes d'argent ne chantent plus ; les cordes d'acier sont devenues muettes. Explique-moi l'hymne de la sagesse, toi qui du ciel es descendu parmi les hommes.

L'ESPRIT DE LA LYRE.

Je ne puis plus rien t'expliquer, ô fille de la lyre ! je ne puis que te chanter l'amour. J'ai perdu la science ; je l'ai perdue avec joie, car l'amour est plus grand que la science ; et ton âme est l'univers où je veux vivre, l'infini où je veux me plonger. La sagesse te parle de travaux et de devoirs, la sagesse te parle de la sagesse ; tu n'as pas besoin de sagesse, si tu as l'amour. O Hé-lène ! l'amour est la suprême sagesse ; la vertu est dans l'amour, et le cœur le plus vertueux est celui qui aime le plus. Fille de la lyre, n'écoute que moi ; je suis une mélodie vivante, je suis un feu dévorant. Chantons et brûlons ensemble ; soyons un autel où la flamme alimente la flamme ; et, sans nous mêler aux feux impurs

que les hommes allument sur l'autel des faux dieux,
nourrissons-nous l'un de l'autre, et consumons-nous
lentement jusqu'à ce que, épuisés de bonheur, nous
mêlions nos cendres embrasées dans le rayon de soleil
qui fait fleurir les roses et chanter les colombes.

ALBERTUS, *à Hélène.*

Hélas ! tu me réponds par un chant sublime qui allume en moi un désir toujours plus vaste ; mais la sympathie ne met pas ton chant en rapport avec ma prière.
Quitte la lyre, ô Hélène ! tu n'as pas besoin de mélodie ; ta pensée est un chant plus harmonieux que toutes
les cordes de la lyre, et la vertu est la plus pure harmonie que l'homme puisse exhaler vers Dieu.

HÉLÈNE, *touchant la lyre.*

Réponds-moi, ô Esprit ! ô toi que j'aime et qui parles
la langue de mon esprit ! Notre amour sera-t-il éternel,
et la mort ne rompra-t-elle point notre hyménée ? Ce
n'est pas dans le rayon du soleil, ce n'est pas dans le
calice des roses ni dans le sein des colombes que je
puis éteindre l'amour qui me consume ; je le sens monter vers l'infini avec une ardeur dévorante. Je ne puis
t'aimer que dans l'infini ; parle-moi de l'infini et de
l'éternité, si tu ne veux que la dernière corde de mon
âme se brise.

LES ESPRITS CÉLESTES.

Bonté infinie, amour éternel, protége la fille de la
lyre ! Ne laisse pas l'étincelle de ce feu divin s'éteindre
dans les douleurs de l'agonie ! Miséricorde céleste,
abrége l'épreuve de l'Esprit notre frère qui languit et
qui brûle sur la corde d'airain ! Ouvre ton sein aux enfants de la lyre, laisse tomber la couronne sur le front
des martyrs de l'amour !

L'ESPRIT DE LA LYRE, *à Hélène.*

Que t'importe de posséder l'infini ? Qu'as-tu besoin d'être assurée de l'éternité, si pendant un jour, si pendant une heure de ta vie, tu as compris et rêvé l'un et l'autre ? L'amour seul peut te donner cette heure d'extase. Profites-en, ô Hélène ! et que l'ambition d'un avenir idéal ne te fasse pas négliger le seul instant où l'idéal te soit présent. N'est-ce pas assez que cet instant, et l'amour ne peut-il résumer en une minute toutes les joies de l'éternité ? O Hélène ! pour obtenir cet instant, j'ai vu briser avec transport toutes les cordes qui me liaient au ciel par la foi et l'espérance. Il ne m'a été laissé que l'amour, et l'amour me suffit. Donne-moi cet instant, ô Hélène ! et si je suis éternel, je consens à faire le sacrifice de mon éternité. Je consens à m'éteindre dans ton âme, pourvu que ton âme consente à recevoir la mienne, et qu'elle oublie un seul instant l'infini et l'éternité.

ALBERTUS.

Tu es muette pour moi, ô ma pauvre Hélène ! Les sons terribles de la lyre t'entraînent de plus en plus vers la région des pensées inconnues où je ne puis te suivre. Prends pitié de moi, prends pitié de toi-même, ô jeune Pythie ! Crains ce délire sacré, trop puissant pour la nature humaine. Reviens à des pensées plus douces, à une foi plus humble, à un amour plus méritoire et plus bienfaisant.

LES ESPRITS CÉLESTES.

O trois fois saint ! ô mille fois bon et miséricordieux ! protége la fille de la lyre, prends pitié de l'esprit de la lyre.

16

HÉLÈNE, *jouant de la lyre avec une impétuosité toujours croissante.*

C'en est fait, il faut que j'aime. Le ciel et l'enfer ont allumé en moi des flammes inextinguibles. Mon âme est un trépied rempli de braise et de parfums. Je voudrais t'aimer, ô sage infortuné, martyr patient de la vertu et de la charité! Je voudrais t'aimer, ô esprit de la lyre, mélodie enivrante, flamme subtile, rêve d'harmonie et de beauté! Mais tous deux vous me parlez des choses finies, et le sentiment de l'infini me dévore! L'un veut que j'aime pour servir d'exemple et d'enseignement aux habitants de la terre; l'autre veut que j'aime pour satisfaire les désirs de mon cœur et goûter le bonheur sur la terre. O Dieu! ô toi dont la vie n'a ni commencement ni fin, toi dont l'amour n'a pas de bornes, c'est toi seul que je puis aimer! Reprends mon âme tout de suite, ou laisse-la languir ici-bas dans une agonie aussi longue que l'existence de la terre; je ne veux pas perdre le sentiment de l'infini. O mon Dieu! aie pitié, car je souffre; aime-moi, car je t'aime; donne-moi ta vie, car je...

(*La corde d'airain se brise avec un bruit terrible. Hélène tombe morte, et Albertus évanoui.*)

LES ESPRITS CÉLESTES.

Gloire à Dieu au plus haut des cieux et paix sur la terre aux hommes dont le cœur est pur! Esprit notre frère, ton épreuve est finie; fille de la lyre, ta foi est récompensée. Venez à nous, ô enfants de l'amour! qu'un céleste hyménée vous unisse pour l'éternité! Gloire à Dieu au plus haut des cieux!

L'ESPRIT DE LA LYRE.

Où suis-je et que vois-je? Je me réveille dans les

cieux, et ma vue embrasse l'infini! La lumière céleste
et l'amour impérissable me sont rendus. O fille de la
lyre, ta foi m'a sauvé; viens partager la liberté infinie
et l'éternelle joie! Gloire à Dieu au plus haut des cieux!

(*Hélène s'envole vers les cieux avec l'esprit de
la lyre et les esprits célestes.*)

ALBERTUS, *se relevant, ramasse la lyre et court
avec égarement autour de la chambre.*

La lyre brisée, Hélène morte, morte! Hélène! Hélène! où es-tu? Je suis ton assassin! Hélène! Hélène!
je veux me tuer!... Laissez-moi me tuer!...

MÉPHISTOPHÉLÈS, *se montrant devant lui sous sa
véritable forme.*

Ne se tue pas qui veut, mon maître; il vous faut
bien expier cette petite faute. Vous vivrez, s'il vous
plaît, mais en société avec moi, en compagnie avec le
désespoir.

ALBERTUS.

Ah! encore cette horrible apparition! Qui es-tu, esprit de ténèbres, image de la perversité, de l'athéisme
et de la douleur? Je ne puis soutenir ta vue. Mon Dieu,
délivrez-moi de cette vision; mon esprit s'égare!

MÉPHISTOPHÉLÈS, *s'approchant pour le saisir.*

Il faudra pourtant bien t'y accoutumer; la lyre est
brisée, et j'ai tout pouvoir sur toi!

LE SPECTRE D'HÉLÈNE *apparaît à Albertus avec l'esprit de la lyre, sous la forme de deux anges.*

Homme vertueux, ne crains rien des artifices du démon, nous veillons sur toi; la mort ne détruit rien,
elle resserre les liens de la vie immatérielle. Nous serons
toujours avec toi, ta pensée pourra nous évoquer à toute

heure ; nous t'aiderons à chasser les terreurs du doute et à supporter les épreuves de la vie.

(*Albertus tombe à genoux.*)

CHOEUR DES ESPRITS CÉLESTES.

Arrête, Satan ! tu ne peux rien sur celui qui tire sa sagesse de la foi et de la charité ; sa main a brisé les six cordes de la lyre, mais sa main était pure, et le chant de la septième corde l'a sauvé. Désormais son âme sera une lyre dont toutes les cordes résonneront à la fois, et dont le cantique montera vers Dieu sur les ailes de l'espérance et de la joie : il a aimé. Gloire à Dieu dans les cieux !

L'ESPRIT D'HÉLÈNE.

Et paix sur la terre aux hommes d'un cœur pur !
(*Méphistophélès s'envole en rasant la terre, les esprits célestes disparaissent dans les cieux.*)

SCÈNE IV.

ALBERTUS, WILHELM, HANZ, CARL.

HANZ.

Maître, l'heure de la leçon est sonnée ; on vous attend.

WILHELM, *avec inquiétude.*

Je croyais trouver Hélène avec vous.

ALBERTUS.

Hélène est partie.

HANZ.

Partie ? En proie à un nouvel accès de démence ?

WILHELM.

Que vois-je ?... La lyre brisée !... Oh ! mon Dieu ! Où donc est Hélène ?

ALBERTUS.

Hélène est guérie !

CARL.

Par quel miracle ?

ALBERTUS.

Par la justice et la bonté de Dieu !

WILHELM.

O maître ! que voulez-vous dire ? que s'est-il passé ? Nous avons entendu un bruit terrible, comme celui de la foudre qui éclate ; nous voyons la lyre privée de toutes ses cordes, et votre visage est inondé de larmes.

ALBERTUS.

Mes enfants, l'orage a éclaté, mais le temps est serein ; mes pleurs ont coulé, mais mon front est calme ; la lyre est brisée, mais l'harmonie a passé dans mon âme. Allons travailler !

FIN.

GABRIEL,

ROMAN DIALOGUÉ.

A ALBERT GRZYMALA.

(Souvenir d'un frère absent.)

GABRIEL.

PERSONNAGES.

LE PRINCE JULES DE BRA-MANTE.

GABRIEL DE BRAMANTE, son petit-fils.

LE COMTE ASTOLPHE DE BRA-MANTE.

ANTONIO.

MENRIQUE.

SETTIMIA, mère d'Astolphe.

LA FAUSTINA.

PERINNE, revendeuse à la toilette.

LE PRÉCEPTEUR de Gabriel.

MARC, vieux serviteur.

FRÈRE COME, cordelier, confesseur de Settimia.

BARBE, vieille demoiselle de compagnie de Settimia.

UN MAITRE DE TAVERNE.

GIGLIO.

BANDITS.

ÉTUDIANTS.

SBIRES.

JEUNES GENS ET COURTISANES.

PROLOGUE.

(*Au château de Bramante.*)

SCÈNE PREMIÈRE.

LE PRINCE, LE PRÉCEPTEUR, MARC.

(*Le prince est en manteau de voyage, assis sur un fauteuil. Le précepteur est debout devant lui. Marc lui sert du vin.*)

LE PRÉCEPTEUR.

Votre altesse est-elle toujours aussi fatiguée ?

LE PRINCE.

Non. Ce vieux vin est ami du vieux sang. Je me trouve vraiment mieux.

LE PRÉCEPTEUR.

C'est un long et pénible voyage que votre altesse vient de faire... et avec une rapidité...

LE PRINCE.

A quatre-vingts ans passés, c'est en effet fort pénible. Il fut un temps où cela ne m'eût guère embarrassé. Je traversais l'Italie d'un bout à l'autre pour la moindre affaire, pour une amourette, pour une fantaisie ; et maintenant il me faut des raisons d'une bien haute importance pour entreprendre, en litière, la moitié du trajet que je faisais alors à cheval... Il y a dix ans que je suis venu ici pour la dernière fois, n'est-ce pas, Marc ?

MARC, *très-intimidé.*

Oh ! oui, monseigneur.

LE PRINCE.

Tu étais encore vert alors ! Au fait, tu n'as guère que soixante ans. Tu es encore jeune, toi !

MARC.

Oui, monseigneur.

LE PRINCE, *se retournant vers le précepteur.*

Toujours aussi bête, à ce qu'il paraît ?

(*Haut.*)

Maintenant laisse-nous, mon bon Marc, laisse ici ce flacon.

MARC.

Oh ! oui, monseigneur.

(*Il hésite à sortir.*)

LE PRINCE, *avec une bonté affectée.*

Va, mon ami...

MARC.

Monseigneur... est-ce que je n'avertirai pas le seigneur Gabriel de l'arrivée de votre altesse ?

LE PRINCE, *avec emportement.*

Ne vous l'ai-je pas positivement défendu ?

LE PRÉCEPTEUR.

Vous savez bien que son altesse veut surprendre monseigneur Gabriel.

LE PRINCE.

Vous seul ici m'avez vu arriver. Mes gens sont incapables d'une indiscrétion. S'il y a une indiscrétion commise, je vous en rends responsable.

(*Marc sort tout tremblant.*)

SCÈNE II.

LE PRINCE, LE PRÉCEPTEUR.

LE PRINCE.

C'est un homme sûr, n'est-ce pas ?

LE PRÉCEPTEUR.

Comme moi-même, monseigneur.

LE PRINCE.

Et... il est le seul, après vous et la nourrice de Gabriel, qui ait jamais su...

LE PRÉCEPTEUR.

Lui, la nourrice et moi, nous sommes les seules personnes au monde, après votre altesse, qui ayons aujourd'hui connaissance de cet important secret.

LE PRINCE.

Important ! Oui, vous avez raison ; terrible, effrayant secret, et dont mon âme est quelquefois tour-

mentée comme d'un remords. Et dites-moi, monsieur
l'abbé, jamais aucune indiscrétion...

LE PRÉCEPTEUR.

Pas la moindre, monseigneur.

LE PRINCE.

Et jamais aucun doute ne s'est élevé dans l'esprit des
personnes qui le voient journellement?

LE PRÉCEPTEUR.

Jamais aucun, monseigneur.

LE PRINCE.

Ainsi, vous n'avez pas flatté ma fantaisie dans vos
lettres? Tout cela est l'exacte vérité?

LE PRÉCEPTEUR.

Votre altesse touche au moment de s'en convaincre
par elle-même.

LE PRINCE.

C'est vrai!.. Et j'approche de ce moment avec une
émotion inconcevable.

LE PRÉCEPTEUR.

Votre cœur paternel aura sujet de se réjouir.

LE PRINCE.

Mon cœur paternel!... L'abbé, laissons ces mots-là
aux gens qui ont bonne grâce à s'en servir. Ceux-là,
s'ils savaient par quel mensonge hardi, insensé presque,
il m'a fallu acheter le repos et la considération de mes
vieux jours, chargeraient ma tête d'une lourde accusa-
tion, je le sais! Ne leur empruntons donc pas le langage d'une tendresse étroite et banale. Mon affection
pour les enfants de ma race a été un sentiment plus
grave et plus fort.

LE PRÉCEPTEUR.

Un sentiment passionné!

LE PRINCE.

Ne me flattez pas, on pourrait aussi bien l'appeler criminel ; je sais la valeur des mots, et n'y attache aucune importance. Au-dessus des vulgaires devoirs et des puérils soucis de la paternité bourgeoise, il y a les devoirs courageux, les ambitions dévorantes de la paternité patricienne. Je les ai remplis avec une audace désespérée. Puisse l'avenir ne pas flétrir ma mémoire, et ne pas abaisser l'orgueil de mon nom devant des questions de procédure ou des cas de conscience !

LE PRÉCEPTEUR.

Le sort a secondé merveilleusement jusqu'ici vos desseins.

LE PRINCE, *après un instant de silence.*

Vous m'avez écrit qu'il était d'une belle figure ?

LE PRÉCEPTEUR.

Admirable ! C'est la vivante image de son père.

LE PRINCE.

J'espère que son caractère a plus d'énergie ?

LE PRÉCEPTEUR.

Je l'ai mandé souvent à votre altesse, une incroyable énergie !

LE PRINCE.

Son pauvre père ! C'était un esprit timide... une âme timorée. Bon Julien ! quelle peine j'eus à le décider à garder ce secret à son confesseur au lit de mort ! Je ne doute pas que ce fardeau n'ait avancé le terme de sa vie...

LE PRÉCEPTEUR.

Plutôt la douleur qui lui causa la mort prématurée de sa belle et jeune épouse...

LE PRINCE.

Je vous ai défendu de m'adoucir les choses ; monsieur l'abbé, je suis de ces hommes qui peuvent supporter toute la vérité. Je sais que j'ai fait saigner des cœurs, et que ceci en fera saigner encore! N'importe, ce qui est fait est fait. Il entre dans sa dix-septième année; il doit être d'une assez jolie taille?

LE PRÉCEPTEUR.

Il a plus de cinq pieds, monseigneur, et il grandit toujours et rapidement.

LE PRINCE, *avec une joie très-marquée.*

En vérité! Le destin nous aide en effet! Et la figure, est-elle déjà un peu mâle? Déjà! Je voudrais me faire illusion à moi-même... Non, ne me dites plus rien; je le verrai bien... Parlez-moi seulement du moral, de l'éducation.

LE PRÉCEPTEUR.

Tout ce que votre altesse a ordonné a été ponctuellement exécuté, et tout a réussi comme par miracle.

LE PRINCE.

Sois louée, ô fortune!... si vous n'exagérez rien, monsieur l'abbé. Ainsi rien n'a été épargné pour façonner son esprit, pour l'orner de toutes les connaissances qu'un prince doit posséder pour faire honneur à son nom et à sa condition?

LE PRÉCEPTEUR.

Votre altesse est douée d'une profonde érudition. Elle pourra interroger elle-même mon noble élève, et voir que ses études ont été fortes et vraiment viriles.

LE PRINCE.

Le latin, le grec, j'espère?

LE PRÉCEPTEUR.

Il possède le latin comme vous-même, j'ose le dire, monseigneur; et le grec... comme...

(*Il sourit avec aisance.*)

LE PRINCE, *riant de bonne grâce.*

Comme vous, l'abbé? A merveille, je vous en remercie, et vous accorde la supériorité sur ce point. Et
l'histoire, la philosophie, les lettres?

LE PRÉCEPTEUR.

Je puis répondre *oui* avec assurance; tout l'honneur
en revient à la haute intelligence de l'élève. Ses progrès
ont été rapides jusqu'au prodige.

LE PRINCE.

Il aime l'étude? Il a des goûts sérieux?

LE PRÉCEPTEUR.

Il aime l'étude, et il aime aussi les violents exercices,
la chasse, les armes, la course. En lui l'adresse, la
persévérance et le courage suppléent à la force physique. Il a des goûts sérieux, mais il a aussi les goûts de
son âge : les beaux chevaux, les riches habits, les armes
étincelantes.

LE PRINCE.

S'il en est ainsi, tout est au mieux, et vous avez parfaitement saisi mes intentions. Maintenant, encore un
mot. Vous avez su donner à ses idées cette tendance
particulière, originale... Vous savez ce que je veux dire?

LE PRÉCEPTEUR.

Oui, monseigneur. Dès sa plus tendre enfance (votre
altesse avait donné elle-même à son imagination cette
première impulsion), il a été pénétré de la grandeur du
rôle masculin, et de l'abjection du rôle féminin dans la
nature et dans la société. Les premiers tableaux qui ont
frappé ses regards, les premiers traits de l'histoire qui
ont éveillé ses idées, lui ont montré la faiblesse et l'as-
servissement d'un sexe, la liberté et la puissance de
l'autre. Vous pouvez voir sur ces panneaux les fresques
que j'ai fait exécuter par vos ordres : ici l'enlèvement

des Sabines, sur cet autre la trahison de Tarpéia ; puis le crime et le châtiment des filles de Danaüs ; là une vente de femmes esclaves en Orient; ailleurs, ce sont des reines répudiées, des amantes méprisées ou trahies, des veuves indoues immolées sur les bûchers de leurs époux ; partout la femme esclave, propriété, conquête, n'essayant de secouer ses fers que pour encourir une peine plus rude encore, et ne réussissant à les briser que par le mensonge, la trahison, les crimes lâches et inutiles.

LE PRINCE.

Et quels sentiments ont éveillés en lui ces exemples continuels ?

LE PRÉCEPTEUR.

Un mélange d'horreur et de compassion, de sympathie et de haine....

LE PRINCE.

De sympathie, dites-vous? A-t-il jamais vu aucune femme? A-t-il jamais pu échanger quelques paroles avec des personnes d'un autre sexe que... le sien?...

LE PRÉCEPTEUR.

Quelques paroles, sans doute; quelques idées, jamais. Il n'a vu que de loin les filles de la campagne, et il éprouve une insurmontable répugnance à leur parler.

LE PRINCE.

Et vraiment vous croyez être sûr qu'il ne se doute pas lui-même de la vérité ?

LE PRÉCEPTEUR.

Son éducation a été si chaste, ses pensées sont si pures, une telle ignorance a enveloppé pour lui la vérité d'un voile impénétrable, qu'il ne soupçonne rien, et n'apprendra que de la bouche de votre altesse ce qu'il doit apprendre. Mais je dois vous prévenir que ce sera un coup bien rude, une douleur bien vive, bien exaltée peut-être.... De telles causes devaient amener de tels effets....

LE PRINCE.

Sans doute... cela est bon. Vous le préparerez par un entretien, ainsi que nous en sommes convenus.

LE PRÉCEPTEUR.

Monseigneur, j'entends le galop d'un cheval... C'est lui. Si vous voulez le voir par cette fenêtre,... il approche.

LE PRINCE, *se levant avec vivacité et regardant par la fenêtre en se cachant avec le rideau.*

Quoi! ce jeune homme monté sur un cheval noir, rapide comme la tempête?

LE PRÉCEPTEUR, *avec orgueil.*

Oui, monseigneur.

LE PRINCE.

La poussière qu'il soulève me dérobe ses traits... Cette belle chevelure, cette taille élégante... Oui, ce doit être un joli cavalier... bien posé sur son cheval; de la grâce, de l'adresse, de la force même... Eh bien! va-t-il donc sauter la barrière, ce jeune fou?

LE PRÉCEPTEUR.

Toujours, monseigneur.

LE PRINCE.

Bravissimo! Je n'aurais pas fait mieux à vingt-cinq ans. L'abbé, si le reste de l'éducation a aussi bien réussi, je vous en fais mon compliment et je vous en récompenserai de manière à vous satisfaire, soyez-en certain. Maintenant j'entre dans l'appartement que vous m'avez destiné. Derrière cette cloison, j'entendrai votre entretien avec lui. J'ai besoin d'être préparé moi-même à le voir, de le connaître un peu avant de m'adresser à lui.

17.

Je suis ému, je ne vous le cache pas, monsieur l'abbé.
Ceci est une circonstance grave dans ma vie et dans celle
de cet enfant. Tout va être décidé dans un instant. De
sa première impression dépend l'honneur de toute une
famille. L'honneur! mot vide et tout-puissant!....

LE PRÉCEPTEUR.

La victoire vous restera comme toujours, monseigneur. Son âme romanesque, dont je n'ai pu façonner
absolument à votre guise tous les instincts, se révoltera
peut-être au premier choc ; mais l'horreur de l'escla-
vage, la soif d'indépendance, d'agitation et de gloire
triompheront de tous les scrupules.

LE PRINCE.

Puissiez-vous deviner juste ! Je l'entends... son pas
est délibéré!... J'entre ici... Je vous donne une heure...
plus ou moins, selon...

LE PRÉCEPTEUR.

Monseigneur, vous entendrez tout. Quand vous voudrez qu'il paraisse devant vous, laissez tomber un meuble ; je comprendrai.

LE PRINCE.

Soit !

(Il entre dans l'appartement voisin.)

SCÈNE III.

LE PRÉCEPTEUR, GABRIEL.

*(Gabriel en habit de chasse à la mode du temps,
cheveux longs, bouclés, en désordre, le fouet
à la main. Il se jette sur une chaise, essouf-
flé, et s'essuie le front.)*

GABRIEL.

Ouf! je n'en puis plus.

LE PRÉCEPTEUR.

Vous êtes pâle, en effet, monsieur. Auriez-vous éprouvé quelque accident?

GABRIEL.

Non, mais mon cheval a failli me renverser. Trois fois il s'est dérobé au milieu de la course. C'est une chose étrange et qui ne m'est pas encore arrivée depuis que je le monte. Mon écuyer dit que c'est d'un mauvais présage. A mon sens, cela présage que mon cheval devient ombrageux.

LE PRÉCEPTEUR.

Vous semblez ému... Vous dites que vous avez failli être renversé?

GABRIEL.

Oui, en vérité. J'ai failli l'être à la troisième fois, et à ce moment j'ai été effrayé.

LE PRÉCEPTEUR.

Effrayé? vous, si bon cavalier?

GABRIEL.

Eh bien! j'ai eu peur, si vous l'aimez mieux.

LE PRÉCEPTEUR.

Parlez moins haut, monsieur, l'on pourrait vous entendre.

GABRIEL.

Eh! que m'importe? Ai-je coutume d'observer mes paroles et de déguiser ma pensée? Quelle honte y a-t-il?

LE PRÉCEPTEUR.

Un homme ne doit jamais avoir peur.

GABRIEL.

Autant voudrait dire, mon cher abbé, qu'un homme ne doit jamais avoir froid, ou ne doit jamais être malade. Je crois seulement qu'un homme ne doit jamais laisser voir à son ennemi qu'il a peur.

LE PRÉCEPTEUR.

Il y a dans l'homme une disposition naturelle à affronter le danger, et c'est ce qui le distingue de la femme très-particulièrement.

GABRIEL.

La femme! la femme, je ne sais à quel propos vous me parlez toujours de la femme. Quant à moi, je ne sens pas que mon âme ait un sexe, comme vous tâchez souvent de me le démontrer. Je ne sens en moi une faculté absolue pour quoi que ce soit : par exemple, je ne me sens pas brave d'une manière absolue, ni poltron non plus d'une manière absolue. Il y a des jours où, sous l'ardent soleil de midi, quand mon front est en feu, quand mon cheval est enivré, comme moi, de la course, je franchirais, seulement pour me divertir, les plus affreux précipices de nos montagnes. Il est des soirs où le bruit d'une croisée agitée par la brise me fait frissonner, et où je ne passerais pas sans lumière le seuil de la chapelle pour toutes les gloires du monde. Croyez-moi, nous sommes tous sous l'impression du moment, et l'homme qui se vanterait devant moi de n'avoir jamais eu peur me semblerait un grand fanfaron, de même qu'une femme pourrait dire devant moi qu'elle a des jours de courage sans que j'en fusse étonné. Quand je n'étais encore qu'un enfant, je m'exposais souvent au danger plus volontiers qu'aujourd'hui : c'est que je n'avais pas conscience du danger.

LE PRÉCEPTEUR.

Mon cher Gabriel, vous êtes très-ergoteur aujourd'hui... Mais laissons cela. J'ai à vous entretenir...

GABRIEL.

Non, non! je veux achever mon ergotage et vous

prendre par vos propres arguments... Je sais bien pourquoi vous voulez détourner la conversation...

LE PRÉCEPTEUR.

Je ne vous comprends pas.

GABRIEL.

Oui-dà ! vous souvenez-vous de ce ruisseau que vous
ne vouliez pas passer parce que le pont de branches en-
trelacées ne tenait presque plus à rien ? et moi j'étais au
milieu, pourtant ! Vous ne voulûtes pas quitter la rive,
et à votre prière je revins sur mes pas. Vous aviez donc
peur ?

LE PRÉCEPTEUR.

Je ne me rappelle pas cela.

GABRIEL.

Oh ! que si !

LE PRÉCEPTEUR.

J'avais peur pour vous, sans doute.

GABRIEL.

Non, puisque j'étais déjà à moitié passé. Il y avait
autant de danger pour moi à revenir qu'à continuer.

LE PRÉCEPTEUR.

Et vous en voulez conclure...

GABRIEL.

Que, puisque moi, enfant de dix ans, n'ayant pas
conscience du danger, j'étais plus téméraire que vous,
homme sage et prévoyant, il en résulte que la bravoure
absolue n'est pas le partage exclusif de l'homme, mais
plutôt celui de l'enfant, et, qui sait ? peut-être aussi
celui de la femme.

LE PRÉCEPTEUR.

Où avez-vous pris toutes ces idées ? Jamais je ne vous
ai vu si raisonneur.

GABRIEL.

Oh! bien, oui! je ne vous dis pas tout ce qui me passe par la tête.

LE PRÉCEPTEUR, *inquiet.*

Quoi donc, par exemple?

GABRIEL.

Bah! je ne sais quoi! Je me sens aujourd'hui dans une disposition singulière. J'ai envie de me moquer de tout.

LE PRÉCEPTEUR.

Et qui vous a mis ainsi en gaieté?

GABRIEL.

Au contraire, je suis triste! Tenez, j'ai fait un rêve bizarre qui m'a préoccupé et comme poursuivi tout le jour.

LE PRÉCEPTEUR.

Quel enfantillage! et ce rêve...

GABRIEL.

J'ai rêvé que j'étais femme.

LE PRÉCEPTEUR.

En vérité, cela est étrange... Et d'où vous est venue cette imagination?

GABRIEL.

D'où viennent les rêves? Ce serait à vous de me l'expliquer, mon cher professeur.

LE PRÉCEPTEUR.

Et ce rêve vous était sans doute désagréable?

GABRIEL.

Pas le moins du monde; car, dans mon rêve, je n'étais pas un habitant de cette terre. J'avais des ailes, et je m'élevais à travers les mondes, vers je ne sais quel monde idéal. Des voix sublimes chantaient autour de moi; je ne voyais personne; mais des nuages légers et

brillants, qui passaient dans l'éther, reflétaient ma figure, et j'étais une jeune fille vêtue d'une longue robe
flottante et couronnée de fleurs.

LE PRÉCEPTEUR.

Alors vous étiez un ange, et non pas une femme.

GABRIEL.

J'étais une femme ; car tout à coup mes ailes se sont
engourdies, l'éther s'est fermé sur ma tête, comme une
voûte de cristal impénétrable, et je suis tombé, tombé...
et j'avais au cou une lourde chaîne dont le poids m'entraînait vers l'abîme ; et alors je me suis éveillé, accablé
de tristesse, de lassitude et d'effroi... Tenez, n'en parlons plus. Qu'avez-vous à m'enseigner aujourd'hui ?

LE PRÉCEPTEUR.

J'ai une conversation sérieuse à vous demander, une
importante nouvelle à vous apprendre, et je réclamerai
toute votre attention.

GABRIEL.

Une nouvelle ! ce sera donc la première de ma vie,
car j'entends dire les mêmes choses depuis que j'existe.
Est-ce une lettre de mon grand-père ?

LE PRÉCEPTEUR.

Mieux que cela.

GABRIEL.

Un présent ? Peu m'importe. Je ne suis plus un enfant pour me réjouir d'une nouvelle arme ou d'un nouvel habit. Je ne conçois pas que mon grand-père ne
songe à moi que pour s'occuper de ma toilette ou de mes
plaisirs.

LE PRÉCEPTEUR.

Vous aimez pourtant la parure, un peu trop même.

GABRIEL.

C'est vrai ; mais je voudrais que mon grand-père me

considérât comme un jeune homme, et m'admît à l'honneur insigne de faire sa connaissance.

LE PRÉCEPTEUR.

Eh bien, mon cher monsieur, cet honneur ne tardera pas à vous être accordé.

GABRIEL.

C'est ce qu'on me dit tous les ans.

LE PRÉCEPTEUR.

Et c'est ce qui arrivera demain.

GABRIEL, *avec une satisfaction sérieuse.*

Ah ! enfin !

LE PRÉCEPTEUR.

Cette nouvelle comble tous vos vœux ?

GABRIEL.

Oui, j'ai beaucoup de choses à dire à mon noble parent, beaucoup de questions à lui faire, et probablement de reproches à lui adresser.

LE PRÉCEPTEUR, *effrayé.*

Des reproches ?

GABRIEL.

Oui, pour la solitude où il me tient depuis que je suis au monde. Or, j'en suis las, et je veux connaître ce monde dont on me parle tant, ces hommes qu'on me vante, ces femmes qu'on rabaisse, ces biens qu'on estime, ces plaisirs qu'on recherche... Je veux tout connaître, tout sentir, tout posséder, tout braver ! Ah ! cela vous étonne ; mais, écoutez : on peut élever des faucons en cage et leur faire perdre le souvenir ou l'instinct de la liberté : un jeune homme est un oiseau doué de plus de mémoire et de réflexion.

LE PRÉCEPTEUR.

Votre illustre parent vous fera connaître ses intentions, vous lui manifesterez vos désirs. Ma tâche envers vous est terminée, mon cher élève, et je désire que son altesse n'ait pas lieu de la trouver mal remplie.

GABRIEL.

Grand merci ! Si je montre quelque bon sens, tout l'honneur en reviendra à mon cher précepteur ; si mon grand-père trouve que je ne suis qu'un sot, mon précepteur s'en lavera les mains en disant qu'il n'a pu rien tirer de ma pauvre cervelle.

LE PRÉCEPTEUR.

Espiègle ! m'écouterez-vous enfin ?

GABRIEL.

Écouter quoi ? J'ai cru que vous m'aviez tout dit.

LE PRÉCEPTEUR.

Je n'ai pas commencé.

GABRIEL.

Cela sera-t-il bien long ?

LE PRÉCEPTEUR.

Non, à moins que vous ne m'interrompiez sans cesse.

GABRIEL.

Je suis muet.

LE PRÉCEPTEUR.

Je vous ai souvent expliqué ce que c'est qu'un majorat, et comment la succession d'une principauté avec les titres, les droits, priviléges, honneurs et richesses y attachés...

(*Gabriel bâille en se cachant.*)

Vous ne m'écoutez pas ?

GABRIEL.

Pardonnez-moi.

LE PRÉCEPTEUR.

Je vous ai dit...

GABRIEL.

Oh ! pour Dieu, l'abbé, ne recommencez pas. Je puis

18

achever la phrase, je la sais par cœur : « Et richesses y
attachés, peuvent passer alternativement, dans les familles, de la branche aînée à la branche cadette, et re-
passer de la branche cadette à la branche aînée, réci-
proquement, par la loi de transmission d'héritage, à
l'aîné des enfants mâles d'une des branches, quand la
branche collatérale ne se trouve plus représentée que
par des filles. » Est-ce là tout ce que vous aviez de
nouveau et d'intéressant à me dire? Vraiment, si vous
ne m'aviez jamais appris rien de mieux, j'aimerais autant ne rien savoir du tout.

LE PRÉCEPTEUR.

Ayez un peu de patience, songez qu'il m'en faut souvent beaucoup avec vous.

GABRIEL.

C'est vrai, mon ami, pardonnez-moi. Je suis mal
disposé aujourd'hui.

LE PRÉCEPTEUR.

Je m'en aperçois. Peut-être vaudrait-il mieux remettre la conversation à demain ou à ce soir.

(*Léger bruit dans le cabinet.*)

GABRIEL.

Qui est là-dedans?

LE PRÉCEPTEUR.

Vous le saurez si vous voulez m'entendre.

GABRIEL, *vivement.*

Lui! mon grand-père, peut-être?...

LE PRÉCEPTEUR.

Peut-être.

GABRIEL, *courant vers la porte.*

Comment peut-être! et vous me faites languir!...
(*Il essaie d'ouvrir. La porte est fermée en
dedans.*)

Quoi ! il est ici, et on me le cache !

LE PRÉCEPTEUR.

Arrêtez, il repose.

GABRIEL.

Non ! il a remué, il a fait du bruit.

LE PRÉCEPTEUR.

Il est fatigué, souffrant ; vous ne pouvez pas le voir.

GABRIEL.

Pourquoi s'enferme-t-il pour moi ? Je serais entré sans bruit ; je l'aurais veillé avec amour durant son sommeil ; j'aurais contemplé ses traits vénérables. Tenez, l'abbé, je l'ai toujours pressenti, il ne m'aime pas. Je suis seul au monde, moi : j'ai un seul protecteur, un seul parent, et je ne suis pas connu, je ne suis pas aimé de lui !

LE PRÉCEPTEUR.

Chassez, mon cher élève, ces tristes et coupables pensées. Votre illustre aïeul ne vous a pas donné ces preuves banales d'affection qui sont d'usage dans les classes obscures...

GABRIEL.

Plût au ciel que je fusse né dans ces classes ! Je ne serais pas un étranger, un inconnu pour le chef de ma famille.

LE PRÉCEPTEUR.

Gabriel, vous apprendrez aujourd'hui un grand secret qui vous expliquera tout ce qui vous a semblé énigmatique jusqu'à présent ; je ne vous cache pas que vous touchez à l'heure la plus solennelle et la plus redoutable qui ait encore sonné pour vous. Vous verrez quelle immense, quelle incroyable sollicitude s'est étendue sur vous depuis l'instant de votre naissance jusqu'à ce jour. Armez-vous de courage. Vous avez une grande

résolution à prendre, une grande destinée à accepter
aujourd'hui. Quand vous aurez appris ce que vous
ignorez, vous ne direz pas que vous n'êtes pas aimé.
Vous savez, du moins, que votre naissance fut attendue
comme une faveur céleste, comme un miracle. Votre
père était malade, et l'on avait presque perdu l'espoir
de lui voir donner le jour à un héritier de son titre et
de ses richesses. Déjà la branche cadette des Bramante
triomphait dans l'espoir de succéder au glorieux titre
que vous porterez un jour...

GABRIEL.

Oh ! je sais tout cela. En outre, j'ai deviné beaucoup
de choses que vous ne me disiez pas. Sans doute, la
jalousie divisait les deux frères Julien et Octave, mon
père et mon oncle ; peut-être aussi mon grand-père
nourrissait-il dans son âme une secrète préférence pour
son fils aîné... Je vins au monde. Grande joie pour tous,
excepté pour moi, qui ne fus pas gratifié par le ciel
d'un caractère à la hauteur de ces graves circonstances.

LE PRÉCEPTEUR.

Que dites-vous ?

GABRIEL.

Je dis que cette transmission d'héritage de mâle en
mâle est une loi fâcheuse, injuste peut-être. Ce conti-
nuel déplacement de possession entre les diverses branches d'une famille ne peut qu'allumer le feu de la jalousie, aigrir les ressentiments, susciter la haine entre
les proches parents, forcer les pères à détester leurs
filles, faire rougir les mères d'avoir donné le jour à des
enfants de leur sexe !... Que sais-je ! L'ambition et la
cupidité doivent pousser de fortes racines dans une famille ainsi assemblée comme une meute affamée autour
de la curée du majorat, et l'histoire m'a appris qu'il en

peut résulter des crimes qui font l'horreur et la honte
de l'humanité. Eh bien ! qu'avez-vous à me regarder
ainsi, mon cher maître ? vous voilà tout troublé ! Ne
m'avez-vous pas nourri de l'histoire des grands hommes
et des lâches ? Ne m'avez-vous pas toujours montré
l'héroïsme et la franchise aux prises avec la perfidie et
la bassesse ? Êtes-vous étonné qu'il m'en soit resté quelque notion de justice, quelque amour de la vérité ?

LE PRÉCEPTEUR, *baissant la voix.*

Gabriel, vous avez raison ; mais, pour l'amour du
ciel, soyez moins tranchant et moins hardi en présence
de votre aïeul.

(*On remue avec impatience dans le cabinet.*)

GABRIEL, *à voix haute.*

Tenez, l'abbé, j'ai meilleure opinion de mon grand-
père ; je voudrais qu'il m'entendît. Peut-être sa présence va m'intimider ; je serais bien aise pourtant qu'il
pût lire dans mon âme, et voir qu'il se trompe, depuis
deux ans, en m'envoyant toujours des jouets d'enfant.

LE PRÉCEPTEUR.

Je le répète, vous ne pouvez comprendre encore
quelle a été sa tendresse pour vous. Ne soyez point ingrat envers le ciel ; vous pouviez naître déshérité de
tous ces biens dont la fortune vous a comblé, de tout
cet amour qui veille sur vous mystérieusement et assi-
dument...

GABRIEL.

Sans doute je pouvais naître femme, et alors adieu
la fortune et l'amour de mes parents ! J'eusse été une
créature maudite, et, à l'heure qu'il est, j'expierais
sans doute au fond d'un cloître le crime de ma naissance. Mais ce n'est pas mon grand-père qui m'a fait la
grâce et l'honneur d'appartenir à la race mâle.

18.

LE PRÉCEPTEUR, *de plus en plus troublé.*

Gabriel, vous ne savez pas de quoi vous parlez.

GABRIEL.

Il serait plaisant que j'eusse à remercier mon grand-père de ce que je suis son petit-fils ! C'est à lui plutôt de me remercier d'être né tel qu'il me souhaitait ; car il haïssait... du moins il n'aimait pas son fils Octave, et il eût été mortifié de laisser son titre aux enfants de celui-ci. Oh ! j'ai compris depuis long-temps malgré vous : vous n'êtes pas un grand diplomate, mon bon abbé ; vous êtes trop honnête homme pour cela...

LE PRÉCEPTEUR, *à voix basse.*

Gabriel, je vous conjure...

(*On laisse tomber un meuble avec fracas dans le cabinet.*)

GABRIEL.

Tenez ! pour le coup, le prince est éveillé. Je vais le voir enfin, je vais savoir ses desseins ; je veux entrer chez lui.

(*Il va résolument vers la porte, le prince la lui ouvre et paraît sur le seuil. Gabriel, intimidé, s'arrête. Le prince lui prend la main et l'emmène dans le cabinet, dont il referme sur lui la porte avec violence.*)

SCÈNE IV.

LE PRÉCEPTEUR, *seul.*

Le vieillard est irrité, l'enfant en pleine révolte, moi couvert de confusion. Le vieux Jules est vindicatif, et la vengeance est si facile aux hommes puissants ! Pourtant son humeur bizarre et ses décisions imprévues

peuvent me faire tout à coup un mérite de ce qui maintenant lui semble une faute. Puis, il est homme d'esprit
avant tout, et l'intelligence lui tient lieu de justice; il
comprendra que toute la faute est à lui, et que son système bizarre ne pouvait amener que de bizarres résultats. Mais quelle guêpe furieuse a donc piqué aujour-
d'hui la langue de mon élève? je ne l'avais jamais vu
ainsi. Je me perdrais en de vaines prévisions sur l'avenir
de cette étrange créature : son avenir est insaisissable
comme la nature de son esprit... Pouvais-je donc être
un magicien plus savant que la nature, et détruire
l'œuvre divine dans un cerveau humain? Je l'eusse pu
peut-être par le mensonge et la corruption; mais cet
enfant l'a dit, j'étais trop honnête pour remplir digne-
ment la tâche difficile dont j'étais chargé. Je n'ai pu lui
cacher la véritable moralité des faits, et ce qui devait
servir à fausser son jugement n'a servi qu'à le diriger...
(*Il écoute les voix qui se font entendre dans le
cabinet.*)

On parle haut... la voix du vieillard est âpre et sèche,
celle de l'enfant tremblante de colère... Quoi! il ose
braver celui que nul n'a bravé impunément! O Dieu!
fais qu'il ne devienne pas un objet de haine pour cet
homme impitoyable!

(*Il écoute encore.*)

Le vieillard menace, l'enfant résiste... Cet enfant est
noble et généreux; oui, c'est une belle âme, et il aurait fallu la corrompre et l'avilir, car le besoin de justice et de sincérité sera son supplice dans la situation
impossible où on le jette. Hélas! ambition, tourment
des princes, quels infâmes conseils ne leur donnes-tu
pas, et quelles consolations ne peux-tu pas leur donner
aussi!... Oui, l'ambition, la vanité, peuvent l'empor-

ter dans l'âme de Gabriel, et le fortifier contre le désespoir...

(*Il écoute.*)

Le prince parle avec véhémence... Il vient par ici...
Affronterai-je sa colère ?... Oui, pour en préserver Gabriel... Faites, ô Dieu, qu'elle retombe sur moi seul...
L'orage semble se calmer ; c'est maintenant Gabriel qui
parle avec assurance... Gabriel ! étrange et malheureuse
créature, unique sur la terre !.. mon ouvrage, c'est-
à-dire mon orgueil et mon remords !... mon supplice
aussi ! O Dieu ! vous seul savez quels tourments j'en-
dure depuis deux ans... Vieillard insensé ! toi qui n'as
jamais senti battre ton cœur que pour la vile chimère
de la fausse gloire, tu n'as pas soupçonné ce que je
pouvais souffrir, moi ! Dieu, vous m'avez donné une
grande force, je vous remercie de ce que mon épreuve
est finie. Me punirez-vous pour l'avoir acceptée ? Non !
car à ma place un autre peut-être en eût odieusement
abusé... et j'ai du moins préservé tant que je l'ai pu
l'être que je ne pouvais pas sauver.

SCÈNE V.

LE PRINCE, GABRIEL, LE PRÉCEPTEUR.

GABRIEL, *avec exaspération.*

Laissez-moi, j'en ai assez entendu ; pas un mot de
plus, ou j'attente à ma vie. Oui, c'est le châtiment que
je devrais vous infliger pour ruiner les folles espérances
de votre haine insatiable et de votre orgueil insensé.

LE PRÉCEPTEUR.

Mon cher enfant, au nom du ciel, modérez-vous...
Songez à qui vous parlez.

GABRIEL.

Je parle à celui dont je suis à jamais l'esclave et la victime ! O honte ! honte et malédiction sur le jour où je suis né !

LE PRINCE.

La concupiscence parle-t-elle déjà tellement à vos sens que l'idée d'une éternelle chasteté vous exaspère à ce point ?

GABRIEL.

Tais-toi, vieillard ! Tes lèvres vont se dessécher si tu prononces des mots dont tu ne comprends pas le sens auguste et sacré. Ne m'attribue pas des pensées qui n'ont jamais souillé mon âme. Tu m'as bien assez outragé en me rendant, au sortir du sein maternel, l'instrument de la haine, le complice de l'imposture et de la fraude. Faut-il que je vive sous le poids d'un mensonge éternel, d'un vol que les lois puniraient avec la dernière ignominie !

LE PRÉCEPTEUR.

Gabriel ! Gabriel ! vous parlez à votre aïeul !...

LE PRINCE.

Laissez-le exprimer sa douleur et donner un libre cours à son exaltation. C'est un véritable accès de démence dont je n'ai pas à m'occuper. Je ne vous dis plus qu'un mot, Gabriel : entre le sort brillant d'un prince et l'éternelle captivité du cloître, choisissez ! Vous êtes encore libre. Vous pouvez faire triompher mes ennemis, avilir le nom que vous portez, souiller la mémoire de ceux qui vous ont donné le jour, déshonorer mes cheveux blancs.... Si telle est votre résolution, songez que l'infamie et la misère retomberont sur vous le premier, et voyez si la satisfaction des plus grossiers instincts peut compenser l'horreur d'une telle chute.

GABRIEL.

Assez, assez, vous dis-je ! Les motifs que vous attri-
buez à ma douleur sont dignes de votre imagination,
mais non de la mienne...

(*Il s'assied et cache sa tête dans ses mains.*)

LE PRÉCEPTEUR, *bas au prince.*

Monseigneur, il faudrait en effet le laisser à lui-même
quelques instants, il ne se connaît plus.

LE PRINCE, *de même.*

Vous avez raison. Venez avec moi, monsieur l'abbé.

LE PRÉCEPTEUR, *bas.*

Votre altesse est fort irritée contre moi ?

LE PRINCE, *de même.*

Au contraire. Vous avez atteint le but mieux que je
ne l'aurais fait moi-même. Ce caractère m'offre plus de
garantie de discrétion que je n'eusse osé l'espérer.

LE PRÉCEPTEUR, *à part.*

Cœur de pierre !

(*Ils sortent.*)

SCÈNE VI.

GABRIEL, *seul.*

Le voilà donc, cet horrible secret que j'avais deviné !
Ils ont enfin osé me le révéler en face ! Impudent vieillard ! Comment n'es-tu pas rentré sous terre, quand tu
m'as vu, pour te punir et te confondre, affecter tant
d'ignorance et d'étonnement ! Les insensés ! comment
pouvaient-ils croire que j'étais encore la dupe de leur
insolent artifice ? Admirable ruse, en effet ! M'inspirer
l'horreur de ma condition, afin de me fouler aux pieds
ensuite, et de me dire : Voilà pourtant ce que vous

êtes... voilà où nous allons vous reléguer si vous n'ac-
ceptez pas la complicité de notre crime ! Et l'abbé !
l'abbé lui-même, que je croyais si honnête et si simple,
il le savait ! Marc le sait peut-être aussi ! Combien d'autres peuvent le savoir ? Je n'oserai plus lever les yeux
sur personne. Ah ! quelquefois encore je voulais en
douter. O mon rêve ! mon rêve de cette nuit, mes ailes !... ma chaîne !

(*Il pleure amèrement. S'essuyant les yeux.*)

Mais le fourbe s'est pris dans son propre piége, il
m'a livré enfin le point le plus sensible de sa haine. Je
vous punirai, ô imposteurs ! je vous ferai partager mes
souffrances ; je vous ferai connaître l'inquiétude, et
l'insomnie, et la peur de la honte... Je suspendrai le
châtiment à un cheveu, et je le ferai planer sur ta
tête blanche, ô vieux Jules ! jusqu'à ton dernier soupir. Tu m'avais soigneusement caché l'existence de ce
jeune homme ! ce sera là ma consolation, la réparation
de l'iniquité à laquelle on m'associe ! Pauvre parent !
pauvre victime, toi aussi ! Errant, vagabond, criblé de
dettes, plongé dans la débauche, disent-ils ; avili, dé-
pravé, perdu, hélas ! peut-être. La misère dégrade ceux
qu'on élève dans le besoin des honneurs et dans la soif
des richesses. Et le cruel vieillard s'en réjouit ! Il triomphe de voir son petit-fils dans l'abjection, parce que le
père de cet infortuné a osé contrarier ses volontés ab-
solues, qui sait ? dévoiler quelqu'une de ses turpitudes,
peut-être ! Eh bien ! je te tendrai la main, moi qui suis
dans le fond de mon âme plus avili et plus malheureux
que toi encore ; je m'efforcerai de te retirer du bour-
bier, et de purifier ton âme par une amitié sainte. Si
je n'y réussis pas, je comblerai du moins par mes richesses l'abîme de ta misère ; je te restituerai ainsi l'hé-

ritage qui t'appartient ; et, si je ne puis te rendre ce vain titre que tu regrettes peut-être, et que je rougis de porter à ta place, je m'efforcerai du moins de détourner sur toi la faveur des rois, dont tous les hommes sont jaloux. Mais quel nom porte-t-il ? Et où le trouverai-je ? Je le saurai : je dissimulerai, je tromperai, moi aussi ! Et quand la confiance et l'amitié auront rétabli l'égalité entre lui et moi, ils le sauront !.. Leur inquiétude sera poignante. Puisque tu m'insultes, ô vieux Jules ! puisque tu crois que la chasteté m'est si pénible, ton supplice sera d'ignorer à quel point mon âme est plus chaste et ma volonté plus ferme que tu ne peux le concevoir !..

Allons ! du courage ! Mon Dieu ! mon Dieu ! vous êtes le père de l'orphelin, l'appui du faible, le défenseur de l'opprimé !

FIN DU PROLOGUE.

PREMIÈRE PARTIE.

(*Une taverne.*)

SCÈNE PREMIÈRE.

GABRIEL, MARC, GROUPES *attablés;* L'HOTE, *allant et venant; puis* LE COMTE ASTOLPHE DE BRAMANTE.

GABRIEL, *s'asseyant à une table.*
Marc! prends place ici, en face de moi; assis, vite!
MARC, *hésitant à s'asseoir.*
Monseigneur... ici?...
GABRIEL.
Dépêche! tous ces lourdauds nous regardent. Sois un peu moins empesé... Nous ne sommes point ici dans le château de mon grand-père. Demande du vin.
(*Marc frappe sur la table. L'hôte s'approche.*)
L'HOTE.
Quel vin servirai-je à vos excellences?
MARC, *à Gabriel.*
Quel vin servira-t-on à votre excellence?
GABRIEL, *à l'hôte.*
Belle question! pardieu! du meilleur.
(*L'hôte s'éloigne. A Marc.*)
Ah çà! ne saurais-tu prendre des manières plus dégagées? Oublies-tu où nous sommes, et veux-tu me compromettre?

19

MARC.

Je ferai mon possible... Mais en vérité je n'ai pas
l'habitude... Êtes-vous bien sûr que ce soit ici?...

GABRIEL.

Très-sûr. Ah! le local a mauvais air, j'en conviens;
mais c'est la manière de voir les choses qui fait tout.
Allons, vieil ami, un peu d'aplomb.

MARC.

Je souffre de vous voir ici!... Si quelqu'un allait
vous reconnaître...

GABRIEL.

Eh bien! cela ferait le meilleur effet du monde.

GROUPE D'ÉTUDIANTS. — UN ÉTUDIANT.

Gageons que ce jeune vaurien vient ici avec son oncle pour le griser et lui avouer ses dettes entre deux
vins.

AUTRE ÉTUDIANT.

Cela? c'est un garçon rangé. Rien qu'aux plis de sa
fraise on voit que c'est un pédant.

UN AUTRE.

Lequel des deux?

DEUXIÈME ÉTUDIANT.

L'un et l'autre.

MARC, *frappant sur la table.*

Eh bien! ce vin?

GABRIEL.

A merveille! frappe plus fort.

GROUPE DE SPADASSINS. — PREMIER SPADASSIN.

Ces gens-là sont bien pressés! Est-ce que la gorge
brûle à ce vieux fou?

SECOND SPADASSIN.

Ils sont mis proprement.

TROISIÈME SPADASSIN.

Heim! un vieillard et un enfant! quelle heure est-il?

PREMIER SPADASSIN.

Occupe l'hôte, afin qu'il ne les serve pas trop vite. Pour peu qu'ils vident deux flacons, nous gagnerons bien minuit.

DEUXIÈME SPADASSIN.

Ils sont bien armés.

TROISIÈME SPADASSIN.

Bah! l'un sans barbe, l'autre sans dents.

(*Astolphe entre.*)

PREMIER SPADASSIN.

Ouf! voilà ce ferrailleur d'Astolphe. Quand serons-nous débarrassés de lui?

QUATRIÈME SPADASSIN.

Quand nous voudrons.

DEUXIÈME SPADASSIN.

Il est seul ce soir.

QUATRIÈME SPADASSIN.

Attention!

(*Il montre les étudiants, qui se lèvent.*)

LE GROUPE D'ÉTUDIANTS. — PREMIER ÉTUDIANT.

Voilà le roi des tapageurs, Astolphe. Invitons - le à vider un flacon avec nous; sa gaieté nous réveillera.

DEUXIÈME ÉTUDIANT.

Ma foi, non. Il se fait tard; les rues sont mal fréquentées.

PREMIER ÉTUDIANT.

N'as-tu pas ta rapière?

DEUXIÈME ÉTUDIANT.

Ah! je suis las de ces sottises-là. C'est l'affaire des sbires, et non la nôtre, de faire la guerre aux voleurs toutes les nuits.

TROISIÈME ÉTUDIANT.

Et puis je n'aime guère ton Astolphe. Il a beau être
gueux et débauché, il ne peut oublier qu'il est gentil-
homme, et de temps en temps il lui prend, comme malgré lui, des airs de seigneurie qui me donnent envie de
le souffleter.

DEUXIÈME ÉTUDIANT.

Et ces deux cuistres qui boivent là tristement dans
un coin me font l'effet de barons allemands mal déguisés.

PREMIER ÉTUDIANT.

Décidément le cabaret est mal composé ce soir. Partons.

(*Ils payent l'hôte et sortent. Les spadassins suivent tous leurs mouvements. Gabriel est oc-
cupé à examiner Astolphe, qui s'est jeté sur
un banc d'un air farouche, les coudes appuyés sur la table, sans demander à boire et
sans regarder personne.*)

MARC, *bas à Gabriel.*

C'est un beau jeune homme; mais quelle mauvaise
tenue! Voyez, sa fraise est déchirée et son pourpoint
couvert de taches.

GABRIEL.

C'est la faute de son valet de chambre. Quel noble
front! Ah! si j'avais ces traits mâles et ces larges
mains!...

PREMIER SPADASSIN, *regardant par la fenêtre.*

Ils sont loin... Si ces deux benêts qui restent là sans
vider leurs verres pouvaient partir aussi...

DEUXIÈME SPADASSIN.

Lui chercher querelle ici? L'hôte est poltron.

TROISIÈME SPADASSIN.

Raison de plus.

DEUXIÈME SPADASSIN.

Il criera.

QUATRIÈME SPADASSIN.

On le fera taire.

(Minuit sonne.)

(Astolphe frappe du poing sur la table. Les sbires l'observent alternativement avec Gabriel, qui ne regarde qu'Astolphe.)

MARC, *bas à Gabriel.*

Il y a là des gens de mauvaise mine qui vous regardent beaucoup.

GABRIEL.

C'est la gaucherie avec laquelle tu tiens ton verre qui les divertit.

MARC, *buvant.*

Ce vin est détestable, et je crains qu'il ne me porte à la tête.

(Long silence.)

PREMIER SPADASSIN.

Le vieux s'endort.

DEUXIÈME SPADASSIN.

Il n'est pas ivre.

TROISIÈME SPADASSIN.

Mais il a une bonne dose d'hivers dans le ventre. Va voir un peu si Mezzani n'est pas par là dans la rue; c'est son heure. Ce jeune gars qui ouvre là-bas de si grands yeux a un surtout de velours noir qui n'annonce pas des poches percées.

(Le deuxième spadassin va à la porte.)

L'HOTE, *à Astolphe.*

Eh bien ! seigneur Astolphe, quel vin aurai-je l'honneur de vous servir ?

ASTOLPHE.

Va-t'en à tous les diables !

TROISIÈME SPADASSIN, *à l'hôte à demi-voix, sans qu'Astolphe le remarque.*

Ce seigneur vous a demandé trois fois du malvoisie.

L'HOTE.

En vérité ?

(Il sort en courant. Le premier spadassin fait un signe au troisiène, qui met un banc en travers de la porte comme par hasard. Le deuxième rentre avec un cinquième compagnon.

LE PREMIER SPADASSIN.

Mezzani ?

MEZZANI, *bas.*

C'est entendu. D'une pierre deux coups... Le moment est bon. La ronde vient de passer. J'entame la querelle.

(*Haut.*)

Quel est donc le mal-appris qui se permet de bâiller de la sorte ?

ASTOLPHE.

Il n'y a de mal-appris ici que vous, mon maître.

(Il recommence à bâiller, en étendant les bras avec affectation.)

MEZZANI.

Seigneur mal peigné, prenez garde à vos manières.

ASTOLPHE, *s'étendant comme pour dormir.*

Tais-toi, bravache, j'ai sommeil.

PREMIER SPADASSIN, *lui lançant son verre.*

Astolphe, à ta santé !

ASTOLPHE.

A la bonne heure ; il me manquait d'avoir cassé quelque cruche ou battu quelque chien aujourd'hui.

(*Il s'élance au milieu d'eux en poussant sa table au-devant de lui avec rapidité. Il renverse la table des spadassins, leurs bouteilles et leurs flambeaux. Le combat s'engage.*)

MEZZANI, *tenant Astolphe à la gorge.*

Eh ! vous autres, lourdauds, tombez donc sur l'enfant.

PREMIER SPADASSIN, *courant sur Gabriel.*

Il tremble.

(*Marc se jette au-devant, il est renversé. Gabriel tue le spadassin d'un coup de pistolet à bout portant. Un autre s'élance vers lui. Marc se relève. Ils se battent. Gabriel est pâle et silencieux, mais il se bat avec sang-froid.*)

ASTOLPHE, *qui s'est dégagé des mains de Mezzani, se rapproche de Gabriel en continuant à se battre.*

Bien, mon jeune lion ! courage, mon beau jeune homme !...

(*Il traverse Mezzani de son épée.*)

MEZZANI, *tombant.*

A moi, camarades ! je suis mort...

L'HOTE *crie en dehors.*

Au secours ! au meurtre ! on s'égorge dans ma maison !

(*Le combat continue.*)

DEUXIÈME SPADASSIN.

Mezzani mort..... Sanche mourant..... trois contre trois... Bonsoir !

(Il s'enfuit vers la porte; les deux autres veulent en faire autant. Astolphe se met en travers de la porte.

ASTOLPHE.

Non pas, non pas. Mort aux mauvaises bêtes ! A toi ! don Gibet ; à toi, coupe-bourse !...

(Il en accule deux dans un coin, blesse l'un qui demande grâce. Marc poursuit l'autre qui cherche à fuir. Gabriel désarme le troisième, et lui met le poignard sur la gorge.)

LE SPADASSIN, *à Gabriel.*

Grâce, mon jeune maître, grâce ! Vois, la fenêtre est ouverte, je puis me sauver... ne me perds pas ! C'était mon premier crime, ce sera le dernier... Ne me fais pas douter de la miséricorde de Dieu !... Laisse-moi !... pitié !...

GABRIEL.

Misérable ! que Dieu t'entende et te punisse doublement si tu blasphèmes !... Va !

LE SPADASSIN, *montant sur la fenêtre.*

Je m'appelle Giglio... Je te dois la vie !...

(Il s'élance et disparaît. La garde entre et s'empare des deux autres, qui essayaient de fuir.)

ASTOLPHE.

Bon ! à votre affaire, messieurs les sbires ! Vous arrivez selon l'habitude, quand on n'a plus besoin de vous !

Enlevez-nous ces deux cadavres ; et vous, monsieur l'hôte, faites relever les tables.

(*A Gabriel, qui se lave les mains avec empressement.*)

Voilà de la coquetterie ; ces souillures étaient glorieuses, mon jeune brave !

GABRIEL, *très-pâle et près de défaillir.*

J'ai horreur du sang.

ASTOLPHE.

Vrai Dieu ! il n'y paraît guère quand vous vous battez ! Laissez - moi serrer cette petite main blanche qui combat comme celle d'Achille.

GABRIEL, *s'essuyant les mains avec un mouchoir de soie richement brodé.*

De grand cœur, seigneur Astolphe, le plus téméraire des hommes !

(*Il lui serre la main.*)

MARC, *à Gabriel.*

Monseigneur, n'êtes-vous pas blessé ?

ASTOLPHE.

Monseigneur ? En effet, vous avez tout l'air d'un prince. Eh bien ! puisque vous connaissez mon nom, vous savez que je suis de bonne maison, et que vous pouvez, sans déroger, me compter parmi vos amis.

(*Se retournant vers les sbires, qui ont interrogé l'hôte et qui s'approchent pour le saisir.*)

Eh bien ! à qui en avez-vous maintenant, chers oiseaux de nuit ?

LE CHEF DES SBIRES.

Seigneur Astolphe, vous allez attendre en prison que la justice ait éclairci cette affaire.

(*A Gabriel.*)

Monsieur, veuillez aussi nous suivre.

ASTOLPHE, *riant.*

Comment! éclairci? Il me semble qu'elle est assez claire comme cela. Des assassins tombent sur nous; ils étaient cinq contre trois, et parce qu'ils comptaient sur la faiblesse d'un vieillard et d'un enfant... Mais ce sont de braves compagnons... Ce jeune homme... Tiens, sbire, tu devrais te prosterner. En attendant, voilà pour boire... Laisse-nous tranquilles...

(*Il fouille dans sa poche.*)

Ah! j'oubliais que j'ai perdu ce soir mon dernier écu... Mais demain... si je te retrouve dans quelque coupe-gorge comme celui-ci, je te payerai double aubaine... entends-tu? Monsieur est un prince... le prince de... neveu du cardinal de...

(*A l'oreille du sbire.*)

Le bâtard du dernier pape...

(*A Gabriel.*)

Glissez-leur trois écus, et dites-leur votre nom.

GABRIEL, *leur jetant sa bourse.*

Le prince Gabriel de Bramante.

ASTOLPHE.

Bramante! mon cousin germain! Par Bacchus et par le diable! il n'y a pas de bâtard dans notre famille...

LE CHEF DES SBIRES, *recevant la bourse de Gabriel et regardant l'hôte avec hésitation.*

En indemnisant l'hôte pour les meubles brisés et le vin répandu... cela peut s'arranger... Quand les assassins seront en jugement, vos seigneuries comparaîtront.

ASTOLPHE.

A tous les diables! c'est assez d'avoir la peine de les larder... Je ne veux plus entendre parler d'eux.

(*Bas à Gabriel.*)

Quelque chose à l'hôte, et ce sera fini.

GABRIEL, *tirant une autre bourse.*

Faut-il donc acheter la police et les témoins, comme si nous étions des malfaiteurs!

ASTOLPHE.

Oui, c'est assez l'usage dans ce pays-ci.

L'HOTE, *refusant l'argent de Gabriel.*

Non, monseigneur, je suis bien tranquille sur le dommage que ma maison a souffert. Je sais que votre altesse me le payera généreusement, et je ne suis pas pressé. Mais il faut que justice se fasse. Je veux que ce tapageur d'Astolphe soit arrêté et demeure en prison jusqu'à ce qu'il m'ait payé la dépense qu'il fait chez moi depuis six mois. D'ailleurs je suis las du bruit et des rixes qu'il apporte ici tous les soirs avec ses méchants compagnons. Il a réussi à déconsidérer ma maison... C'est lui qui entame toujours les querelles, et je suis sûr que la scène de ce soir a été provoquée par lui...

UN DES SPADASSINS, *garrotté.*

Oui, oui; nous étions là bien tranquilles...

ASTOLPHE, *d'une voix tonnante.*

Voulez-vous bien rentrer sous terre, abominable vermine?

(*A l'hôte.*)

Ah! ah! déconsidérer la maison de monsieur!

(*Riant aux éclats.*)

Entacher la réputation du coupe-gorge de monsieur! Un repaire d'assassins... une caverne de bandits...

L'HOTE.

Et qu'y veniez-vous faire, monsieur, dans cette caverne de bandits?

ASTOLPHE.

Ce que la police ne fait pas, purger la terre de quelques coupe-jarrets.

LE CHEF DES SBIRES.

Seigneur Astolphe, la police fait son devoir.

ASTOLPHE.

Bien dit, mon maître : à preuve que sans notre courage et nos armes nous étions assassinés là tout à l'heure.

L'HOTE.

C'est ce qu'il faut savoir. C'est à la justice d'en connaître. Messieurs, faites votre devoir, ou je porte plainte.

LE CHEF DES SBIRES, *d'un air digne.*

La police sait ce qu'elle a à faire. Seigneur Astolphe,
marchez avec nous.

L'HOTE.

Je n'ai rien à dire contre ces nobles seigneurs.
(*Montrant Gabriel et Marc.*)

GABRIEL, *aux sbires.*

Messieurs, je vous suis. Si votre devoir est d'arrêter
le seigneur Astolphe, mon devoir est de me remettre
également entre les mains de la justice. Je suis complice de sa faute, si c'est une faute que de défendre sa
vie contre des brigands. Un des cadavres qui gisaient
ici tout à l'heure a péri de ma main.

ASTOLPHE.

Brave cousin !

L'HOTE.

Vous, son cousin? fi donc! Voyez l'insolence! un
misérable qui ne paye pas ses dettes!

GABRIEL.

Taisez-vous, monsieur, les dettes de mon cousin seront payées. Mon intendant passera chez vous demain
matin.

L'HOTE, *s'inclinant.*

Il suffit, monseigneur.

ASTOLPHE.

Vous avez tort, cousin, cette dette-ci devrait être payée en coups de bâton. J'en ai bien d'autres auxquelles vous eussiez dû donner la préférence.

GABRIEL.

Toutes seront payées.

ASTOLPHE.

Je crois rêver... Est-ce que j'aurais fait mes prières ce matin? ou ma bonne femme de mère aurait-elle payé une messe à mon intention?

LE CHEF DES SBIRES.

En ce cas les affaires peuvent s'arranger...

GABRIEL.

Non, monsieur, la justice ne doit pas transiger; conduisez-nous en prison... Gardez l'argent, et traitez-nous bien.

LE CHEF DES SBIRES.

Passez, monseigneur.

MARC, *à Gabriel.*

Y songez-vous? en prison, vous, monseigneur?

GABRIEL.

Oui, je veux connaître un peu de tout.

MARC.

Bonté divine! que dira monseigneur votre grand-père?

GABRIEL.

Il dira que je me conduis comme un homme.

SCÈNE II.

(En prison.)

GABRIEL, ASTOLPHE, LE CHEF DES SBIRES, MARC.

(Astolphe dort étendu sur un grabat. Marc est assoupi sur un banc au fond. Gabriel se promène à pas lents, et chaque fois qu'il passe devant Astolphe, il ralentit encore sa marche et le regarde.)

GABRIEL.

Il dort comme s'il n'avait jamais connu d'autre domicile ! Il n'éprouve pas, comme moi, une horrible répugnance pour ces murs souillés de blasphèmes, pour cette couche où des assassins et des parricides ont reposé leur tête maudite. Sans doute, ce n'est pas la première nuit qu'il passe en prison ! Étrangement calme ! et pourtant il a ôté la vie à son semblable, il y a une heure ; son semblable ! un bandit? Oui, son semblable. L'éducation et la fortune eussent peut-être fait de ce bandit un brave officier, un grand capitaine. Qui peut savoir cela, et qui s'en inquiète? Celui-là seul à qui l'éducation et le caprice de l'orgueil ont créé une destinée si contraire au vœu de la nature : moi ! Moi aussi, je viens de tuer un homme... un homme qu'un caprice analogue eût pu, au sortir du berceau, ensevelir sous une robe et jeter à jamais dans la vie timide et calme du cloître !

(Regardant Astolphe.)

Il est étrange que l'instant qui nous a rapprochés pour la première fois ait fait de chacun de nous un

mcurtrier ! Sombre présage! mais dont je suis le seul à
me préoccuper, comme si, en effet, mon âme était d'une
nature différente... Non, je n'accepterai pas cette idée
d'infériorité ! les hommes seuls l'ont créée, Dieu la ré-
prouve. Ayons le même stoïcisme que ceux-là, qui dorment après une scène de meurtre et de carnage.

(*Il se jette sur un autre lit.*)

ASTOLPHE, *rêvant.*

Ah ! perfide Faustina ! tu vas souper avec Alberto,
parce qu'il m'a gagné mon argent!... Je te... méprise...

(*Il s'éveille et s'assied sur son lit.*)

Voilà un sot rêve ! et un réveil plus sot encore ! la
prison ! Eh ! compagnons ?... Point de réponse ; il paraît que tout le monde dort. Bonne nuit !

(*Il se recouche et se rendort.*)

GABRIEL, *se soulevant, le regarde.*

Faustina ! Sans doute c'est le nom de sa maîtresse. Il
rêve à sa maîtresse ; et moi, je ne puis songer qu'à cet
homme dont les traits se sont hideusement contractés
quand ma balle l'a frappé... Je ne l'ai pas vu mourir...
il me semble qu'il râlait encore sourdement quand les
sbires l'ont emporté... J'ai détourné les yeux... je n'aurais pas eu le courage de regarder une seconde fois cette
bouche sanglante, cette tête fracassée !... Je n'aurais
pas cru la mort si horrible. L'existence de ce bandit est-
elle donc moins précieuse que la mienne? La mienne !
n'est-elle pas à jamais misérable ? n'est-elle pas crimi-
nelle aussi ? Mon Dieu ! pardonnez-moi. J'ai accordé la
vie à l'autre... je n'aurais pas eu le courage de la lui
ôter... Et lui !... qui dort là si profondément, il n'eût
pas fait grâce ; il n'en voulait laisser échapper aucun !
Était-ce courage? était-ce férocité?

ASTOLPHE, *rêvant.*

A moi! à l'aide! on m'assassine...

(Il s'agite sur son lit.)

Infâmes! six contre un!... Je perds tout mon sang!...
Dieu, Dieu!...

*(Il s'éveille en poussant des cris. Marc s'éveille
en sursaut et court au hasard; Astolphe se
lève égaré et le prend à la gorge. Tous deux
crient et luttent ensemble. Gabriel se jette au
milieu d'eux.)*

GABRIEL.

Arrêtez, Astolphe! revenez à vous : c'est un rêve!...
Vous maltraitez mon vieux serviteur.

(Il le secoue et l'éveille.)

ASTOLPHE *va tomber sur son lit et s'essuie le
front.*

C'est un affreux cauchemar en effet! Oui, je vous reconnais bien maintenant! Je suis couvert d'une sueur
glacée. J'ai bu ce soir du vin détestable. Ne faites pas
attention à moi.

*(Il s'étend pour dormir. Gabriel jette son man-
teau sur Astolphe et va se rasseoir sur son
lit.)*

GABRIEL.

Ah! ils rêvent donc aussi, les autres!... Ils connaissent donc le trouble, l'égarement, la crainte... du moins
en songe! Ce lourd sommeil n'est que le fait d'une organisation plus grossière... ou plus robuste; ce n'est
pas le résultat d'une âme plus ferme, d'une imagination
plus calme. Je ne sais pourquoi cet orage qui a passé
sur lui m'a rendu une sorte de sérénité; il me semble
qu'à présent je pourrai dormir... Mon Dieu, je n'ai pas

d'autre ami que vous !... Depuis le jour fatal où ce secret funeste m'a été dévoilé, je ne me suis jamais endormi sans remettre mon âme entre vos mains, et sans
vous demander la justice et la vérité !... Vous me devez
plus de secours et de protection qu'à tout autre, car je
suis une étrange victime !...

(*Il s'endort.*)

ASTOLPHE, *se relevant.*

Impossible de dormir en paix ; d'épouvantables images assiégent mon cerveau. Il vaudra mieux me tenir
éveillé ou boire une bouteille de ce vin que le charitable sbire, ému jusqu'aux larmes par la jeunesse et par
les écus de mon petit cousin, a glissée par là...

(*Il cherche sous les bancs, et se trouve près du
lit de Gabriel.*)

Cet enfant dort du sommeil des anges ! Ma foi ! c'est
bien, à son âge, de dormir après une petite aventure
comme celle de ce soir. Il a, pardieu ! tué son homme
plus lestement que moi ! et avec un petit air tranquille...
C'est le sang du vieux Jules qui coule dans ces fines
veines bleues, sous cette peau si blanche !... Un beau
garçon, vraiment ! élevé, comme une demoiselle, au fond
d'un vieux château, par un vieux pédant hérissé de grec
et de latin ; du moins c'est ce qu'on m'a dit... Il paraît
que cette éducation-là en vaut bien une autre. Ah çà !
vais-je m'attendrir comme le cabaretier et comme le
sbire parce qu'il a promis de payer mes dettes ? Oh,
non pas ! je garderai mon franc-parler avec lui. Pourtant je sens que je l'aime, ce garçon-là ; j'aime la bravoure dans une organisation délicate. Beau mérite, à
moi, d'être intrépide avec des muscles de paysan ! Il est
capable de ne boire que de l'eau, lui ! Si je le croyais,

20.

j'en boirais aussi, ne serait-ce que pour avoir ce sommeil angélique ! mais, comme il n'y en a pas ici...

(Il prend la bouteille et la quitte.)

Eh bien ! qu'ai-je donc à le regarder ainsi, comme
malgré moi ? avec ses quinze ou seize ans, et son menton lisse comme celui d'une femme, il me fait illusion...
Je voudrais avoir une maîtresse qui lui ressemblât. Mais
une femme n'aura jamais ce genre de beauté, cette candeur mêlée à la force, ou du moins au sentiment de la
force... Cette joue rosée est celle d'une femme, mais
ce front large et pur est celui d'un homme.

*(Il remplit son verre et s'assied, en se retour-
nant à chaque instant pour regarder Gabriel.
Il boit.)*

La Faustina est une jolie fille... mais il y a toujours
dans cette créature, malgré ses minauderies, une impudence indélébile... Son rire surtout me crispe les nerfs.
Un rire de courtisane ! J'ai rêvé qu'elle soupait avec
Alberto ; elle en est, mille tonnerres ! bien capable.

(Regardant Gabriel.)

Si je l'avais vue une seule fois dormir ainsi, j'en serais véritablement amoureux. Mais elle est laide quand
elle dort ! on dirait qu'il y a dans son âme quelque
chose de vil ou de farouche qui disparaît à son gré
quand elle parle ou quand elle chante, mais qui se
montre quand sa volonté est enchaînée par le sommeil... Pouah ! ce vin est couleur de sang... il me rappelle mon cauchemar... Décidément je me dégoûte du
vin, je me dégoûte des femmes, je me dégoûte du jeu...
Il est vrai que je n'ai plus soif, que ma poche est vide,
et que je suis en prison. Mais je m'ennuie profondément de la vie que je mène ; et puis, ma mère l'a dit,
Dieu fera un miracle et je deviendrai un saint. Oh !

qu'est-ce que je vois? c'est très-.édifiant! mon petit cousin porte un reliquaire; si je pouvais écarter tout doucement le col de sa chemise, couper le ruban et voler l'amulette pour la lui faire chercher à son réveil....
(Il s'approche doucement du lit de Gabriel et avance la main. Gabriel s'éveille brusquement et tire son poignard de son sein.)

GABRIEL.

Que me voulez-vous? ne me touchez pas, monsieur, ou vous êtes mort!

ASTOLPHE.

Malepeste! que vous avez le réveil farouche, mon beau cousin! Vous avez failli me percer la main.

GABRIEL, *sèchement et sautant à bas de son lit.*

Mais aussi, que me vouliez-vous? Quelle fantaisie vous prend de m'éveiller en sursaut? C'est une fort sotte plaisanterie.

ASTOLPHE.

Oh! oh! cousin! ne nous fâchons pas. Il est possible que je sois un sot plaisant, mais je n'aime pas beaucoup à me l'entendre dire. Croyez-moi, ne nous brouillons pas avant de nous connaître. Si vous voulez que je vous le dise, la relique que vous avez au cou me divertissait... J'ai eu tort peut-être; mais ne me demandez pas d'excuses, je ne vous en ferai pas.

GABRIEL.

Si ce colifichet vous fait envie, je suis prêt à vous le donner. Mon père en mourant me le mit au cou, et long-temps il m'a été précieux; mais, depuis quelque temps, je n'y tiens plus guère. Le voulez-vous?

ASTOLPHE.

Non! Que voulez-vous que j'en fasse? Mais savez-vous que ce n'est pas bien, ce que vous dites là ? La mémoire d'un père devrait vous être sacrée.

GABRIEL.

C'est possible ! mais une idée !..... Chacun a les siennes !

ASTOLPHE.

Eh bien ! moi, qui ne suis qu'un mauvais sujet, je ne voudrais pas parler ainsi. J'étais bien jeune aussi quand je perdis mon père ; mais tout ce qui me vient de lui m'est précieux.

GABRIEL.

Je le crois bien !

ASTOLPHE.

Je vois que vous ne songez ni à ce que vous me dites ni à ce que je vous réponds. Vous êtes préoccupé ? à votre aise ! fatigué peut-être ? Buvez un gobelet de vin. Il n'est pas trop mauvais pour du vin de prison.

GABRIEL.

Je ne bois jamais de vin.

ASTOLPHE.

J'en étais sûr ! à ce régime-là, votre barbe ne poussera jamais, mon cher enfant.

GABRIEL.

C'est fort possible ; la barbe ne fait pas l'homme.

ASTOLPHE.

Elle y contribue du moins beaucoup ; cependant vous êtes en droit de parler comme vous faites. Vous avez le menton comme le creux de ma main, et vous êtes, je crois, plus brave que moi.

GABRIEL.

Vous croyez?

ASTOLPHE.

Drôle de garçon ! c'est égal, un peu de barbe vous

ira bien. Vous verrez que les femmes vous regarderont d'un autre œil.

GABRIEL, *haussant les épaules.*

Les femmes ?

ASTOLPHE.

Oui. Est-ce que vous n'aimez pas non plus les femmes ?

GABRIEL.

Je ne peux pas les souffrir.

ASTOLPHE, *riant.*

Ah ! ah ! qu'il est original ! Alors qu'est-ce que vous aimez ? le grec, la rhétorique, la géométrie, quoi ?

GABRIEL.

Rien de tout cela. J'aime mon cheval, le grand air, la musique, la poésie, la solitude, la liberté avant tout.

ASTOLPHE.

Mais c'est très-joli, tout cela ! Cependant je vous aurais cru tant soit peu philosophe.

GABRIEL.

Je le suis un peu.

ASTOLPHE.

Mais j'espère que vous n'êtes pas égoïste ?

GABRIEL.

Je n'en sais rien.

ASTOLPHE.

Quoi ! n'aimez-vous personne ? N'avez-vous pas un seul ami ?

GABRIEL.

Pas encore ; mais je désire vous avoir pour ami.

ASTOLPHE.

Moi ! c'est très-obligeant de votre part ; mais savez-vous si j'en suis digne ?

GABRIEL.

Je désire que vous le soyez. Il me semble que vous ne pourrez pas être autrement d'après ce que je me propose d'être pour vous.

ASTOLPHE.

Oh ! doucement, doucement, mon cousin. Vous avez parlé de payer mes dettes ; j'ai répondu : Faites, si cela vous amuse ; mais maintenant, je vous dis : Pas d'airs de protection, s'il vous plaît, et surtout pas de sermons. Je ne tiens pas énormément à payer mes dettes ; et si vous les payez, je ne promets nullement de n'en pas faire d'autres. Cela regarde mes créanciers. Je sais bien que, pour l'honneur de la famille, il vaudrait mieux que je fusse un garçon rangé, que je ne hantasse point les tavernes et les mauvais lieux, ou du moins que je me livrasse à mes vices en secret...

GABRIEL.

Ainsi vous croyez que c'est pour l'honneur de la famille que je m'offre à vous rendre service ?

ASTOLPHE.

Cela peut être; on fait beaucoup de choses dans notre famille par amour-propre.

GABRIEL.

Et encore plus par rancune.

ASTOLPHE.

Comment cela ?

GABRIEL.

Oui ; on se hait dans notre famille, et c'est fort triste.

ASTOLPHE.

Moi, je ne hais personne, je vous le déclare. Le ciel vous a fait riche et raisonnable ; il m'a fait pauvre et prodigue : il s'est montré trop partial peut-être. Il eût

mieux fait de donner au sang des Octave un peu de l'é-
conomie et de la prudence des Jules, au sang des Jules
un peu de l'insouciance et de la gaieté des Octave. Mais
enfin, si vous êtes, comme vous le paraissez, mélancolique et orgueilleux, j'aime encore mieux mon enjouement et ma bonhomie que votre ennui et vos richesses.
Vous voyez que je n'ai pas sujet de vous haïr, car je n'ai
pas sujet de vous envier.

GABRIEL.

Écoutez, Astolphe, vous vous trompez sur mon
compte. Je suis mélancolique par nature, il est vrai ;
mais je ne suis point orgueilleux. Si j'avais eu des dispositions à l'être, l'exemple de mes parents m'en aurait
guéri. Je vous ai semblé un peu philosophe ; je le suis
assez pour haïr et renier cette chimère qui met l'isolement, la haine et le malheur à la place de l'union, des
sympathies et du bonheur domestique.

ASTOLPHE.

C'est bien parler. A ce compte, j'accepte votre amitié.
Mais ne vous ferez-vous pas un mauvais parti avec le
vieux prince mon grand-oncle, si vous me fréquentez ?

GABRIEL.

Très-certainement cela arrivera.

ASTOLPHE.

En ce cas, restons-en là, croyez-moi. Je vous remercie de vos bonnes intentions : comptez que vous
aurez en moi un parent plein d'estime, toujours disposé
à vous rendre service, et désireux d'en trouver l'occa-
sion ; mais ne troublez pas votre vie par une amitié romanesque où tout le profit et la joie seraient de mon
côté, où toutes les luttes et tous les chagrins retombe-
raient sur vous. Je ne le veux pas.

GABRIEL.

Et moi , je le veux, Astolphe ; écoutez-moi. Il y a huit jours j'étais encore un enfant : élevé au fond d'un vieux manoir avec un gouverneur une bibliothèque, des faucons et des chiens, je ne savais rien de l'histoire de notre famille et des haines qui ont divisé nos pères ; j'ignorais jusqu'à votre nom , jusqu'à votre existence. On m'avait élevé ainsi pour m'empêcher, je suppose, d'avoir une idée ou un sentiment à moi ; et l'on crut m'inoculer tout à coup la haine et l'orgueil héréditaires, en m'apprenant, dans une grave conférence, que j'étais, moi enfant, le chef, l'espoir, le soutien d'une illustre famille, dont vous étiez, vous, l'ennemi, le fardeau, la honte.

ASTOLPHE.

Il a dit cela, le vieux Jules ? O lâche insolence de la richesse !

GABRIEL.

Laissez en paix ce vieillard ; il est assez puni par la tristesse, la crainte et l'ennui qui rongent ses derniers jours. Quand on m'eut appris toutes ces choses, quand on m'eut bien dit que , par droit de naissance, je devais éternellement avoir mon pied sur votre tête, me réjouir de votre abaissement et me glorifier de votre abjection, je fis seller mon cheval, j'ordonnai à mon vieux serviteur de me suivre , et, prenant avec moi les sommes que mon grand-père avait destinées à mes voyages dans les diverses cours où il voulait m'envoyer apprendre le mé-tier d'ambitieux , je suis venu vous trouver afin de dé-penser cet argent avec vous en voyages d'instruction ou en plaisirs de jeune homme , comme vous l'entendrez. Je me suis dit que ma franchise vous convaincrait et lèverait tout vain scrupule de votre part ; que vous comprendriez le besoin que j'éprouve d'aimer et d'être aimé ; que vous partageriez avec moi en frère ; qu'enfin vous ne me forceriez pas à me jeter dans la vie des orgueilleux, en vous montrant orgueilleux vous-même, et en repoussant un cœur sincère qui vous cherche et vous implore.

ASTOLPHE, *l'embrassant avec effusion.*

Ma foi ! tu es un noble enfant ; il y a plus de fermeté, de sagesse et de droiture dans ta jeune tête qu'il n'y en a jamais eu dans toute notre famille. Eh bien ! je le veux : nous serons frères, et nous nous moquerons des vieilles querelles de nos pères. Nous courrons le monde ensemble ; nous nous ferons de mutuelles concessions, afin d'être toujours d'accord : je me ferai un peu moins fou, tu te feras un peu moins sage. Ton grand-père ne peut pas te déshériter : tu le laisseras gronder, et nous nous chérirons à sa barbe. Toute la vengeance que je veux tirer de sa haine, c'est de t'aimer de toute mon âme.

GABRIEL, *lui serrant la main.*

Merci, Astolphe ; vous m'ôtez un grand poids de la poitrine.

ASTOLPHE.

C'est donc pour me rencontrer que tu avais été ce soir à la taverne ?

GABRIEL.

On m'avait dit que vous étiez là tous les soirs.

ASTOLPHE.

Cher Gabriel ! et tu as failli être assassiné dans ce tripot ! et je l'eusse été, moi, peut-être, sans ton secours ! Ah ! je ne t'exposerai plus jamais à ces ignobles périls ; je sens que pour toi j'aurai la prudence que je n'avais pas pour moi-même. Ma vie me semblera plus précieuse unie à la tienne.

21

GABRIEL , *s'approchant de la grille de la fenêtre.*

Tiens! le jour est levé : regarde, Astolphe, comme le soleil rougit les flots en sortant de leur sein. Puisse notre amitié être aussi pure, aussi belle que le jour dont cette aurore est le brillant présage !

(*Le geôlier et le chef des sbires entrent.*)

LE CHEF DES SBIRES.

Messeigneurs , en apprenant vos noms , le chef de la police a ordonné que vous fussiez mis en liberté sur-le-champ.

ASTOLPHE.

Tant mieux, la liberté est toujours agréable : elle est comme le bon vin, on n'attend pas pour en boire que la soif soit venue.

GABRIEL.

Allons! vieux Marc , éveille-toi. Notre captivité est déjà terminée.

MARC , *bas à Gabriel.*

Eh quoi! mon cher maître, vous allez sortir bras dessus bras dessous avec le seigneur Astolphe?... Que dira son altesse si on vient à lui redire...

GABRIEL.

Son altesse aura bien d'autres sujets de s'étonner. Je le lui ai promis : je me comporterai en homme !

FIN DE LA PREMIÈRE PARTIE.

DEUXIÈME PARTIE.

(Dans la maison d'Astolphe.)

SCÈNE PREMIÈRE.

ASTOLPHE , LA FAUSTINA.

(Astolphe, en costume de fantaisie très-riche, achève sa toilette devant un grand miroir. La Faustina, très-parée, entre sur la pointe du pied et le regarde. Astolphe essaie plusieurs coiffures tour à tour avec beaucoup d'attention.)

LA FAUSTINA , *à part.*

Jamais femme mit-elle autant de soin à sa toilette et de plaisir à se contempler? Le fat!

ASTOLPHE , *qui voit Faustina dans la glace. A part.*

Bon! je te vois fort bien , fléau de ma bourse, ennemi de mon salut! Ah! tu reviens me trouver! Je vais te faire un peu damner à mon tour.

(Il jette sa toque avec une affectation d'impatience et arrange sa chevelure minutieusement.)

FAUSTINA , *s'assied et le regarde. Toujours à part.*

Courage! admire-toi, beau damoiseau! Et qu'on dise que les femmes sont coquettes! Il ne daignera pas se retourner!

ASTOLPHE, *à part.*

Je gage qu'on s'impatiente. Oh! je n'aurai pas fini
de sitôt!

(*Il recommence à essayer ses toques.*)

FAUSTINA, *à part.*

Encore!... Le fait est qu'il est beau, bien plus beau
qu'Antonio; et on dira ce qu'on voudra, rien ne fait tant
d'honneur que d'être au bras d'un beau cavalier. Cela
vous pare mieux que tous les joyaux du monde. Quel
dommage que tous ces Alcibiades soient si vite ruinés!
En voilà un qui n'a plus le moyen de donner une agrafe
de ceinture ou un nœud d'épaule à une femme!

ASTOLPHE, *feignant de se parler à lui-même.*

Peut-on poser ainsi une plume sur une barrette! Ces
gens-là s'imaginent toujours coiffer des étudiants de
Pavie!

(*Il arrache la plume et la jette par terre. Faustina la ramasse.*)

FAUSTINA, *à part.*

Une plume magnifique! et le costumier la lui fera
payer. Mais où prend-il assez d'argent pour louer de si
riches habits?

(*Regardant autour d'elle.*)

Eh mais! je n'y avais pas fait attention! Comme cet
appartement est changé! Quel luxe! C'est un palais aujourd'hui. Des glaces! des tableaux!

(*Regardant le sofa où elle est assise.*)

Un meuble de velours tout neuf, avec des crépines
d'or fin! Aurait-il fait un héritage? Ah! mon Dieu, et
moi qui depuis huit jours... Faut-il que je sois aveugle!
Un si beau garçon!...

(*Elle tire de sa poche un petit miroir et arrange
sa coiffure.*)

ASTOLPHE, *à part.*

Oh ! c'est bien inutile ! Je suis dans le chemin de la vertu.

FAUSTINA, *se levant et allant à lui.*

A votre aise, infidèle ! Quand donc le beau Narcisse daignera-t-il détourner la tête de son miroir ?

ASTOLPHE, *sans se retourner.*

Ah ! c'est toi, petite ?

FAUSTINA.

Quittez ce ton protecteur et regardez-moi.

ASTOLPHE, *sans se retourner.*

Que me veux-tu ? Je suis pressé.

FAUSTINA, *le tirant par le bras.*

Mais, vraiment, vous ne reconnaissez pas ma voix, Astolphe ? Votre miroir vous absorbe !

ASTOLPHE *se retourne lentement et la regarde d'un air indifférent.*

Eh bien ! qu'y a-t-il ? Je vous regarde. Vous n'êtes pas mal mise. Où passez-vous la nuit ?

FAUSTINA, *à part.*

Du dépit ? La jalousie le rendra moins fier. Payons d'assurance.

(*Haut.*)

Je soupe chez Ludovic.

ASTOLPHE.

J'en suis bien aise, c'est là aussi que je vais tout à l'heure.

FAUSTINA.

Je ne m'étonne plus de ce riche déguisement. Ce sera une fête magnifique. Les plus belles filles de la ville y sont conviées ; chaque cavalier amène sa maîtresse. Et tu vois que mon costume n'est pas de mauvais goût.

21.

ASTOLPHE.

Un peu mesquin! C'est du goût d'Antonio? Ah! je ne reconnais pas là sa libéralité accoutumée. Il paraît, ma pauvre Faustina, qu'il commence à se dégoûter de toi?

FAUSTINA.

C'est moi plutôt qui commence à me dégoûter de lui.

ASTOLPHE, *essayant des gants.*

Pauvre garçon!

FAUSTINA.

Vous le plaignez?

ASTOLPHE.

Beaucoup, il est en veine de malheur. Son oncle est mort la semaine passée, et ce matin à la chasse le sanglier a éventré le meilleur de ses chiens.

FAUSTINA.

C'est juste comme moi : ma caMériste a cassé ce matin mon magot de porcelaine du Japon, mon perroquet s'est empoisonné avant-hier, et je ne t'ai pas vu de la semaine.

ASTOLPHE, *feignant d'avoir mal entendu.*

Qu'est-ce que tu dis de Célimène? J'ai dîné chez elle hier. Et toi, où dînes-tu demain?

FAUSTINA.

Avec toi.

ASTOLPHE.

Tu crois?

FAUSTINA.

C'est une fantaisie que j'ai.

ASTOLPHE.

Moi, j'en ai une autre.

FAUSTINA.

Laquelle?

ASTOLPHE.

C'est de m'en aller à la campagne avec une créature charmante dont j'ai fait la conquête ces jours-ci.

FAUSTINA.

Ah! ah! Eufémia, sans doute?

ASTOLPHE.

Fi donc!

FAUSTINA.

Célimène?

ASTOLPHE.

Ah bah!

FAUSTINA.

Francesca?

ASTOLPHE.

Grand merci!

FAUSTINA.

Mais qui donc? Je ne la connais pas.

ASTOLPHE.

Personne ne la connaît encore ici. C'est une ingénue qui arrive de son village. Belle comme les amours, timide comme une biche, sage et fidèle comme...

FAUSTINA.

Comme toi?

ASTOLPHE.

Oui, comme moi; et c'est beaucoup dire, car je suis à elle pour la vie.

FAUSTINA.

Je t'en félicite... Et nous la verrons ce soir, j'espère?

ASTOLPHE.

Je ne crois pas... Peut-être cependant.

(*A part.*)

Oh! la bonne idée!

(*Haut.*)

Oui, j'ai envie de la mener chez Ludovic. Ce brave

artiste me saura gré de lui montrer ce chef-d'œuvre de la nature, et il voudra faire tout de suite sa statue.....
Mais je n'y consentirai pas; je suis jaloux de mon trésor.

FAUSTINA.

Prends garde que celui-là ne s'en aille comme ton argent s'en est allé. En ce cas, adieu; je venais te proposer d'être mon cavalier pour ce soir. C'est un mauvais tour que je voulais jouer à Antonio. Mais puisque tu as une dame, je vais trouver Menrique, qui fait des folies pour moi.

ASTOLPHE, *un peu ému.*

Menrique?

(Se remettant aussitôt.)

Tu ne saurais mieux faire. A revoir, donc!

FAUSTINA, *à part, en sortant.*

Bah! il est plus ruiné que jamais. Il aura engagé le dernier morceau de son patrimoine pour sa nouvelle passion. Dans huit jours, le seigneur sera en prison et la fille dans la rue.

(Elle sort.)

SCÈNE II.

ASTOLPHE, *seul.*

Avec Menrique! à qui j'ai eu la sottise d'avouer que j'avais pris cette fille presque au sérieux... Je n'aurais qu'un mot à dire pour la retenir...

(Il va vers la porte, et revient.)

Oh! non, pas de lâcheté. Gabriel me mépriserait, et il aurait raison. Bon Gabriel! le charmant caractère! l'aimable compagnon! comme il cède à tous mes caprices, lui qui n'en a aucun, lui si sage, si pur! Il me

voit sans humeur et sans pédanterie continuer cette
folle vie. Il ne me fait jamais de reproche, et je n'ai
qu'à manifester une fantaisie pour qu'aussitôt il aille au-
devant de mes désirs en me procurant argent, équipage,
maîtresse, luxe de toute espèce. Je voudrais du moins
qu'il prît sa part de mes plaisirs ; mais je crains bien
que tout cela ne l'amuse pas, et que l'enjouement qu'il
me montre parfois ne soit l'héroïsme de l'amitié. Oh !
si j'en étais sûr, je me corrigerais sur l'heure ; j'achè-
terais des livres, je me plongerais dans les auteurs clas-
siques ; j'irais à confesse ; je ne sais pas ce que je ne
ferais pas pour lui !... Mais il est bien long-temps à sa
toilette.

*(Il va frapper à la porte de l'appartement de
Gabriel.)*

Eh bien ! ami, es-tu prêt ? Pas encore. Laisse-moi
entrer, je suis seul. Non ? Allons ! comme tu voudras.

(Il revient.)

Il s'enferme vraiment comme une demoiselle. Il veut
que je le voie dans tout l'éclat de son costume. Je suis
sûr qu'il sera charmant en fille ; la Faustina ne l'a pas
vu, elle y sera prise, et toutes en crèveront de jalousie.
Il a eu pourtant bien de la peine à se décider à cette
folie. Cher Gabriel ! c'est moi qui suis un enfant, et lui
un homme, un sage, plein d'indulgence et de dévouement !

(Il se frotte les mains.)

Ah ! je vais me divertir aux dépens de la Faustina !
Mais quelle impudente créature ! Antonio la semaine
dernière, Menrique aujourd'hui ! Comme les pas de la
femme sont rapides dans la carrière du vice ! Nous autres, nous savons, nous pouvons toujours nous arrêter ;
mais elles, rien ne les retient sur cette pente fatale,

et, quand nous croyons la leur faire remonter, nous ne faisons que hâter leur chute au fond de l'abîme. Mes compagnons ont raison ; moi qui passe pour le plus mauvais sujet de la ville, je suis le moins roué de tous. J'ai des instincts de sentimentalité, je rêve des amours romanesques, et, quand je presse dans mes bras une vile créature, je voudrais m'imaginer que je l'aime. Antonio a dû bien se moquer de moi avec cette misérable folle ! J'aurais dû la retenir ce soir, et m'en aller avec Gabriel déguisé et avec elle, en chantant le couplet : *Deux femmes valent mieux qu'une.* J'aurais donné du dépit à Antonio par Faustina, à Faustina par Gabriel... Allons ! il est peut-être temps encore... Elle a menti, elle n'aurait pas osé aller trouver ainsi Menrique... Elle n'est pas si effrontée ! En attendant que Gabriel ait fini de se déguiser, je puis courir chez elle ; c'est tout près d'ici.

(*Il s'enveloppe de son manteau.*)

Une femme peut-elle descendre assez bas pour n'être plus pour nous qu'un objet dont notre vanité fait parade comme d'un meuble ou d'un habit !

(*Il sort.*)

SCÈNE III.

GABRIEL, *en habit de femme très-élégant, sort lentement de sa chambre;* PÉRINNE *le suit d'un air curieux et avide.*

GABRIEL.

C'est assez, dame Périnne, je n'ai plus besoin de vous. Voici pour la peine que vous avez prise.

(*Il lui donne de l'argent.*)

PÉRINNE.

Monseigneur, c'est trop de bonté. Votre seigneurie plaira à toutes les femmes, jeunes et vieilles, riches et pauvres; car, outre que le ciel a tout fait pour elle, elle est d'une magnificence...

GABRIEL.

C'est bien, c'est bien, dame Périnne. Bonsoir!

PÉRINNE, *mettant l'argent dans sa poche.*

C'est vraiment trop! votre altesse ne m'a pas permis de l'aider... je n'ai fait qu'attacher la ceinture et les bracelets. Si j'osais donner un dernier conseil à votre excellence, je lui dirais que son collier de dentelle monte trop haut; elle a le cou blanc et rond comme celui d'une femme, les épaules feraient bon effet sous ce voile transparent.

(*Elle veut arranger le fichu, Gabriel la repousse.*)

GABRIEL.

Assez, vous dis-je; il ne faut pas qu'un divertissement devienne une occupation si sérieuse. Je me trouve bien ainsi.

PÉRINNE.

Je le crois bien! Je connais plus d'une grande dame qui voudrait avoir la fine ceinture et la peau d'albâtre de votre altesse!

(*Gabriel fait un mouvement d'impatience. Périnne fait de grandes révérences ridicules. A part, en se retirant.*)

Je n'y comprends rien. Il est fait au tour; mais quelle pudeur farouche! Ce doit être un huguenot!

SCÈNE IV.

GABRIEL, *seul, s'approchant de la glace.*

Que je souffre sous ce vêtement ! Tout me gêne et m'étouffe. Ce corset est un supplice, et je me sens d'une gaucherie !... je n'ai pas encore osé me regarder. L'œil curieux de cette vieille me glaçait de crainte !... Pourtant, sans elle, je n'aurais jamais su m'habiller.

(*Il se place devant le miroir et jette un cri de surprise.*)

Mon Dieu ! est-ce moi ? Elle disait que je ferais une belle fille... Est-ce vrai ?

(*Il se regarde long-temps en silence.*)

Ces femmes-là donnent des louanges pour qu'on les paye... Astolphe ne me trouvera-t-il pas gauche et ridicule ? Ce costume est indécent... Ces manches sont trop courtes !... Ah ! j'ai des gants !...

(*Il met ses gants et les tire au-dessus des coudes.*)

Quelle étrange fantaisie que la sienne ! elle lui paraît toute simple, à lui !... Et moi, insensé qui, malgré ma répugnance à prendre de tels vêtements, n'ai pu résister au désir imprudent de faire cette expérience !... Quel effet vais-je produire sur lui ? Je dois être sans grâce !...

(*Il essaie de faire quelques pas devant la glace.*)

Il me semble que ce n'est pas si difficile, pourtant.

(*Il essaie de faire jouer son éventail et le brise.*)

Oh ! pour ceci, je n'y comprends rien. Mais, est-ce qu'une femme ne pourrait pas plaire sans ces minauderies ?

(*Il reste absorbé devant la glace.*)

SCÈNE V.

GABRIEL, *devant la glace;* ASTOLPHE *rentre doucement.*

ASTOLPHE, *à part.*

La malheureuse m'avait menti ! elle ira avec Antonio ! Je ne voudrais pas que Gabriel sût que j'ai fait cette sottise !

(*Après avoir fermé la porte avec précaution, il se retourne et aperçoit Gabriel qui lui tourne le dos.*)

Que vois-je ! quelle est cette belle fille ?... Tiens ! Gabriel !... je ne te reconnaissais pas, sur l'honneur !

(*Gabriel, très-confus, rougit et perd contenance.*)

Ah ! mon Dieu ! mais c'est un rêve ! que tu es *belle !*... Gabriel, est-ce toi ?... As-tu une sœur jumelle ? ce n'est pas possible... mon enfant !...., ma chère !...

GABRIEL, *très-effrayé.*

Qu'as-tu donc, Astolphe ? tu me regardes d'une manière étrange.

ASTOLPHE.

Mais comment veux-tu que je ne sois pas troublé ? Regarde-toi. Ne te prends-tu pas toi-même pour une fille ?

GABRIEL, *ému.*

Cette Périnne m'a donc bien déguisé ?

ASTOLPHE.

Périnne est une fée. D'un coup de baguette elle t'a métamorphosé en femme. C'est un prodige, et, si je

22

t'avais vu ainsi la première fois, je ne me serais jamais douté de ton sexe... Tiens ! je serais tombé amoureux à en perdre la tête !

GABRIEL, *vivement.*

En vérité, Astolphe ?

ASTOLPHE.

Aussi vrai que je suis à jamais ton frère et ton ami, tu serais à l'heure même ma maîtresse et ma femme si... Comme tu rougis, Gabriel ! mais sais-tu que tu rougis comme une jeune fille ?... Tu n'as pas mis de fard, j'espère ?

(*Il lui touche les joues.*)

Non !... Tu trembles ?

GABRIEL.

J'ai froid ainsi, je ne suis pas habitué à ces étoffes légères.

ASTOLPHE.

Froid ! tes mains sont brûlantes !... Tu n'es pas malade ?... Que tu es enfant, mon petit Gabriel ! ce déguisement te déconcerte. Si je ne savais que tu es philosophe, je croirais que tu es dévot, et que tu penses faire un gros péché... Oh ! comme nous allons nous amuser ! tous les hommes seront amoureux de toi, et les femmes voudront, par dépit, t'arracher les yeux. Ils sont si beaux ainsi, vos yeux noirs ! Je ne sais où j'en suis. Tu me fais une telle illusion, que je n'ose plus te tutoyer !... Ah ! Gabriel ! pourquoi n'y a-t-il pas une femme qui te ressemble ?

GABRIEL.

Tu es fou, Astolphe ; tu ne penses qu'aux femmes.

ASTOLPHE.

Et à quoi diable veux-tu que je pense à mon âge ? Je ne conçois point que tu n'y penses pas encore, toi !

GABRIEL.

Pourtant tu me disais encore ce matin que tu les dé-
testais.

ASTOLPHE.

Sans doute, je déteste toutes celles que je connais ;
car je ne connais que des filles de mauvaise vie.

GABRIEL.

Pourquoi ne cherches-tu pas une fille honnête et
douce ? une personne que tu puisses épouser, c'est-à-
dire aimer toujours ?

ASTOLPHE.

Des filles honnêtes ! ah ! oui, j'en connais ; mais,
rien qu'à les voir passer pour aller à l'église, je bâille.
Que veux-tu que je fasse d'une petite sotte qui ne sait
que broder et faire le signe de la croix ? Il en est de
coquettes et d'éveillées qui, tout en prenant de l'eau
bénite, vous lancent un coup d'œil dévorant. Celles-là
sont pires que nos courtisanes ; car elles sont de nature
vaniteuse, par conséquent vénale ; dépravée, par conséquent hypocrite ; et mieux vaut la Faustina, qui vous
dit effrontément : Je vais chez Menrique ou chez Antonio, que la femme réputée honnête qui vous jure
un amour éternel, et qui vous a trompé la veille en attendant qu'elle vous trompe le lendemain.

GABRIEL.

Puisque tu méprises tant ce sexe, tu ne peux l'aimer.

ASTOLPHE.

Mais je l'aime par besoin. J'ai soif d'aimer, moi ! J'ai
dans l'imagination, j'ai dans le cœur une femme idéale !
Et c'est une femme qui te ressemble, Gabriel. Un être
intelligent et simple, droit et fin, courageux et timide,
généreux et fier. Je vois cette femme dans mes rêves,
et je la vois grande, blanche, blonde, comme te voilà

avec ces beaux yeux noirs et cette chevelure soyeuse et parfumée. Ne te moque pas de moi, ami ; laisse-moi déraisonner, nous sommes en carnaval. Chacun revêt l'effigie de ce qu'il désire être ou désire posséder : le valet s'habille en maître, l'imbécile en docteur; moi je t'habille en femme. Pauvre que je suis, je me crée un trésor imaginaire, et je te contemple d'un œil à demi triste, à demi enivré. Je sais bien que demain tes jolis pieds disparaîtront dans des bottes, et que ta main secouera rudement et fraternellement la mienne. En attendant, si je m'en croyais, je la baiserais, cette main si douce... Vraiment ta main n'est pas plus grande que celle d'une femme, et ton bras... Laisse-moi baiser ton gant !... ton bras est d'une rondeur miraculeuse... Allons, ma chère belle, vous êtes d'une vertu farouche !... Tiens ! tu joues ton rôle comme un ange : tu remontes tes gants, tu frémis, tu perds contenance ! A merveille ! Voyons, marche un peu, fais de petits pas.

GABRIEL, *essayant de rire.*

Tu me feras marcher et parler le moins possible ; car j'ai une grosse voix, et je dois avoir aussi une bien mauvaise grâce.

ASTOLPHE.

Ta voix est pleine, mais douce; peu de femmes l'ont aussi agréable ; et, quant à ta démarche, je t'assure qu'elle est d'une gaucherie adorable. Je te fais passer pour une ingénue; ne t'inquiète donc pas de tes manières.

GABRIEL.

Mais certainement ta femme idéale en a de meilleures?

ASTOLPHE

Eh bien ! pas du tout. En te voyant, je reconnais que cette gaucherie est un attrait plus puissant que toute la science des coquettes. Ton costume est charmant ! Est-ce la Périnne qui l'a choisi ?

GABRIEL.

Non ! elle m'avait apporté l'autre jour un attirail de bohémienne ; je lui ai fait faire exprès pour moi cette robe de soie blanche.

ASTOLPHE.

Et tu seras plus paré, avec cette simple toilette et ces perles, que toutes les femmes bigarrées et empanachées qui s'apprêtent à te disputer la palme. Mais qui a posé sur ton front cette couronne de roses blanches? Sais-tu que tu ressembles aux anges de marbre de nos cathédrales? Qui t'a donné l'idée de ce costume si simple et si recherché en même temps ?

GABRIEL.

Un rêve que j'ai fait... il y a quelque temps.

ASTOLPHE.

Ah! ah! tu rêves aux anges, toi? Eh bien! ne t'éveille pas, car tu ne trouveras dans la vie réelle que des femmes ! Mon pauvre Gabriel, continue, si tu peux, à ne point aimer. Quelle femme serait digne de toi? Il me semble que le jour où tu aimeras je serai triste, je serai jaloux.

GABRIEL.

Eh ! mais, ne devrais-je pas être jaloux des femmes après lesquelles tu cours ?

ASTOLPHE.

Oh! pour cela, tu aurais grand tort ! il n'y a pas de quoi! On frappe en bas !... Vite à ton rôle.

(*Il écoute les voix qui se font entendre sur l'escalier.*)

Vive Dieu! c'est Antonio avec la Faustina. Ils viennent nous chercher. Mets vite ton masque !... ton man-

22.

teau!... un manteau de satin rose doublé de cygne! c'est charmant!... Allons, cher Gabriel! à présent que je ne vois plus ton visage ni tes bras, je me rappelle que tu es mon camarade... Viens!... égaie-toi un peu. Allons, vive la joie!

(Ils sortent.)

SCÈNE VI.

(*Chez Ludovic. Un boudoir à demi éclairé, donnant sur une galerie très-riche, et au fond un salon étincelant.*)

GABRIEL, *déguisé en femme, est assis sur un sofa;* ASTOLPHE *entre, donnant le bras à la* FAUSTINA.

FAUSTINA, d'un ton aigre.

Un boudoir? Oh! qu'il est joli! mais nous sommes trop d'une ici.

GABRIEL, froidement.

Madame a raison, et je lui cède la place.

(Il se lève.)

FAUSTINA.

Il paraît que vous n'êtes pas jalouse?

ASTOLPHE.

Elle aurait grand tort! Je le lui ai dit, elle peut être bien tranquille.

GABRIEL.

Je ne suis ni très-jalouse ni très-tranquille; mais je baisse pavillon devant madame.

FAUSTINA.

Je vous prie de rester, madame...

ASTOLPHE.

Je te prie de l'appeler mademoiselle, et non pas madame.

FAUSTINA, *riant aux éclats.*

Ah bien ! oui, mademoiselle ! Tu serais un grand sot, mon pauvre Astolphe !...

ASTOLPHE.

Ris tant que tu voudras ; si je pouvais t'appeler mademoiselle, je t'aimerais peut-être encore.

FAUSTINA.

Et j'en serais bien fâchée, car ce serait un amour à périr d'ennui.

(*A Gabriel.*)

Est-ce que cela vous amuse, l'amour platonique ?

(*A part.*)

Vraiment, elle rougit comme si elle était tout à fait innocente. Où diable Astolphe l'a-t-il pêchée ?

ASTOLPHE.

Faustina, tu crois à ma parole d'honneur ?

FAUSTINA.

Mais, oui.

ASTOLPHE.

Et bien ! je te jure sur mon honneur (non pas sur le tien) qu'elle n'est pas ma maîtresse, et que je la respecte comme ma sœur.

FAUSTINA.

Tu comptes donc en faire ta femme ? En ce cas, tu es un grand sot de l'amener ici ; car elle y apprendra beaucoup de choses qu'elle est censée ne pas savoir.

ASTOLPHE.

Au contraire, elle y prendra l'horreur du vice en vous voyant, toi et tes semblables.

FAUSTINA.

C'est sans doute pour lui inspirer cette horreur bien profondément que tu m'amenais ici avec des intentions fort peu vertueuses? Madame... ou mademoiselle... vous pouvez m'en croire, il ne comptait pas vous trouver sur ce sofa. Je n'ai pas de parole d'honneur, moi, mais monsieur votre fiancé en a une; faites-la-lui donner!... qu'il ose dire pourquoi il m'amène ici! Or, vous pouvez rester; c'est une leçon de vertu qu'Astolphe veut vous donner.

GABRIEL, *à Astolphe.*

Je ne saurais souffrir plus long-temps l'impudence de pareils discours; je me retire.

ASTOLPHE, *bas.*

Comme tu joues bien la comédie! On dirait que tu es une jeune *lady* bien prude.

GABRIEL, *bas à Astolphe.*

Je t'assure que je ne joue pas la comédie. Tout ceci me répugne, laisse-moi m'en aller. Reste; ne te dérange pas de tes plaisirs pour moi.

ASTOLPHE.

Non, par tous les diables! Je veux châtier l'impertinence de cette pécore!

(*Haut.*)

Fausta, va-t'en, laisse-nous. J'avais envie de me venger d'Antonio; mais j'ai vu ma fiancée, je ne songe plus qu'à elle. Grand merci pour l'intention; bonsoir.

FAUSTINA, *avec fureur.*

Tu mériterais que je foulasse aux pieds la couronne de fleurs de cette prétendue fiancée, déjà veuve sans doute de plus de maris que tu n'as trahi de femmes.

(*Elle s'approche de Gabriel d'un air menaçant.*)

ASTOLPHE, *la repoussant.*

Fausta! si tu avais le malheur de toucher à un de ses cheveux, je t'attacherais les mains derrière le dos, j'appellerais mon valet de chambre, et je te ferais raser la tête.

(Faustina tombe sur le canapé, en proie à des convulsions. Gabriel s'approche d'elle.)

GABRIEL.

Astolphe, c'est mal de traiter ainsi une femme. Vois comme elle souffre!

ASTOLPHE.

C'est de colère, et non de douleur. Sois tranquille, elle est habituée à cette maladie.

GABRIEL.

Astolphe, cette colère est la pire de toutes les souffrances. Tu l'as provoquée, tu n'as plus le droit de la réprimer avec dureté. Dis-lui un mot de consolation. Tu l'avais amenée ici pour le plaisir, et non pour l'outrage.

(La Faustina feint de s'évanouir.)

Madame, remettez-vous; tout ceci est une plaisanterie. Je ne suis point une femme; je suis le cousin d'Astolphe.

ASTOLPHE.

Mon bon Gabriel, tu es vraiment fou!

FAUSTINA, *reprenant lentement ses esprits.*

Vraiment! vous êtes le prince de Bramante? ce n'est pas possible!... Mais si fait, je vous reconnais. Je vous ai vu passer à cheval l'autre jour, et vous montez à cheval mieux qu'Astolphe, mieux qu'Antonio lui-même, qui pourtant m'avait plu rien que pour cela.

ASTOLPHE.

Eh bien! voici une déclaration. J'espère que tu com-

prends, Gabriel, et que tu sauras profiter de tes avan-
tages. Ah! çà, Faustina, tu es une bonne fille, ne va
pas trahir le secret de notre mascarade. Tu en as été
dupe. Tâche de n'être pas la seule, ce serait honteux
pour toi.

FAUSTINA.

Je m'en garderai bien! je veux qu'Antonio soit mystifié, et le plus cruellement possible; car il est déjà éper-
dument amoureux de monsieur.

(*A Gabriel.*)

Bon! je l'aperçois qui vous lorgne du fond du salon.
Je vais vous embrasser pour le confirmer dans son
erreur.

GABRIEL, *reculant devant l'embrassade.*

Grand merci! je ne vais pas sur les brisées de mon
cousin.

FAUSTINA.

Oh! qu'il est vertueux! Est-ce qu'il est dévot? Eh
bien! ceci me plaît à la folie. Mon Dieu, qu'il est joli!
Astolphe, tu es encore amoureux de moi, car tu ne me
l'avais pas présenté; tu savais bien qu'on ne peut le voir
impunément. Est-ce que ces beaux cheveux sont à vous?
et quelles mains! c'est un amour!

ASTOLPHE, *à Faustina.*

Bon! tâche de le débaucher. Il est trop sage, vois-tu!

(*A Gabriel.*)

Eh bien! voyons! Elle est belle, et tu es assez beau
pour ne pas craindre qu'on t'aime pour ton argent. Je
vous laisse ensemble.

GABRIEL, *s'attachant à Astolphe.*

Non, Astolphe, ce serait inutilement; je ne sais pas
ce que c'est que d'offenser une femme, et je ne pourrais
pas la mépriser assez pour l'accepter ainsi.

FAUSTINA.

Ne le tourmente pas, Astolphe, je saurai bien l'apprivoiser quand je voudrai. Maintenant songeons à mystifier Antonio. Le voilà, brûlant d'amour et palpitant d'espérance, qui erre autour de cette porte. Qu'il a l'air lourd et suffisant! Allons un peu vers lui.

GABRIEL, *à Astolphe.*

Laisse-moi me retirer. Cette plaisanterie me fatigue. Cette robe me gêne, et ton Antonio me déplaît!

FAUSTINA.

Raison de plus pour te moquer de lui, mon beau chérubin! Oh! Astolphe, si tu avais vu comme Antonio poursuivait ton cousin pendant que tu dansais la tarentelle! Il voulait absolument l'embrasser, et cet ange se défendait avec une pudeur si bien jouée!

ASTOLPHE.

Allons, tu peux bien te laisser embrasser un peu pour rire; qu'est-ce que cela te fait? Ah! Gabriel, je t'en prie, ne nous quitte pas encore. Si tu t'en vas, je m'en vais aussi; et ce serait dommage, j'ai si bonne envie de me divertir!

GABRIEL.

Alors je reste.

FAUSTINA.

L'aimable enfant!

(*Ils sortent. Antonio les accoste dans la galerie. Après quelques mots échangés, Astolphe passe le bras de Gabriel sous celui d'Antonio et les suit avec Faustina en se moquant. Ils s'éloignent.*)

SCÈNE VII.

*(Toujours chez Ludovic. Un jardin. Illumina-
tion dans le fond.)*

ASTOLPHE, *très-agité ;* GABRIEL, *courant
après lui.*

GABRIEL, *toujours en femme, avec une grande
mantille de dentelle blanche.*

Astolphe, où vas-tu? qu'as-tu? pourquoi sembles-tu
me fuir?

ASTOLPHE.

Mais rien, mon enfant; je veux respirer un peu d'air
pur, voilà tout. Tout ce bruit, tout ce vin, tous ces
parfums échauffés me portent à la tête, et commencent
à me causer du dégoût. St tu veux te retirer, je ne te
retiens plus. Je te rejoindrai bientôt.

GABRIEL.

Pourquoi ne pas rentrer tout de suite avec moi?

ASTOLPHE.

J'ai besoin d'être seul ici un instant.

GABRIEL.

Je comprends. Encore quelque femme?

ASTOLPHE.

Eh bien! non; une querelle, puisque tu veux le savoir. Si tu n'étais pas déguisé, tu pourrais me servir de
témoin; mais j'ai appelé Menrique.

GABRIEL.

Et tu crois que je te quitterai? Mais avec qui t'es-tu
donc pris de querelle?

ASTOLPHE.

Tu le sais bien : avec Antonio.

GABRIEL.

Alors c'est une plaisanterie, et il faut que je reste pour lui apprendre que je suis ton cousin, et non pas une femme.

ASTOLPHE.

Il n'en sera que plus furieux d'avoir été mystifié devant tout le monde, et je n'attendrai pas qu'il me provoque, car c'est à lui de me rendre raison.

GABRIEL.

Et de quoi, mon Dieu ?

ASTOLPHE.

Il t'a offensé, il m'a offensé aussi. Il t'a embrassé de force devant moi, quand je jouais le rôle de jaloux, et que je lui ordonnais de te laisser tranquille.

GABRIEL.

Mais, puisque tout cela est une comédie inventée par toi, tu n'as pas le droit de prendre la chose au sérieux.

ASTOLPHE.

Si fait, je prends celle-ci au sérieux.

GABRIEL.

S'il a été impertinent, c'est avec moi, et c'est à moi de lui demander raison.

ASTOLPHE, *très-ému, lui prenant le bras.*

Toi ! jamais tu ne te battras tant que je vivrai ! Mon Dieu ! si je voyais un homme tirer l'épée contre toi, je deviendrais assassin, je le frapperais par derrière. Ah ! Gabriel, tu ne sais pas comme je t'aime, je ne le sais pas moi-même.

GABRIEL, *troublé.*

Tu es très-exalté aujourd'hui, mon bon frère.

ASTOLPHE.

C'est possible. J'ai été pourtant très-sobre au souper.
Tu l'as remarqué? Eh bien! je me sens plus ivre que
si j'avais bu pendant trois nuits.

GABRIEL.

Cela est étrange! quand tu as provoqué Antonio, tu
étais hors de toi, et j'admirais, moi aussi, comme tu
joues bien la comédie.

ASTOLPHE.

Je ne la jouais pas, j'étais furieux! Je le suis encore.
Quand j'y pense, la sueur me coule du front.

GABRIEL.

Il ne t'a pourtant rien dit d'offensant. Il riait; tout le
monde riait.

ASTOLPHE.

Excepté toi. Tu paraissais souffrir le martyre.

GABRIEL.

C'était dans mon rôle.

ASTOLPHE.

Tu l'as si bien joué que j'ai pris le mien au sérieux,
je te le répète. Tiens, Gabriel, je suis un peu fou cette
nuit. Je suis sous l'empire d'une étrange illusion. Je
me persuade que tu es une femme, et, quoique je sache le contraire, cette chimère s'est emparée de mon
imagination comme ferait la réalité, plus peut-être; car,
sous ce costume, j'éprouve pour toi une passion enthousiaste, craintive, jalouse, chaste, comme je n'en
éprouverai certainement jamais. Cette fantaisie m'a
enivré toute la soirée. Pendant le souper, tous les regards étaient sur toi; tous les hommes partageaient mon
illusion, tous voulaient toucher le verre où tu avais
posé tes lèvres, ramasser les feuilles de rose échappées
à la guirlande qui ceint ton front. C'était un délire! Et

moi j'étais ivre d'orgueil, comme si en effet tu eusses été ma fiancée! On dit que Benvenuto, à un souper chez Michel-Ange, conduisit son élève Ascanio, ainsi déguisé, parmi les plus belles filles de Florence, et qu'il eut toute la soirée le prix de la beauté. Il était moins beau que toi, Gabriel, j'en suis certain... Je te regardais à l'éclat des bougies, avec ta robe blanche et tes beaux bras languissants dont tu semblais honteux, et ton sourire mélancolique dont la candeur contrastait avec l'impudence mal replâtrée de toutes ces bacchantes!... J'étais ébloui! O puissance de la beauté et de l'innocence! cette orgie était devenue paisible et presque chaste! Les femmes voulaient imiter ta réserve, les hommes étaient subjugués par un secret instinct de respect; on ne chantait plus les stances d'Arétin, aucune parole obscène n'osait plus frapper ton oreille... J'avais oublié complétement que tu n'es pas une femme... J'étais trompé tout autant que les autres. Et alors ce fat d'Antonio est venu, avec son œil aviné et ses lèvres toutes souillées encore des baisers de Faustina, te demander un baiser que, moi, je n'aurais pas osé prendre... Alors mille furies se sont allumées dans mon sein : je l'aurais tué certainement, si on ne m'eût tenu de force, et je l'ai provoqué... Et à présent que je suis dégrisé, tout en m'étonnant de ma folie, je sens qu'elle serait prête à renaître, si je le voyais encore auprès de toi.

GABRIEL.

Tout cela est l'effet de l'excitation du souper. La morale fait bien de réprouver ces sortes de divertissements. Tu vois qu'ils peuvent allumer en nous des feux impurs, et dont la seule idée nous eût fait frémir de sang-froid. Ce jeu a duré trop long-temps, Astolphe; je vais me retirer et dépouiller ce dangereux travestissement pour ne jamais le reprendre.

ASTOLPHE.

Tu as raison, mon Gabriel. Va, je te rejoindrai bientôt.

GABRIEL.

Je ne m'en irai pourtant pas sans que tu me promettes de renoncer à cette folle querelle et de faire la paix avec Antonio. J'ai chargé la Faustina de le détromper. Tu vois qu'il ne vient pas au rendez-vous, et qu'il se tient pour satisfait.

ASTOLPHE.

Eh bien! j'en suis fâché; j'éprouvais le besoin de me battre avec lui! Il m'a enlevé la Faustina : je n'en ai pas regret; mais il l'a fait pour m'humilier, et tout prétexte m'eût été bon pour le châtier.

GABRIEL.

Celui-là serait ridicule. Et, qui sait? de méchants esprits pourraient y trouver matière à d'odieuses interprétations.

ASTOLPHE.

C'est vrai! Périsse mon ressentiment, périssent mon honneur et ma bravoure, plutôt que cette fleur d'innocence qui revêt ton nom.... Je te promets de tourner l'affaire en plaisanterie.

GABRIEL.

Tu m'en donnes ta parole?

ASTOLPHE.

Je te le jure!

(*Ils se serrent la main.*)

GABRIEL.

Les voici qui viennent en riant aux éclats. Je m'esquive.

(A part.)

Il est bien temps, mon Dieu ! Je suis plus troublé, plus éperdu que lui.

(Il s'enveloppe dans sa mantille, Astolphe l'aide à s'arranger.)

ASTOLPHE, *le serrant dans ses bras.*

Ah ! c'est pourtant dommage que tu sois un garçon ! Allons, va-t'en. Tu trouveras ta voiture au bas du perron, par ici !...

(Gabriel disparaît sous les arbres, Astolphe le suit des yeux et reste absorbé quelques instants. Au bruit des rires d'Antonio et de Faustina, il passe la main sur son front, comme au sortir d'un rêve.)

SCÈNE VIII.

ASTOLPHE, ANTONIO, FAUSTINA, MENRIQUE;
GROUPES DE JEUNES GENS ET DE COURTISANES.

ANTONIO.

Ah ! la bonne histoire ! J'ai été dupe au delà de la permission ; mais, ce qui me console, c'est que je ne suis pas le seul.

MENRIQUE.

Ah ! je crois bien, j'ai soupiré tout le temps du souper, et, en ôtant sa robe ce soir, il trouvera un billet doux de moi dans sa poche.

FAUSTINA.

Le bel espiègle rira bien de vous tous.

ANTONIO.

Et de vous toutes !

23

FAUSTINA.

Excepté de moi. Je l'ai reconnu tout de suite.

ASTOLPHE, *à Antonio.*

Tu ne m'en veux pas trop?

ANTONIO, *lui serrant la main.*

Allons donc! je te dois mille louanges. Tu as joué
ton rôle comme un comédien de profession. Othello ne
fut jamais mieux rendu.

MENRIQUE.

Mais où est donc passé ce beau garçon? A présent
nous pourrons bien l'embrasser sans façon sur les deux
joues.

ASTOLPHE.

Il a été se déshabiller, et je ne crois pas qu'il revienne; mais demain je vous invite tous à déjeuner
chez moi avec lui.

FAUSTINA.

Nous en sommes?

ASTOLPHE.

Non, au diable les femmes!

SCÈNE IX.

MARC, GABRIEL.

*(La chambre de Gabriel dans la maison d'As-
tolphe. Gabriel, vêtu en femme et enveloppé
de son manteau et de son voile, entre et réveille Marc qui dort sur une chaise.)*

MARC.

Ah! mille pardons!... Madame demande le seigneur
Astolphe. Il n'est pas rentré... C'est ici la chambre du
seigneur Gabriel.

GABRIEL, *jetant son voile et son manteau sur une chaise.*

Tu ne me reconnais donc pas, vieux Marc?

MARC, *se frottant les yeux.*

Bon Dieu! que vois-je?... En femme, monseigneur, en femme!

GABRIEL.

Sois tranquille, mon vieux, ce n'est pas pour long-temps.

(*Il arrache sa couronne et dérange avec empressement la symétrie de sa chevelure.*)

MARC.

En femme! J'en suis tout consterné! Que dirait son altesse?...

GABRIEL.

Ah! pour le coup, son altesse trouverait que je ne me conduis pas en homme. Allons, va te coucher, Marc. Tu me retrouveras demain plus garçon que jamais, je t'en réponds! Bonsoir, mon brave.

(*Marc sort.*)

GABRIEL, *seul.*

Otons vite la robe de Déjanire, elle me brûle la poitrine, elle m'enivre, elle m'oppresse! Oh! quel trouble, quel égarement, mon Dieu!... Mais comment m'y prendrai-je?... Tous ces lacets, toutes ces épingles...

(*Il déchire son fichu de dentelle et l'arrache par lambeaux.*)

Astolphe, Astolphe, ton trouble va cesser avec ton illusion. Quand j'aurai quitté ce déguisement pour reprendre l'autre, tu seras désenchanté. Mais moi, retrouverai-je sous mon pourpoint le calme de mon sang et l'innocence de mes pensées?.... Sa dernière étreinte me dévorait! Ah! je ne puis défaire ce corsage! Hâtons-nous!...

(*Il prend son poignard sur la table et coupe les lacets.*)

Maintenant, où ce vieux Marc a-t-il caché mon pourpoint? Mon Dieu! j'entends monter l'escalier, je crois!

(*Il court fermer la porte au verrou.*)

Il a emporté mon manteau et le voile!... Vieux dormeur! Il ne savait ce qu'il faisait... Et les clefs de mes coffres sont restées dans sa poche, je gage... Rien! pas un vêtement, et Astolphe qui va vouloir causer avec moi en rentrant... Si je ne lui ouvre pas, j'éveillerai ses soupçons! Maudite folie!.... Ah! avant qu'il entre ici, je trouverai un manteau dans sa chambre...

(*Il prend un flambeau, ouvre une petite porte de côté et entre dans la chambre voisine. Un instant de silence, puis un cri.*)

ASTOLPHE, *dans la chambre voisine.*

Gabriel, tu es une femme! O mon Dieu!

(*On entend tomber le flambeau. La lumière disparaît. Gabriel rentre éperdu. Astolphe le suit dans les ténèbres et s'arrête au seuil de la porte.*)

ASTOLPHE.

Ne crains rien, ne crains rien! Maintenant je ne franchirai plus cette porte sans ta permission.

(*Tombant à genoux.*)

O mon Dieu, je vous remercie!

FIN DE LA DEUXIÈME PARTIE.

TROISIÈME PARTIE.

(Dans un vieux petit castel pauvre et délabré, appartenant à Astolphe, et situé au fond des bois. Une pièce sombre avec des meubles antiques et fanés.)

SCÈNE PREMIÈRE.

SETTIMIA, BARBE, GABRIELLE, FRÈRE COME.

(Settimia et Barbe travaillent près d'une fenêtre; Gabrielle brode au métier, près de l'autre fenêtre; frère Côme va de l'une à l'autre, en se traînant lourdement, et s'arrêtant toujours près de Gabrielle.)

FRÈRE COME, *à Gabrielle, à demi-voix.*

Eh bien, signora, irez-vous encore à la chasse demain?

GABRIELLE, *de même, d'un ton froid et brusque.*

Pourquoi pas, frère Côme, si mon mari le trouve bon?

FRÈRE COME.

Oh! vous répondez toujours de manière à couper court à toute conversation!

GABRIELLE.

C'est que je n'aime guère les paroles inutiles.

FRÈRE COME.

Eh bien, vous ne me rebuterez pas si aisément, et je trouverai matière à une réflexion sur votre réponse.

(Gabrielle garde le silence, Côme reprend.)

C'est qu'à la place d'Astolphe je ne vous verrais pas volontiers galoper, sur un cheval ardent, parmi les marais et les broussailles.

(Gabrielle garde toujours le silence, Côme reprend en baissant la voix de plus en plus.)

Oui ! si j'avais le bonheur de posséder une femme jeune et belle, je ne voudrais pas qu'elle s'exposât ainsi...

(Gabrielle se lève.)

SETTIMIA, *d'une voix sèche et aigre.*

Vous êtes déjà lasse de notre compagnie ?

GABRIELLE.

J'ai aperçu Astolphe dans l'allée de marronniers ; il m'a fait signe, et je vais le rejoindre.

FRÈRE COME, *bas.*

Vous accompagnerai-je jusque-là ?

GABRIELLE, *haut.*

Je veux aller seule.

(Elle sort. Frère Côme revient vers les autres en ricanant.)

FRÈRE COME.

Vous l'avez entendue ? Vous voyez comme elle me reçoit ? Il faudra, madame, que votre seigneurie me dispense de travailler à l'œuvre de son salut ; je suis découragé de ses rebuffades : c'est un petit esprit fort, rempli d'orgueil, je vous l'ai toujours dit.

SETTIMIA.

Votre devoir, mon père, est de ne point vous décourager quand il s'agit de ramener une âme égarée ; je n'ai pas besoin de vous le dire.

BARBE *se lève, met ses lunettes sur son nez et va examiner le métier de Gabrielle.*

J'en étais sûre ! pas un point depuis hier ! Vous croyez qu'elle travaille ? elle ne fait que casser des fils, perdre des aiguilles et gaspiller de la soie. Voyez comme ses écheveaux sont embrouillés !

FRÈRE COME, *regardant le métier.*

Elle n'est pourtant pas maladroite ! Voilà une fleur tout à fait jolie et qui ferait bien sur un devant d'autel. Regardez cette fleur, ma sœur Barbe ! vous n'en feriez pas autant peut-être.

BARBE, *aigrement.*

J'en serais bien fâchée. A quoi cela sert-il, toutes ces belles fleurs-là ?

FRÈRE COME.

Elle dit que c'est pour faire une doublure de manteau à son mari.

SETTIMIA.

Belle sottise ! son mari a bien besoin d'une doublure brodée en soie quand il n'a pas seulement le moyen d'avoir le manteau ! Elle ferait mieux de raccommoder le linge de la maison avec nous.

BARBE.

Nous n'y suffisons pas. A quoi nous aide-t-elle ? à rien !

SETTIMIA.

Et à quoi est-elle bonne ? à rien d'utile. Ah ! c'est un grand malheur pour moi qu'une bru semblable ! Mais mon fils ne m'a jamais causé que des chagrins.

FRÈRE COME.

Elle paraît du moins aimer beaucoup son mari !...

(*Un silence.*)

Croyez-vous qu'elle aime beaucoup son mari?

(*Silence.*)

Dites, ma sœur Barbe?

BARBE.

Ne me demandez rien là-dessus. Je ne m'occupe pas de leurs affaires.

SETTIMIA.

Si elle aimait son mari, comme il convient à une femme pieuse et sage, elle s'occuperait un peu plus de ses intérêts, au lieu d'encourager toutes ses fantaisies et de l'aider à faire de la dépense.

FRÈRE COME.

Ils font beaucoup de dépense?

SETTIMIA.

Ils font toute celle qu'ils peuvent faire. A quoi leur servent ces deux chevaux fins qui mangent jour et nuit à l'écurie, et qui n'ont pas la force de labourer ou de traîner le chariot?

BARBE, *ironiquement.*

A chasser! C'est un si beau plaisir que la chasse!

SETTIMIA.

Oui, un plaisir de prince! Mais quand on est ruiné, on ne doit plus se permettre un pareil train.

FRÈRE COME.

Elle monte à cheval comme saint Georges.

BARBE.

Fi! frère Côme! ne comparez pas aux saints du paradis une personne qui ne se confesse pas, et qui lit toute sorte de livres.

SETTIMIA, *laissant tomber son ouvrage.*

Comment! toute sorte de livres! Est-ce qu'elle aurait introduit de mauvais livres dans ma maison?

BARBE.

Des livres grecs, des livres latins. Quand ces livres-
là ne sont ni les Heures du diocèse, ni le saint Évangile,
ni les Pères de l'Église, ce ne peuvent être que des livres païens ou hérétiques! Tenez, en voici un des moins
gros que j'ai mis dans ma poche pour vous le montrer.

FRÈRE COME, *ouvrant le livre.*

Thucydide! Oh! nous permettons cela dans les col-
léges... Avec des coupures, on peut lire les auteurs pro-
fanes sans danger.

SETTIMIA.

C'est très-bien; mais, quand on ne lit que ceux-là,
on est bien près de ne pas croire en Dieu. Et n'a-t-elle
pas osé soutenir hier à souper que Dante n'était pas un
auteur impie?

BARBE.

Elle a fait mieux, elle a osé dire qu'elle ne croyait
pas à la damnation des hérétiques.

FRÈRE COME, *d'un ton cafard et dogmatique.*

Elle a dit cela? Ah! c'est fort grave! très-grave!

BARBE.

D'ailleurs, est-ce le fait d'une personne modeste de
faire sauter un cheval par-dessus les barrières?

SETTIMIA.

Dans ma jeunesse, on montait à cheval, mais avec
pudeur, et sans passer la jambe sur l'arçon. On suivait
la chasse avec un oiseau sur le poing; mais on allait
d'un train prudent et mesuré, et on avait un varlet qui
courait à pied tenant le cheval par la bride. C'était noble, c'était décent; on ne rentrait pas échevelée, et on
ne déchirait point ses dentelles à toutes les branches
pour faire assaut de course avec les hommes.

FRÈRE COME.

Ah! dans ce temps-là votre seigneurie avait une belle
suite et de riches équipages!

SETTIMIA.

Et je me faisais honneur de ma fortune sans permettre la moindre prodigalité. Mais le ciel m'a donné un
fils dissipateur, inconsidéré, méprisant les bons conseils,
cédant à tous les mauvais exemples, jetant l'or à pleines
mains; et, pour comble de malheur, quand je le croyais
corrigé, quand il semblait plus respectueux et plus tendre pour moi, voici qu'il m'amène une bru que je ne
connais pas, que personne ne connaît, qui sort on ne
sait d'où, qui n'a aucune fortune, et peut-être encore
moins de famille.

FRÈRE COME.

Elle se dit orpheline et fille d'un honnête gentil-
homme?

BARBE.

Qui le sait? On ne l'entend jamais parler de ses parents ni de la maison de son père.

FRÈRE COME.

D'après ses habitudes, elle semblerait avoir été élevée
dans l'opulence. C'est quelque fille de grande maison
qui a épousé votre fils en secret contre le gré de ses parents. Peut-être elle sera riche un jour.

SETTIMIA.

C'est ce qu'il voulut me faire croire lorsqu'il m'an-
nonça ses projets, et je n'y ai pas apporté d'obstacle;
car la fausseté n'était pas au nombre de ses défauts. Mais
je vois bien maintenant que cette aventurière l'a entraîné dans la voie du mensonge, car rien ne vient à
l'appui de ce qu'il avait annoncé; et, quoique je vive
depuis longues années retirée du monde, il me paraît

très-difficile que la société ait assez changé pour qu'une pareille aventure se passe sans faire aucun bruit.

FRÈRE COME.

Il m'a semblé souvent qu'elle disait des choses contradictoires. Quand on lui fait des questions, elle se trouble, se coupe dans ses réponses, et finit par s'impatienter, en disant qu'elle n'est pas au tribunal de l'inquisition.

SETTIMIA.

Tout cela finira mal! J'ai eu du malheur toute ma vie, frère Côme! Un époux imprudent, fantasque (Dieu veuille avoir pitié de son âme!), et qui m'a été bien funeste. Il avait bien peu de chose à faire pour rester dans les bonnes grâces de son père. En flattant un peu son orgueil et ne le contre-carrant pas à tout propos, il eût pu l'engager à payer ses dettes et à faire quelque chose pour Astolphe. Mais c'était un caractère bouillant et impétueux comme son fils. Il prit à tâche de se fermer la maison paternelle, et nous portons aujourd'hui la peine de sa folie.

FRÈRE COME, *d'un air cafard et méchant.*

Le cas était grave... très-grave!...

SETTIMIA.

De quel cas voulez-vous parler?

FRÈRE COME.

Ah! votre seigneurie doit savoir à quoi s'en tenir. Pour moi, je ne sais que ce qu'on m'en a dit. Je n'avais pas alors l'honneur de confesser votre seigneurie.

(*Il ricane grossièrement.*)

SETTIMIA.

Frère Côme, vous avez quelquefois une singulière manière de plaisanter; je me vois forcée de vous le dire.

FRÈRE COME.

Moi, je ne vois pas en quoi la plaisanterie pourrait blesser votre seigneurie. Le prince Jules fut un grand pêcheur, et votre seigneurie était la plus belle femme de son temps... on voit bien encore que la renommée n'a rien exagéré à ce sujet ; et, quant à la vertu de votre seigneurie, elle était ce qu'elle a toujours été. Cela dut allumer dans l'âme vindicative du prince un grand ressentiment, et la conduite de votre beau-père dut détruire dans l'esprit du comte Octave, votre époux, tout respect filial. Quand de tels événements se passent dans les familles, et nous savons, hélas! qu'ils ne s'y passent que trop souvent, il est difficile qu'elles n'en soient pas bouleversées.

SETTIMIA.

Frère Côme, puisque vous avez ouï parler de cette horrible histoire, sachez que je n'aurais pas eu besoin de l'aide de mon mari pour repousser des tentatives aussi détestables. C'était à moi de me défendre et de m'éloigner. C'est ce que je fis. Mais c'était à lui de paraître tout ignorer, pour empêcher le scandale et pour ne pas amener son père à le déshériter. Qu'en est-il résulté? Astolphe, élevé dans une noble aisance, n'a pu s'habituer à la pauvreté. Il a dévoré en peu d'années son faible patrimoine; et aujourd'hui il vit de privations et d'ennuis au fond de la province, avec une mère qui ne peut que pleurer sur sa folie, et une femme qui ne peut pas contribuer à le rendre sage. Tout cela est triste, fort triste !

FRÈRE COME.

Eh bien ! tout cela peut devenir très-beau et très-riant ! Que le jeune Gabriel de Bramante meure avant

Astolphe, Astolphe hérite du titre et de la fortune de
son grand-père.

SETTIMIA.

Ah! tant que le prince vivra, il trouvera un moyen
de l'en empêcher. Fallût-il se remarier à son âge, il en
ferait la folie; fallût-il supposer un enfant issu de ce
mariage, il en aurait l'impudeur.

FRÈRE COME.

Qui le croirait?

SETTIMIA.

Nous sommes dans la misère; il est tout-puissant!

FRÈRE COME.

Mais, savez-vous ce qu'on dit? Une chose dont j'ose
à peine vous parler, tant je crains de vous donner une
folle espérance.

BARBE.

Quoi donc? Dites, frère Côme!

FRÈRE COME.

Eh bien! on dit que le jeune Gabriel est mort.

SETTIMIA.

Sainte Vierge! serait-il bien possible! Et Astolphe qui
n'en sait rien!... Il ne s'occupe jamais de ce qui devrait l'intéresser le plus au monde.

FRÈRE COME.

Oh! ne nous réjouissons pas encore! Le vieux prince
nie formellement le fait. Il dit que son petit-fils voyage
à l'étranger, et le prouve par des lettres qu'il en reçoit
de temps en temps.

SETTIMIA.

Mais ce sont peut-être des lettres supposées!

FRÈRE COME.

Peut-être! Cependant il n'y a pas assez long-temps

24.

que le jeune homme a disparu pour qu'on soit fondé à
le soutenir.

BARBE.

Le jeune homme a disparu?

FRÈRE COME.

Il avait été élevé à la campagne, caché à tous les yeux.
On pouvait croire qu'étant né d'un père faible et mort
prématurément de maladie, il serait rachitique et destiné à une fin semblable. Cependant, lorsqu'il parut à
Florence l'an passé, on vit un joli garçon bien constitué,
quoique délicat et svelte comme son père, mais frais
comme une rose, allègre, hardi, assez mauvais sujet,
courant un peu le guilledou, et même avec Astolphe,
qui s'était lié avec lui d'amitié, et qui ne le conduisait
pas trop maladroitement à encourir la disgrâce du grand-
père.

(*Settimia fait un geste d'étonnement.*)

Oh! nous n'avons pas su tout cela. Astolphe a eu le
bon esprit de n'en rien dire, ce qui ferait croire qu'il
n'est pas si fou qu'on le croit...

SETTIMIA, *avec fierté.*

Frère Côme, Astolphe n'aurait pas fait un pareil cal-
cul! Astolphe est la franchise même.

FRÈRE COME.

Cependant son mariage vous laisse bien des doutes sur
sa véracité. Mais passons.

SETTIMIA.

Oui, oui, racontez-moi ce que vous savez. Qui donc
vous a dit tout cela?

FRÈRE COME.

Un des frères de notre couvent qui arrive de Toscane,
et avec qui j'ai causé ce matin.

SETTIMIA.

Voyez un peu! Et nous ne savons rien ici de ce qui se passe, nous autres! Eh bien?

FRÈRE COME.

Le jeune prince, ayant donc fait grand train dans la ville, disparut une belle nuit. Les uns disent qu'il a enlevé une femme; d'autres, qu'il a été enlevé lui-même par ordre de son grand-père, et mis sous clef dans quelque château, en attendant qu'il se corrige de son penchant à la débauche; d'autres enfin pensent que, dans quelque tripot, il aura reçu une estocade qui l'aura envoyé *ad patres*, et que le vieux Jules cache sa mort pour ne pas vous réjouir trop tôt et pour retarder autant que possible le triomphe de la branche cadette. Voilà ce qu'on m'a dit; mais n'y ajoutez pas trop de foi, car tout cela peut être erroné.

SETTIMIA.

Mais il peut y avoir du vrai dans tout cela, et il faut absolument le savoir. Ah! mon Dieu! et Astolphe qui ne se remue pas!... Il faut qu'il parte à l'instant pour Florence.

SCÈNE II.

ASTOLPHE, LES PRÉCÉDENTS.

FRÈRE COME.

Justement, vous arrivez bien à propos; nous parlions de vous.

ASTOLPHE, *sèchement.*

Je vous en suis grandement obligé. Ma mère, comment vous portez-vous aujourd'hui?

SETTIMIA.

Ah! mon fils! je me sens ranimée, et, si je pouvais

croire à ce qui a été rapporté au frère Côme, je serais guérie pour toujours.

ASTOLPHE.

Le frère Côme peut être un grand médecin; mais je l'engagerai à se mêler fort peu de notre santé à tous, de nos affaires encore moins.

FRÈRE COME.

Je ne comprends pas...

ASTOLPHE.

Bien. Je me ferai comprendre; mais pas ici.

SETTIMIA, *toute préoccupée et sans faire attention à ce que dit Astolphe.*

Astolphe, écoute donc! Il dit que l'héritier de la branche aînée a disparu, et qu'on le croit mort.

ASTOLPHE.

Cela est faux; il est en Angleterre, où il achève son éducation. J'ai reçu une lettre de lui dernièrement.

SETTIMIA, *avec abattement.*

En vérité?

BARBE.

Hélas!

FRÈRE COME.

Adieu tous nos rêves!

ASTOLPHE.

Pieux sentiments! charitable oraison funèbre! Ma mère, si c'est là la piété chrétienne comme l'enseigne le frère Come, vous me permettrez de faire schisme. Mon cousin est un charmant garçon, plein d'esprit et de cœur. Il m'a rendu des services; je l'estime, je l'aime; et, s'il venait à mourir, personne ne le regretterait plus profondément que moi.

FRÈRE COME, *d'un air malin.*

Ceci est fort adroit et fort spirituel!

ASTOLPHE.

Gardez vos éloges pour ceux qui en font cas.

SETTIMIA.

Astolphe, est-il possible? Tu étais lié avec ce jeune homme, et tu ne nous en avais jamais parlé?

ASTOLPHE.

Ma mère, ce n'est pas ma faute si je ne puis pas dire toujours ce que je pense. Vous avez autour de vous des gens qui me forcent à refouler mes pensées dans mon sein. Mais aujourd'hui je serai très-franc, et je commence. Il faut que ce capucin sorte d'ici pour n'y jamais reparaître.

SETTIMIA.

Bonté du ciel! Qu'entends-je? Mon fils parler de la sorte à mon confesseur!

ASTOLPHE.

Ce n'est pas à lui que je daigne parler, ma mère, c'est à vous..... Je vous prie de le chasser à l'heure même.

SETTIMIA.

Jésus! vous l'entendez. Ce fils impie donne des ordres à sa mère!

ASTOLPHE.

Vous avez raison, je ne devais pas m'adresser à vous, madame. Vous ne savez pas et ne pouvez pas savoir... ce que je ne veux pas dire. Mais cet homme me comprend.

(A frère Côme.)

Or donc, je vous parle, puisque j'y suis forcé. Sortez d'ici.

FRÈRE COME.

Je vois que vous êtes dans un accès de démence furieuse. Mon devoir est de ne pas vous induire au péché

en vous résistant. Je me retire en toute humilité , et je
laisse à Dieu le soin de vous éclairer, au temps et à l'oc-
casion celui de me disculper de tout ce dont il vous
plaira de m'accuser.

SETTIMIA.

Je ne souffrirai pas que sous mes yeux, dans ma maison, mon confesseur soit outragé et expulsé de la sorte.
C'est vous, Astolphe, qui sortirez de cet appartement et
qui n'y rentrerez que pour me demander pardon de vos
torts.

ASTOLPHE.

Je vous demanderai pardon , ma mère , et à genoux
si vous voulez ; mais d'abord je vais jeter ce moine par
la fenêtre.

*(Frère Côme, qui avait repris son impudence,
pâlit et recule jusqu'à la porte. Settimia tombe
sur une chaise prête à défaillir.)*

BARBE , *lui frottant les mains.*

Ave Maria! quel scandale! Seigneur, ayez pitié de
nous !...

FRÈRE COME.

Jeune homme! que le ciel vous éclaire!

*(Astolphe fait un geste de menace. Frère Côme
s'enfuit.)*

SCÈNE III.

SETTIMIA, BARBE, ASTOLPHE.

ASTOLPHE, *s'approchant de sa mère.*

Pour l'amour de moi, ma mère, reprenez vos sens.
J'aurais désiré que les choses se passassent moins brusquement , et surtout loin de votre présence. Je me l'é-

tais promis ; mais cela n'a pas dépendu de moi : le maintien cafard et impudent de cet homme m'a fait perdre le peu de patience que j'ai.

(Settimia pleure.)

BARBE.

Et que vous a-t-il donc fait, cet homme, pour vous mettre ainsi en fureur ?

ASTOLPHE.

Dame Barbe, ceci ne vous regarde pas. Laissez-moi seul avec ma mère.

BARBE.

Allez-vous donc me chasser de la maison, moi aussi ?

ASTOLPHE *lui prend le bras et l'emmène vers la porte.*

Allez dire vos prières, ma bonne femme, et n'augmentez pas, par votre humeur revêche, l'amertume qui règne ici.

(Barbe sort en grommelant.)

SCÈNE IV.

ASTOLPHE, SETTIMIA.

SETTIMIA, *sanglotant.*

Maintenant, me direz-vous, enfant dénaturé, pourquoi vous agissez de la sorte ?

ASTOLPHE.

Eh bien ! ma mère, je vous supplie de ne pas me le demander. Vous savez que je n'ai que trop d'indulgence dans le caractère, et que ma nature ne me porte ni au soupçon ni à la haine. Aimez-moi, estimez-moi assez pour me croire : j'avais des raisons de la plus haute

importance pour ne pas souffrir une heure de plus ce
moine ici.

SETTIMIA.

Et il faut que je me soumette à votre jugement intérieur, sans même savoir pourquoi vous me privez de la
compagnie d'un saint homme qui depuis dix ans a la
direction de ma conscience? Astolphe, ceci passe les li-
mites de la tyrannie.

ASTOLPHE.

Vous voulez que je vous le dise? Eh bien ! je vous le
dirai pour faire cesser vos regrets et pour vous montrer
entre quelles mains vous aviez remis les rênes de votre
volonté et les secrets de votre âme. Ce cordelier poursuivait ma femme de ses ignobles supplications.

SETTIMIA.

Votre femme est une impie. Il voulait la ramener au
devoir, et c'est moi qui l'avais invité à le faire.

ASTOLPHE.

O ma mère! vous ne comprenez pas, vous ne pouvez
pas comprendre... votre âme pure se refuse à de pareils
soupçons!... Ce misérable brûlait pour Gabrielle de
honteux désirs, et il avait osé le lui dire.

SETTIMIA.

Gabrielle a dit cela? Eh bien! c'est une calomnie.
Une pareille chose est impossible. Je n'y crois pas, je
n'y croirai jamais.

ASTOLPHE.

Une calomnie de la part de Gabrielle? Vous ne pensez pas ce que vous dites, ma mère !

SETTIMIA.

Je le pense! je le pense si bien que je veux la confondre en présence du frère Côme.

ASTOLPHE.

Vous ne feriez pas une pareille chose, ma mère! non, vous ne le feriez pas!

SETTIMIA.

Je le ferai! nous verrons si elle soutiendra son imposture en face de ce saint homme et en ma présence.

ASTOLPHE.

Son imposture? Est-ce un mauvais rêve que je fais? Est-ce de Gabrielle que ma mère parle ainsi? Que se passe-t-il donc dans le sein de cette famille où j'étais revenu, plein de confiance et de piété, chercher l'estime et le bonheur?

SETTIMIA.

Le bonheur! Pour le goûter, il faut le donner aux autres; et vous et votre femme ne faites que m'abreuver de chagrins.

ASTOLPHE.

Moi! si vous m'accusez, ma mère, je ne puis que baisser la tête et pleurer, quoique en vérité je ne me sente pas coupable; mais Gabrielle! quels peuvent donc être les crimes de cette douce et angélique créature?

SETTIMIA.

Ah! vous voulez que je vous les dise? Eh bien! je le veux, moi aussi; car il y a assez long-temps que je souffre en silence, et que je porte comme une montagne d'ennuis et de dégoûts sur mon cœur. Je la hais, votre Gabrielle; je la hais pour vous avoir poussé et pour vous aider tous les jours à me tromper en se faisant passer pour une fille de bonne maison et une riche héritière, tandis qu'elle n'est qu'une intrigante sans nom, sans fortune, sans famille, sans aveu, et, qui plus est, sans religion! Je la hais, parce qu'elle vous ruine en vous entraînant à de folles dépenses, à la révolte contre moi, à la haine

25

des personnes qui m'entourent et qui me sont chères...
Je la hais, parce que vous la préférez à moi; parce
qu'entre nous deux, s'il y a la plus légère dissidence,
c'est pour elle que vous vous prononcez, au mépris de
l'amour et du respect que vous me devez. Je la hais...

ASTOLPHE.

Assez, ma mère; de grâce, n'en dites pas davantage!
Vous la haïssez parce que je l'aime, c'est en dire assez.

SETTIMIA, *pleurant.*

Eh bien! oui! je la hais parce que vous l'aimez, et
vous ne m'aimez plus parce que je la hais. Voilà où
nous en sommes. Comment voulez-vous que j'accepte
une pareille préférence de votre part? Quoi! l'enfant
qui me doit le jour, que j'ai nourri de mon sein et bercé
sur mes genoux, le jeune homme que j'ai péniblement
élevé, pour qui j'ai supporté toutes les privations, à qui
j'ai pardonné toutes les fautes; celui qui m'a condamnée
aux insomnies, aux angoisses, aux douleurs de toute
espèce, et qui, au moindre mot de repentir et d'affection, a toujours trouvé en moi une inépuisable indulgence, une miséricorde infatigable : celui-là me préfère
une inconnue, une fille qui l'excite contre moi, une
créature sans cœur qui accapare toutes ses attentions,
toutes ses prévenances, et qui se tient tout le jour vis-
à-vis de moi dans une attitude superbe, sans daigner
apercevoir mes larmes et mes déchirements, sans vouloir répondre à mes plaintes et à mes reproches, impas-
sible dans son orgueil hypocrite, et dont le regard insolemment poli semble me dire à toute heure : — Vous
avez beau gronder, vous avez beau gémir, vous avez
beau menacer, c'est moi qu'il aime, c'est moi qu'il respecte, c'est moi qu'il craint! Un mot de ma bouche, un
regard de mes yeux, le feront tomber à mes genoux et

me suivre, fallût-il vous abandonner sur votre lit de
mort, fallût-il marcher sur votre corps pour venir à
moi! Mon Dieu, mon Dieu! et il s'étonne que je la déteste, et il veut que je l'aime!

(*Elle sanglote.*)

ASTOLPHE, *qui a écouté sa mère dans un profond
silence, les bras croisés sur sa poitrine.*

O jalousie de la femme! soif inextinguible de domination! Est-il possible que tu viennes mêler ta détestable
influence aux sentiments les plus purs et les plus sacrés
de la nature! Je te croyais exclusivement réservée aux
vils tourments des âmes lâches et vindicatives. Je t'avais
vue régner dans le langage impur des courtisanes; et,
dans les ardeurs brutales de la débauche, j'avais lutté
moi-même contre tes instincts féroces qui me rabais-
saient à mes propres yeux. Quelquefois aussi, ô jalousie!
je t'avais vue de loin avilir la dignité du lien conjugal,
et mêler à la joie des saintes amours les discordes honteuses, les ridicules querelles qui dégradent également
celui qui les suscite et celui qui les supporte. Mais je
n'aurais jamais pensé que dans le sanctuaire auguste de
la famille, entre la mère et ses enfants (lien sacré que
la Providence semble avoir épuré et ennobli jusque chez
la brute), tu osasses venir exercer tes fureurs! O dé-
plorable instinct, funeste besoin de souffrir et de faire
souffrir! est-il possible que je te rencontre jusque dans
le sein de ma mère!

(*Il cache son visage dans ses mains et dévore
ses larmes.*)

SETTIMIA *essuie les siennes et se lève.*

Mon fils, la leçon est sévère! Je ne sais pas jusqu'à
quel point il sied à un fils de la donner à sa mère; mais,
de quelque part qu'elle me vienne, je la recevrai comme

une épreuve à laquelle Dieu me condamne. Si je l'ai méritée de vous, elle est assez cruelle pour expier tous les torts que vous pouvez avoir à me reprocher.

(Elle veut se retirer.)

ASTOLPHE, *tâchant de la retenir.*

Pas ainsi, ma mère, ne me quittez pas ainsi. Vous souffrez trop, et moi aussi!

SETTIMIA.

Laissez-moi me retirer dans mon oratoire, Astolphe. J'ai besoin d'être seule et de demander à Dieu si je dois jouer ici le rôle d'une mère outragée ou celui d'une esclave craintive et repentante.

(Elle sort.)

SCÈNE V.

ASTOLPHE, *seul; puis* GABRIELLE.

ASTOLPHE.

Orgueil! toute femme est ta victime, tout amour est ta proie!... excepté toi, excepté ton amour, ô ma Gabrielle!... ô ma seule joie, ô le seul être généreux et vraiment grand que j'aie rencontré sur la terre!

GABRIELLE, *se jetant à son cou.*

Mon ami, j'ai tout entendu. J'étais là sous la fenêtre, assise sur le banc. Je sais tout ce qui se passe maintenant dans la famille à cause de moi. Je sais que je suis un sujet de scandale, une source de discorde, un objet de haine.

ASTOLPHE.

O ma sœur! ô ma femme! depuis que je t'aime, je croyais qu'il ne m'était plus possible d'être malheureux! Et c'est ma mère!...

GABRIELLE.

Ne l'accuse pas, mon bien-aimé, elle est vieille, elle est femme ! Elle ne peut vaincre ses préjugés, elle ne peut réprimer ses instincts. Ne te révolte pas contre des maux inévitables. Je les avais prévus dès le premier jour, et je ne t'aurais fait pressentir, pour rien au monde, ce qui t'arrive aujourd'hui. Le mal éclate toujours assez tôt.

ASTOLPHE.

O Gabrielle ! tu as entendu ses invectives contre toi !... Si toute autre que ma mère eût proféré la centième partie...

GABRIELLE.

Calme-toi ! tout cela ne peut m'offenser ; je saurai le supporter avec résignation et patience. N'ai-je pas dans ton amour une compensation à tous les maux ? et pourvu que tu trouves dans le mien la force de subir toutes les misères attachées à notre situation...

ASTOLPHE.

Je puis tout supporter, excepté de te voir avilie et persécutée.

GABRIELLE.

Ces outrages ne m'atteignent pas. Vois-tu, Astolphe, tu m'as fait redevenir femme, mais je n'ai pas tout à fait renoncé à être homme. Si j'ai repris les vêtements et les occupations de mon sexe, je n'en ai pas moins conservé en moi cet instinct de la grandeur morale et ce calme de la force qu'une éducation mâle a développés et cultivés dans mon sein. Il me semble toujours que je suis quelque chose de plus qu'une femme, et aucune femme ne peut m'inspirer ni aversion, ni ressentiment, ni colère. C'est de l'orgueil peut-être ; mais il me semble que je descendrais au-dessous de moi-même, si je me laissais émouvoir par de misérables querelles de ménage.

ASTOLPHE.

Oh ! garde cet orgueil, il est bien légitime..... Être adoré ! tu es plus grand à toi seul que tout ton sexe réuni. Rapportes-en l'honneur à ton éducation si tu veux ; moi, j'en fais honneur à ta nature, et je crois qu'il n'était pas besoin d'une destinée bizarre et d'une existence en dehors de toutes les lois pour que tu fusses le chef-d'œuvre de la création divine. Tu naquis douée de toutes les facultés, de toutes les vertus, de toutes les grâces, et l'on te méconnaît ! l'on te calomnie !...

GABRIELLE.

Que t'importe ? Laisse passer ces orages ; nos têtes sont à l'abri sous l'égide sainte de l'amour. Je m'efforcerai d'ailleurs de les conjurer. Peut-être ai-je eu des torts. J'aurais pu montrer plus de condescendance pour des exigences insignifiantes en elles-mêmes. Nos parties de chasse déplaisent, je puis bien m'en abstenir; on blâme nos idées sur la tolérance religieuse, nous pouvons garder le silence à propos ; on me trouve trop élégante et trop futile, je puis m'habiller plus simplement et m'assujettir un peu plus aux travaux du ménage.

ASTOLPHE.

Et voilà ce que je ne souffrirai pas. Je serais un misérable si j'oubliais quel sacrifice tu m'as fait en reprenant les habits de ton sexe et en renonçant à cette liberté, à cette vie active, à ces nobles occupations de l'esprit dont tu avais le goût et l'habitude. Renoncer à ton cheval ? hélas ! c'est le seul exercice qui ait préservé ta santé des altérations que ce changement d'habitudes commençait à me faire craindre. Restreindre ta toi-

lette? elle est déjà si modeste! et un peu de parure relève tant ta beauté! Jeune homme, tu aimais les riches
habits, et tu donnais à nos modes fantasques une grâce
et une poésie qu'aucun de nous ne pouvait imiter. L'a-
mour du beau, le sentiment de l'élégance est une des
conditions de ta vie, Gabrielle : tu étoufferais sous le
pesant vertugadin et sous le collet empesé de dame
Barbe. Les travaux du ménage gâteraient tes belles
mains, dont le contact sur mon front enlève tous les
soucis et dissipe tous les nuages. D'ailleurs que ferais-tu
de tes nobles pensées et des poétiques élans de ton intelligence au milieu des détails abrutissants et des prévisions égoïstes d'une étroite parcimonie? Ces pauvres
femmes les vantent par amour-propre, et vingt fois le
jour elles laissent percer le dégoût et l'ennui dont elles
sont abreuvées. Quant à renfermer tes sentiments généreux et à te soumettre aux arrêts de l'intolérance, tu
l'entreprendrais en vain. Jamais ton cœur ne pourra se
refroidir, jamais tu ne pourras abandonner le culte
austère de la vérité; et malgré toi les éclairs d'une cou-
rageuse indignation viendraient briller au milieu des ténèbres que le fanatisme voudrait étendre sur ton âme.
Si d'ailleurs toutes ces épreuves ne sont pas au-dessus
de tes forces, je sens, moi, qu'elles dépassent les miennes; je ne pourrais te voir opprimée sans me révolter
ouvertement. Tu as bien assez souffert déjà, tu t'es bien
assez immolée pour moi.

GABRIELLE.

Je n'ai pas souffert, je n'ai rien immolé; j'ai eu confiance en toi, voilà tout. Tu sais bien que je n'étais pas
assez faible d'esprit pour ne pas accepter les petites
souffrances que ces nouvelles habitudes dont tu parles
pouvaient me causer dans les premiers jours; j'avais

des répugnances mieux motivées, des craintes plus graves. Tu les as toutes dissipées; je ne suis pas descendue comme femme au-dessous du rang où, comme homme, ton amitié m'avait placée. Je n'ai pas cessé d'être ton frère et ton ami en devenant ta compagne et ton amante; ne m'as-tu pas fait des concessions, toi aussi? n'as-tu pas changé ta vie pour moi?

ASTOLPHE.

Oh! loue-moi de mes sacrifices! J'ai quitté le désordre dont j'étais harassé, et la débauche qui de plus en plus me faisait horreur, pour un amour sublime, pour des joies idéales! Et loue-moi aussi pour le respect et la vénération que je te porte! J'avais en toi le meilleur des amis; un soir Dieu fit un miracle et te changea en une maîtresse adorable: je ne t'en aimai que mieux. N'est-ce pas bien charitable et bien méritoire de ma part?

GABRIELLE.

Cher Astolphe, je vois que tu es calme: va embrasser et rassurer ta mère, ou laisse-moi lui parler pour nous deux. J'adoucirai son antipathie contre moi, je détruirai ses préventions; ma sincérité la touchera, j'en suis sûre; il est impossible qu'elle ne soit pas aimante et généreuse, elle est ta mère!...

ASTOLPHE.

Cher ange! oui, je suis calme. Quand je passe un instant près de toi, tout orage s'apaise, et la paix des cieux descend dans mon âme. J'irai trouver ma mère, je ferai acte de respect et de soumission, c'est tout ce qu'elle demande; après quoi nous partirons d'ici; car le mal est sans remède, je le sais, moi! Je connais ma mère, je connais les femmes, et tu ne les connais pas, toi qui n'es pas à moitié homme et à moitié femme comme tu le crois, mais un ange sous la forme humaine. Tu ferais ici de vains efforts de patience et de vertu, on n'y croirait pas ; et, si on y croyait, on te serait d'autant plus hostile qu'on serait plus humilié de ta supériorité. Tu sais bien que le coupable ne pardonne pas à l'innocent les torts qu'il 'a eus envers lui ; c'est une loi fatale de l'orgueil humain, de l'orgueil féminin surtout, qui ne connaît pas les secours du raisonnement et le frein de la force intelligente. Ma mère est orgueilleuse avant tout. Elle fut toujours un modèle des vertus domestiques ; tristes vertus, crois-moi, quand elles ne sont inspirées ni par l'amour ni par le dévouement. Pénétrée depuis long-temps de l'importance de son rôle dans la famille et du mérite avec lequel elle s'en est acquittée, elle songe beaucoup plus à maintenir ses prérogatives qu'à donner du bonheur à ceux qui l'entourent. Elle est de ces personnes qui passeront volontiers la nuit à raccommoder vos chausses, et qui d'un mot vous briseront le cœur, pensant que la peine qu'elles ont prise pour vous rendre un service matériel les autorise à vous causer toutes les douleurs de l'âme.

GABRIELLE.

Astolphe ! tu juges ta mère avec une bien froide sévérité. Hélas ! je vois que les meilleurs d'entre les hommes n'ont pour les femmes ni amour profond ni estime complète. On avait raison quand on m'enseignait si soigneusement dans mon enfance que ce sexe joue sur la terre le rôle le plus abject et le plus malheureux !

ASTOLPHE.

O mon amie ! c'est mon amour pour toi qui me donne le courage de juger ma mère avec cette sévérité. Est-ce à toi de m'en faire un reproche ? T'ai-je donc autorisée à plaindre si douloureusement la condition où je t'ai rétablie !

GABRIELLE, *l'embrassant avec effusion.*

Oh ! non, mon Astolphe, jamais ! Aussi je ne pense pas à moi quand je parle avec cette liberté des choses qui ne me regardent pas. Permets-moi pourtant d'insister en faveur de ta mère : ne la plonge pas dans le désespoir, ne la quitte pas à cause de moi.

ASTOLPHE.

Si je ne le fais pas aujourd'hui, elle m'y forcera demain. Tu oublies, ma chère Gabrielle, que tu es vis-à-vis d'elle dans une position délicate, et que tu ne pourras jamais la satisfaire sur ce qu'elle a tant à cœur de connaître : ton passé, ta famille, ton avenir.

GABRIELLE.

Il est vrai. Mon avenir surtout, qui peut le prévoir ? dans quel labyrinthe sans issue t'es-tu engagé avec moi ?

ASTOLPHE.

Et quel besoin avons-nous d'en sortir ? Errons ainsi toute notre vie, sans nous soucier d'atteindre le but de la fortune et des honneurs. Ne faisons-nous pas ensemble ce bizarre et délicieux voyage, qui n'aura pour terme que la mort ? N'es-tu pas à moi pour jamais ? Eh bien ! qu'avons-nous besoin l'un ou l'autre d'être riche et de nous appeler *prince de Bramante ?* Mon petit prince, garde ton titre, garde ton héritage, je n'en veux à aucun prix ; et si le vieux Jules trouve dans sa tortueuse cervelle quelque nouvelle invention cachée pour t'en dépouiller, console-toi de n'être qu'une femme, pauvre, inconnue au monde, mais riche de mon amour et glorieuse à mes yeux.

GABRIELLE.

Crains-tu que cela ne me suffise pas ?

ASTOLPHE, *la pressant dans ses bras.*

Non , en vérité ! je n'ai pas cette crainte. Je sens dans mon cœur comme tu m'aimes.

FIN DE LA TROISIÈME PARTIE.

QUATRIÈME PARTIE.

(Dans une petite maison de campagne isolée au fond des montagnes. Une chambre très-simple, arrangée avec goût. Des fleurs, des livres, des instruments de musique.)

SCÈNE PREMIÈRE.

GABRIELLE, *seule*.

(Elle dessine et s'interrompt de temps en temps pour regarder à la fenêtre.)

Marc reviendra peut-être aujourd'hui. Je voudrais qu'il arrivât avant qu'Astolphe fût de retour de sa promenade. J'aimerais à lui parler seule, à savoir de lui toute la vérité. Notre situation m'inquiète chaque jour davantage, car il me semble qu'Astolphe commence à s'en tourmenter étrangement... Je me trompe peut-être. Mais quel serait le sujet de sa tristesse ? Le malheur s'est étendu sur nous insensiblement, d'abord comme une langueur qui s'emparait de nos âmes, et puis comme une maladie qui les faisait délirer, et aujourd'hui comme une agonie qui les consume. Hélas ! l'amour est-il donc une flamme si subtile, qu'à la moindre atteinte portée à sa sainteté il nous quitte et remonte aux cieux ? Astolphe ! Astolphe ! tu as eu bien des torts envers moi, et tu as fait bien cruellement saigner ce cœur, qui te fut et qui te sera toujours fidèle ! Je t'ai tout pardonné, que Dieu te pardonne ! Mais c'est un grand crime d'avoir flétri un tel amour par le soupçon et la méfiance : et tu en portes la peine ; car cet amour s'est affaibli par sa violence même ; et tu sens chaque jour mourir en toi la flamme que tu as trop attisée par la jalousie. Malheureux ami ! c'est en vain que je t'invite à oublier le mal que tu nous as fait à tous deux ; tu ne le peux plus ! Ton âme a perdu la fleur de sa jeunesse magnanime ; un secret remords la contriste sans la préserver de nouvelles fautes. Ah ! sans doute il est dans l'amour un sanctuaire dans lequel on ne peut plus rentrer quand on a fait un seul pas hors de son enceinte, et la barrière qui nous séparait du mal ne peut plus être relevée. L'erreur succède à l'erreur, l'outrage à l'outrage, l'amertume grossit comme un torrent dont les digues sont rompues... Quel sera le terme de ses ravages ? Mon amour, à moi, peut-il devenir aussi sa proie ? Succombera-t-il à la fatigue, aux larmes, aux soucis rongeurs ? Il me semble qu'il est encore dans toute sa force, et que la souffrance ne lui a rien fait perdre. Astolphe a été insensé, mais non coupable ; ses torts furent presque involontaires, et toujours le repentir les effaça. Mais s'ils devenaient plus graves, s'il venait à m'outrager froidement, à m'imposer cette captivité à laquelle je me dévoue pour accéder à ses prières... pourrais-je le voir des mêmes yeux ? pourrais-je l'aimer de la même tendresse ?... Est-ce que ses égarements n'ont pas déjà enlevé quelque chose à mon enthousiasme pour lui ?... Mais il est impossible qu'Astolphe se refroidisse ou s'égare à ce point ! C'est une âme noble, désintéressée, généreuse jusqu'à l'héroïsme. Que ses défauts sont peu de chose au prix de ses vertus !... Hélas ! il fut un temps où il n'avait point de défauts !... O Astolphe ! que tu m'as fait de mal en détruisant en moi l'idée de ta perfection !

(On frappe.)

Qui vient ici ? C'est peut-être Marc.

SCÈNE II.

MARC, GABRIELLE.

MARC, *botté et le fouet en main.*

Me voici de retour, signora, un peu fatigué ; mais je n'ai pas voulu prendre un instant de repos que je ne vous eusse rendu un compte exact de mon message.

GABRIELLE.

Eh bien ! mon vieux ami, comment as-tu laissé mon grand-père ?

MARC.

Un peu mieux que je ne l'avais trouvé ; mais bien malade encore, et n'ayant pas, je pense, trois mois à vivre.

GABRIELLE.

A-t-il été bien irrité que je n'allasse point moi-même m'informer de ses nouvelles ?

MARC.

Un peu. Je lui ai dit, ainsi que cela était convenu, que votre seigneurie s'était démis la cheville à la chasse, et qu'elle était retenue sur son lit avec grand regret..

GABRIELLE.

Et il a demandé sans doute où j'étais ?

- MARC.

Sans doute, et j'ai répondu que vous étiez toujours à Cosenza. Sur quoi il a répliqué : « Il est à Cosenza cette année comme il était l'année dernière à Palerme,

et il était alors à Palerme comme il était l'année précédente à Gênes. » J'ai fait une figure très-étonnée, et,
comme il me croit parfaitement bête (c'est son expression), il a été complétement dupe de ma bonne foi.
« Comment, m'a-t-il dit, ne sais-tu pas où il va depuis
trois ans ? — Votre altesse sait bien, ai-je répondu, que
je garde pendant ce temps le palais que monseigneur
Gabriel occupe à Florence. Aux environs de la Saint-
Hubert, sa seigneurie part pour la chasse avec quelques
amis, tantôt les uns, tantôt les autres, et elle n'emmène que ses piqueurs et son page. Je voudrais bien
l'accompagner, mais elle me dit comme cela : « Tu es
trop vieux pour courir le cerf, mon pauvre Marc; tu
n'es plus bon qu'à garder la maison. Et la vérité est... »
Alors monseigneur m'a interrompu... « Moi, j'ai ouï
dire qu'il n'emmenait aucun de ses domestiques, et
qu'il partait toujours seul. Et l'on a remarqué qu'Astolphe Bramante quittait toujours Florence vers le même
temps. » Quand j'ai vu le prince si bien informé, j'ai
failli me déconcerter; mais il me croit si simple, qu'il
n'y a pas pris garde, et il a dit en se tournant vers
M. l'abbé Chiavari, votre précepteur : « L'abbé, tout
cela ne m'effraie guère. Il est bien évident qu'il y a de
l'amour sous jeu; mais ils sont plus embarrassés pour
sortir d'affaire que je ne le suis de les voir embarqués
dans cette sotte intrigue. »

GABRIELLE.

Et l'abbé, qu'a-t-il répondu ?

MARC.

Il a baissé les yeux en soupirant, et il a dit : *La
femme...*

GABRIELLE.

Eh bien ?

MARC.

... *Sera toujours femme!* Son altesse jouait avec votre petit chien, et semblait rire dans sa barbe blanche, ce qui m'a un peu effrayé; car, lorsque le prince rumine quelque chose de sinistre, il a coutume de sourire et de faire crier ce pauvre Mosca en lui tirant les oreilles.

GABRIELLE.

Et que t'a-t-il chargé de me dire?

MARC.

Il a parlé assez durement...

GABRIELLE.

Redis-le-moi sans rien adoucir.

MARC.

« Tu diras à ton seigneur Gabriel que, quelque plaisir qu'il prenne à la chasse, ou quelque entorse qu'il ait au pied, il ait à venir prendre mes ordres avant huit jours. Il a peu de temps à perdre, s'il veut me retrouver vivant, et s'il veut que je lui fasse conférer légalement son titre et son héritage, qui, après ma mort, pourraient fort bien lui être contestés avec succès. »

GABRIELLE.

Que voulait-il dire? Pense-t-il qu'Astolphe veuille faire du scandale pour rentrer dans ses droits?

MARC.

Il pense que le seigneur Astolphe a fortement la chose en tête; et si j'osais dire à votre seigneurie ce que j'en pense, moi aussi...

GABRIELLE.

Tu n'en penses rien, Marc.

MARC.

Monseigneur veut me fermer la bouche. Il n'en est pas moins de mon devoir de dire ce que je sais. Le seigneur Astolphe a fait venir l'été dernier à Florence la nourrice de votre seigneurie, et lui a offert de l'argent si elle voulait témoigner en justice de ce qu'elle sait et comment les choses se sont passées à la naissance de votre seigneurie...

GABRIELLE.

On t'a trompé, Marc; cela n'est pas.

MARC.

La nourrice me l'a dit elle-même ces jours-ci au château de Bramante, et m'a montré une belle bourse, bien ronde, que le seigneur Astolphe lui a donnée pour se taire du moins sur sa proposition; car elle lui a nié obstinément qu'elle eût nourri un enfant du sexe féminin.

GABRIELLE.

La trahison de cette femme est au plus offrant; car elle a été raconter cela à mon grand-père, sans aucun doute?

MARC.

Je le crains.

GABRIELLE.

Qu'importe? Astolphe a fait sans doute cette démarche pour éprouver la fidélité de mes gens.

MARC.

Quelle que soit l'intention du seigneur Astolphe, je crois qu'il serait temps que votre seigneurie obéît aux intentions de son grand-père; d'autant plus qu'au moment où je quittais le château l'abbé s'est approché de moi furtivement et m'a glissé ceci à l'oreille : « Dis à Gabriel, de la part d'un véritable ami, qu'il ne fasse pas d'imprudence; qu'il vienne trouver son grand-père, et lui obéisse ou feigne de lui obéir aveuglément; ou que, s'il ne se rend point à son ordre, il se cache si

26.

bien, qu'il soit à l'abri d'une embûche. Il doit savoir
que le cas est grave, que l'honneur de la famille serait
compromis par la moindre démarche hasardée, et que
dans un cas semblable le prince est capable de tout. »
Voilà, mot pour mot, ce que m'a dit votre précepteur;
et il vous est sincèrement dévoué, monseigneur.

GABRIELLE.

Je le crois. Je ne négligerai pas cet avertissement.
Maintenant, va te reposer, mon bon Marc ; tu en as
bien besoin.

MARC.

Il est vrai ! Peut-être que, quand je me serai reposé,
je retrouverai dans ma mémoire encore quelque chose,
quelque parole qui ne me revient pas dans ce moment-ci.

(Il se retire. Gabrielle le rappelle.)

GABRIELLE.

Écoute, Marc : si mon mari t'interroge, aie bien soin
de ne pas lui parler de la nourrice...

MARC.

Oh! je n'ai garde, monseigneur !

GABRIELLE.

Perds donc l'habitude de m'appeler ainsi ! Quand
nous sommes ici et que je porte ces vêtements de
femme, tout ce qui rappelle mon autre sexe irrite Astolphe au dernier point.

MARC.

Eh! mon Dieu, je ne le sais que trop ! Mais comment faire? Aussitôt que je prends l'habitude d'appeler
votre seigneurie *madame,* voilà que nous partons pour
Florence et qu'elle reprend ses habits d'homme. Alors
j'ai toujours le *madame* sur les lèvres, et je ne commence à reprendre l'habitude du *monseigneur* que

lorsque votre seigneurie reprend sa robe et ses cornettes.

(Il sort.)

SCÈNE III.

GABRIELLE.

Cette histoire de la nourrice est une calomnie. C'est une nouvelle ruse de mon grand-père pour m'indisposer contre Astolphe. Il aura payé cette femme pour faire à mon pauvre Marc un pareil conte, bien certain que Marc me le rapporterait. Oh! non, Astolphe, non, ce genre de torts, tu ne l'auras jamais envers moi! C'est toi qui m'as empêchée de démasquer la supercherie qui me condamne à te frustrer publiquement des biens que je te restitue en secret, et du titre auquel tu dédaignes de succéder. C'est toi qui m'as défendu, avec toute l'autorité que donne un généreux amour, de proclamer mon sexe et de renoncer aux droits usurpés que l'erreur des lois me confère. Si tu avais eu le moindre regret de ces choses, tu aurais eu la franchise de me le dire; car tu sais que, moi, je n'en aurais eu aucun à te les céder. Dans ce temps-là je ne pensais pas qu'il te serait jamais possible de me faire souffrir. J'avais une confiance aveugle, enthousiaste!... A présent, j'avoue qu'il me serait pénible de renoncer à être homme quand je veux; car je n'ai pas été long-temps heureuse sous cet autre aspect de ma vie, qui est devenu notre tourment mutuel. Mais, s'il le fallait pour te satisfaire, hésiterais-je un moment? Oh! tu ne le crains pas, Astolphe, et tu n'agirais pas en secret pour me forcer à des actes que ton simple désir peut m'imposer librement! Toi, me tendre un piége! toi, tramer des complots con-

tre moi! Oh! non, non, jamais!... Le voici qui revient
de la promenade; je ne lui en parlerai même pas, tant
j'ai peu besoin d'être rassurée sur son désintéressement
et sur sa franchise.

SCÈNE IV.

ASTOLPHE, GABRIELLE.

ASTOLPHE.

Eh bien! ma bonne Gabrielle, ton vieux serviteur est
revenu. Je viens de voir son cheval dans la cour. Quelles
nouvelles t'a-t-il apportées de Bramante?

GABRIELLE.

Selon lui, notre grand-père se meurt; mais, selon
moi, il en a pour long-temps encore. Ce n'est point un
homme à mourir si aisément. Mais désirons-nous donc
sa mort? Quels que soient ses torts envers nous deux
(et je crois bien que les plus graves ont été envers celui qu'il semblait favoriser au détriment de l'autre),
nous ne hâterons point par des vœux impies l'instant
suprême où il lui faudra rendre un compte sévère de la
destinée de ses enfants. Puisse-t-il trouver là-haut un
juge aussi indulgent que nous, n'est-ce pas, Astolphe?
Tu ne m'écoutes pas?

ASTOLPHE.

Il est vrai; tu deviens chaque jour plus philosophe,
Gabrielle; tu argumentes du soir au matin comme un
académicien de la Crusca. Ne saurais-tu être femme, du
moins pendant trois mois de l'année?

GABRIELLE, *souriant.*

C'est qu'il y a bien long-temps que ces trois mois-là
sont passés, Astolphe. Le premier trimestre eut bien

trois mois, mais le second en eut six, et l'an prochain
je crains que, malgré nos conventions, le trimestre
n'envahisse toute l'année. Donne-moi le temps de m'habituer à être aussi femme qu'il me faut l'être à présent
pour te plaire. Jadis tu n'étais pas si difficile avec moi,
et je n'ai pas songé assez tôt à me défaire de mon langage d'écolier. Tu aurais dû m'avertir, dès le premier
jour où tu m'as aimée, qu'un temps viendrait où il serait nécessaire de me transformer pour conserver ton
amour !

ASTOLPHE.

Ce reproche est injuste, Gabrielle ! Mais quand il serait vrai, ne me suis-je pas transformé, moi, pour mériter et conserver l'affection de ton cœur ?

GABRIELLE.

Il est vrai, mon cher ange, et je ne demande pas
mieux que d'avoir tort. J'essaierai de me corriger.

ASTOLPHE *marche d'un air soucieux, puis s'arrête et regarde Gabrielle avec attendrissement.*

Pauvre Gabrielle ! tu me fais bien du mal avec ton
éternelle résignation.

GABRIELLE, *lui tendant la main.*

Pourquoi ? Elle ne m'est pas aussi pénible que tu le
penses.

ASTOLPHE *presse long-temps la main de Gabrielle
contre ses lèvres, puis se promène avec agitation.*

Je le sais ! tu es forte, toi ! Nul ne peut blesser en
toi la susceptibilité de l'orgueil. Les orages qui boule-
versent l'âme d'autrui ne peuvent ternir l'éclat du beau
ciel où ta pensée s'épanouit libre et fière ! On charge-
rait aisément de fers tes bras dont une éducation spar-

tiate n'a pu détruire ni la beauté ni la faiblesse ; mais ton âme est indépendante comme les oiseaux de l'air, comme les flots de l'Océan ; et toutes les forces de l'univers réunies ne la pourraient faire plier, je le sais bien !

GABRIELLE.

Au-dessus de toutes ces forces de la matière, il est une force divine qui m'a toujours enchaînée à toi, c'est l'amour. Mon orgueil ne s'élève pas au-dessus de cette puissance. Tu le sais bien aussi.

ASTOLPHE, *l'arrêtant.*

Oh ! cela est vrai, ma bien-aimée ! Mais n'ai-je rien perdu de cet amour sublime qui ne se croyait le droit de me rien refuser ?

GABRIELLE, *avec tendresse.*

Pourquoi l'aurais-tu perdu ?

ASTOLPHE.

Tu ne t'en souviens pas, cœur généreux, ô vrai cœur d'homme !

(*Il la presse dans ses bras.*)

GABRIELLE.

Vois, mon ami, tu ne trouves pas de plus grand éloge à me faire que de m'attribuer les qualités de ton sexe ; et pourtant tu voudrais souvent me rabaisser à la faiblesse du mien ! Sois donc logique !

ASTOLPHE, *l'embrassant.*

Sais-je ce que je veux ? Au diable la logique ! Je t'aime avec passion !

GABRIELLE.

Cher Astolphe !

ASTOLPHE, *se laissant tomber à ses genoux.*

Tu m'aimes donc toujours ?

GABRIELLE.

Tu le sais bien.

ASTOLPHE.

Toujours comme autrefois ?

GABRIELLE.

Non plus comme autrefois, mais autant, mais plus peut-être.

ASTOLPHE.

Pourquoi pas comme autrefois ? Tu ne me refusais rien alors !

GABRIELLE.

Et qu'est-ce que je te refuse à présent ?

ASTOLPHE.

Pourtant il est quelque chose que tu vas me refuser si je me hasarde à te le demander.

GABRIELLE.

Ah ! perfide ! tu veux m'entraîner dans un piége ?

ASTOLPHE.

Eh bien ! oui, je le voudrais.

GABRIELLE.

Je t'en supplie, pas de détours avec moi, Astolphe. Quand je te cède, est-ce avec prudence, est-ce avec des restrictions et des garanties ?

ASTOLPHE.

Oh ! je hais les détours ; tu le sais. Mon âme était si naïve ! Elle était aussi confiante, aussi découverte que la tienne. Mais, hélas ! j'ai été si coupable ! J'ai appris à douter d'autrui en apprenant à douter de moi-même.

GABRIELLE.

Oublie ce que j'ai oublié, et parle.

ASTOLPHE.

Le moment de retourner à Florence est venu. Con-

sens à n'y point aller. Tu détournes les yeux ? Tu gardes
le silence ? Tu me refuses ?

GABRIELLE, *avec tristesse.*

Non, je cède; mais à une condition : tu me diras le
motif de ta demande.

ASTOLPHE.

C'est me vendre trop cher la grâce que tu m'accordes;
ne me demande pas ce que je rougis d'avouer.

GABRIELLE.

Dois-je essayer de deviner, Astolphe ? est-ce toujours
le même motif qu'autrefois ?

(*Astolphe fait un signe de tête affirmatif.*)
La jalousie ?

(*Même signe d'Astolphe.*)

Eh quoi ! encore ! toujours! Mon Dieu, nous sommes
bien malheureux, Astolphe !

ASTOLPHE.

Ah ! ne me dis pas cela ! cache-moi les larmes qui
roulent dans tes yeux, ne me déchire pas le cœur ! Je
sens que je suis un lâche, et pourtant je n'ai pas la
force de renoncer à ce que tu m'accordes avec des yeux
humides, avec un cœur brisé ! — Pourquoi m'aimes-tu
encore, Gabrielle? que ne me méprises-tu ! Tant que tu
m'aimeras, je serai exigeant, je serai insensé, car je
serai tourmenté de la crainte de te perdre. Je sens que
je finirai par là, car je sens le mal que je te fais. Mais
je suis entraîné sur une pente fatale. J'aime mieux
rouler au bas tout de suite, et, dès que tu me mépri-
seras, je ne souffrirai plus, je n'existerai plus.

GABRIELLE.

O amour ! tu n'es donc pas une religion ? Tu n'as

donc ni révélations, ni lois, ni prophètes? Tu n'as donc pas grandi dans le cœur des hommes avec la science et la liberté? Tu es donc toujours placé sous l'empire de l'aveugle destinée sans que nous ayons découvert en nous-mêmes une force, une volonté, une vertu pour lutter contre tes écueils, pour échapper à tes naufrages? Nous n'obtiendrons donc pas du ciel un divin secours pour te purifier en nous-mêmes, pour t'ennoblir, pour t'élever au-dessus des instincts farouches, pour te préserver de tes propres fureurs et te faire triompher de tes propres délires? Il faudra donc qu'éternellement tu succombes dévoré par les flammes que tu exhales, et que nous changions en poison, par notre orgueil et notre égoïsme, le baume le plus pur et le plus divin qui nous ait été accordé sur la terre?

ASTOLPHE.

Ah! mon amie, ton âme exaltée est toujours en proie aux chimères. Tu rêves un amour idéal comme jadis j'ai rêvé une femme idéale. Mon rêve s'est réalisé, heureux et criminel que je suis! Mais le tien ne se réalisera pas, ma pauvre Gabrielle! Tu ne trouveras jamais un cœur digne du tien; jamais tu n'inspireras un amour qui te satisfasse, car jamais culte ne fut digne de ta divinité. Si les hommes ne connaissent point encore le véritable hommage qui plairait à Dieu, comment veux-tu qu'ils trouvent sur la terre ce grain de pur encens dont le parfum n'est point encore monté vers le ciel? Descends donc de l'empyrée où tu égares ton vol audacieux, et prends patience sous le joug de la vie. Élève tes désirs vers Dieu seul, ou consens à être aimée comme une mortelle. Jamais tu ne rencontreras un amant qui ne soit pas jaloux de toi, c'est-à-dire avare de toi, méfiant, tourmenté, injuste, despotique.

27

GABRIELLE.

Crois-tu que je rêve l'amour dans une autre âme que
la tienne ?

ASTOLPHE.

Tu le devrais, tu le pourrais ; c'est ce qui justifie ma
jalousie et la rend moins outrageante.

GABRIELLE.

Hélas ! en effet, l'amour ne raisonne pas ; car je ne
puis rêver un amour plus parfait qu'en le plaçant dans
ton sein, et je sens que cet amour, dans le cœur d'un
autre, ne me toucherait pas.

ASTOLPHE.

Oh ! dis-moi cela, dis-moi cela encore ! répète-le-moi
toujours ! Va, méconnais la raison, outrage l'équité,
repousse la voix du ciel même si elle s'élève contre moi
dans ton âme ; pourvu que tu m'aimes, je consens à
porter dans une autre vie toutes les peines que tu auras encourues pour avoir eu la folie de m'aimer dans
celle-ci.

GABRIELLE.

Non, je ne veux pas t'aimer dans l'ivresse et le blasphème. Je veux t'aimer religieusement et t'associer dans
mon âme à l'idée de Dieu, au désir de la perfection. Je
veux te guérir, te fortifier contre toi-même et t'élever
à la hauteur de mes pensées. Promets-moi d'essayer, et
je commence par te céder comme on fait aux enfants
malades. Nous n'irons point à Florence, je serai femme
toute cette année, et, si tu veux entreprendre le grand
œuvre de ta conversion au véritable amour, ma tristesse
se changera en un bonheur incomparable.

ASTOLPHE.

Oui, je le veux, ma femme chérie, et je te remercie à genoux de le vouloir pour moi. Peux-tu douter

qu'en ceci je ne sois pas ton esclave encore plus que ton disciple ?

GABRIELLE.

Tu me l'avais promis déjà bien des fois, et comme, au lieu de tenir ta parole, tu abandonnais toujours ton âme à de nouveaux orages; comme, au lieu d'être heureux et tranquille avec moi dans cette retraite ignorée de tous où tu venais me cacher à tous les regards, mes concessions ne servaient qu'à augmenter ta jalousie, et la solitude qu'à aggraver ta tristesse, de mon côté je n'étais point heureuse; car je voyais toutes mes peines perdues et tous mes sacrifices tourner à ta perte. Alors je regrettais ces temps de répit où, sous l'habit d'un homme, je puis du moins, grâce à l'or que me verse mon aïeul, t'entourer de nobles délassements et de poétiques distractions...

ASTOLPHE.

Oui, les premiers jours que nous passons à Florence ou à Pise ont toujours pour moi de grands charmes. Je ne suis pas fait pour la solitude et l'oisiveté de la campagne ; je ne sais pas, comme toi, m'absorber dans les livres, m'abîmer dans la méditation. Tu le sais bien, en te ramenant ici chaque année, le tyran se condamne à plus de maux que sa victime, et mes torts augmentent en raison de ma souffrance intérieure. Mais, dans le tumulte du monde, quand tu redeviens le beau Gabriel, recherché, admiré, choyé de tous, c'est encore une autre souffrance qui s'empare de moi ; souffrance moins lente, moins profonde peut-être, mais violente, mais insupportable. Je ne puis m'habituer à voir les autres hommes te serrer la main ou passer familièrement leur bras sous le tien. Je ne veux pas me persuader qu'alors tu es un homme toi-même, et qu'à l'abri de ta métamorphose tu pourrais dormir sans danger dans leur chambre, comme tu dormis autrefois sous le même toit que moi sans que mon sommeil en fût troublé. Je me souviens alors de l'étrange émotion qui s'empara peu à peu de moi à tes côtés, combien je regrettai que tu ne fusses pas femme, et comment, à force de désirer que tu le devinsses par miracle, j'arrivai à deviner que tu l'étais en réalité. Pourquoi les autres n'auraient-ils pas le même instinct, et comment n'éprouveraient-ils pas en te voyant ce désordre inexprimable que ton déguisement d'homme ne pouvait réprimer en moi? Oh! j'éprouve des tortures inouïes quand Menrique pousse son cheval près du tien, ou quand le brutal Antonio passe sa lourde main sur tes cheveux en disant d'un air qu'il croit plaisant : « J'ai pourtant brûlé d'amour tout un soir pour cette belle chevelure-là! » Alors je m'imagine qu'il a deviné notre secret, et qu'il se plaît insolemment à me tourmenter par ses plates allusions; je sens se rallumer en moi la fureur qui me transporta lorsqu'il voulut t'embrasser à ce souper chez Ludovic; et, si je n'étais retenu par la crainte de me trahir et de te perdre avec moi, je le souffleterais.

GABRIELLE.

Comment peux-tu te laisser émouvoir ainsi, quand tu sais que ces familiarités me déplaisent plus qu'à toi-même, et que je les réprimerais d'une manière tout aussi masculine si elles dépassaient les bornes de la plus stricte chasteté?

ASTOLPHE.

Je le sais et n'en souffre pas moins! et quelquefois je t'accuse d'imprudence; je m'imagine que, pour te venger de mes injustices, tu te fais un jeu de mes tourments ; je t'outrage dans ma pensée..... et c'est beaucoup quand j'ai la force de ne pas te le laisser voir.

Alors je vois que ta force est épuisée, que tu es près d'éclater, de te couvrir de honte et de ridicule, ou de dévoiler ce dangereux secret ; et je me laisse ramener ici, où tu m'aimes pourtant moins, car, dans la tranquille possession d'un objet tant disputé, il semble que ton amour s'engourdisse et s'éteigne comme une flamme sans aliment.

Je ne puis le nier, Dieu me punit alors d'avoir manqué de foi. Je sens bien que je ne t'aime pas moins : car, au moindre sujet d'inquiétude, mes fureurs se rallument ; puis, dans le calme, je suis saisi même à tes côtés d'un affreux ennui. Tu me bénis, et il me semble que tu me hais. La nuit je te serre dans mes bras, et je rêve que c'est un autre qui te possède. Ah ! ma bienaimée, prends pitié de moi ; je te confesse mon désespoir, ne me méprise pas ; écarte de moi cette malédiction, fais que je t'aime comme tu veux être aimée !

GABRIELLE.

Que ferons-nous donc ? Le monde avec moi t'exaspère, la solitude auprès de moi te consume. Veux-tu te distraire pendant quelques jours ? veux-tu aller à Florence sans moi ?

ASTOLPHE.

Il me semble parfois que cela me fera du bien ; mais je sais qu'à peine j'y serai, les plus affreux songes viendront troubler mon sommeil. Le jour je réussirai à porter saintement ton image dans mon âme, la nuit je te verrai ici avec un rival.

GABRIELLE.

Quoi ! tu me soupçonnes à ce point? Enferme-moi dans quelque souterrain, charge Marc de me passer mes aliments par un guichet, emporte les clefs, fais murer la porte ; peut-être seras-tu tranquille?

ASTOLPHE.

Non ! un homme passera, te regardera par le soupirail, et rien qu'à te voir il sera plus heureux que moi qui ne te verrai pas.

GABRIELLE.

Tu vois bien que la jalousie est incurable par ces moyens vulgaires. Plus on lui cède, plus on l'alimente ; la volonté seule peut en guérir. Entreprends cette guérison comme on entreprend l'étude de la philosophie. Tâche de moraliser ta passion.

ASTOLPHE.

Mais où donc as-tu pris la force de moraliser la tienne et de la soumettre à ta volonté? Tu n'es pas jalouse de moi ; tu ne m'aimes donc que par un effort de ta raison ou de ta vertu?

GABRIELLE.

Juste ciel! où en serions-nous si je te rendais les maux que tu me causes! Pauvre Astolphe ! j'ai préservé mon âme de cette tentation ; je l'ai quelquefois ressentie, tu le sais ! mais ton exemple m'avait fait faire de sérieuses réflexions, et je m'étais juré de ne pas t'imiter. Mais qu'as-tu? comme tu pâlis!

ASTOLPHE, *regardant par la fenêtre.*

Tiens, Gabrielle ! qui est-ce qui entre dans la cour? Vois !

GABRIELLE, *avec indifférence.*

J'entends le galop d'un cheval.

(*Elle regarde dans la cour.*)

Antonio, il me semble! Oui, c'est lui. On dirait qu'il
a entendu l'éloge que tu faisais de lui, et il arrive avec
l'*à-propos* qui le caractérise.

ASTOLPHE, *agité.*

Tu plaisantes avec beaucoup d'aisance... Mais que
vient-il faire ici? Et comment a-t-il découvert notre
retraite?

GABRIELLE.

Le sais-je plus que toi?

ASTOLPHE, *de plus en plus agité.*

Mon Dieu! que sais-je!...

GABRIELLE, *d'un ton de reproche.*

Oh! Astolphe!...

ASTOLPHE, *avec une fureur concentrée.*

Ne m'engagiez-vous pas tout à l'heure à aller seul à
Florence? Peut-être Antonio est-il arrivé un jour trop
tôt. On peut se tromper de jour et d'heure quand on a
peu de mémoire et beaucoup d'impatience...

GABRIELLE.

Encore! Oh! Astolphe! déjà tes promesses oubliées!
déjà ma soumission récompensée par l'outrage!

ASTOLPHE, *avec amertume.*

Se fâcher bien fort, c'est le seul parti à prendre quand
on a fait une gaucherie. Je vous conseille de m'accabler
d'injures, je serai peut-être encore assez sot pour vous
demander pardon. Cela m'est arrivé tant de fois!

GABRIELLE, *levant la main vers le ciel avec
véhémence.*

Oh! mon Dieu! grand Dieu! faites que je ne me
lasse pas de tout ceci!

(*Elle sort, Astolphe la suit et l'enferme dans sa
chambre, dont il met la clef dans sa poche.*)

SCÈNE V.

MARC, ASTOLPHE.

MARC.

Seigneur Astolphe, le seigneur Antonio demande à vous voir. J'ai eu beau lui dire que vous n'étiez pas ici, que vous n'y étiez jamais venu, que j'avais quitté le service de mon maître... Quels mensonges ne lui ai-je pas débités effrontément!... Il a soutenu qu'il vous avait aperçu dans le parc, que pendant une heure il avait tourné autour des fossés pour trouver le moyen d'entrer; qu'enfin il était venu chez vous, et qu'il n'en sortirait pas sans vous voir.

ASTOLPHE.

Je vais à sa rencontre; toi, range ce salon, fais-en disparaître tout ce qui appartient à ta maîtresse, et tiens-toi là jusqu'à ce que je t'appelle.

(*A part.*)

Allons! du courage! je saurai feindre; mais, si je découvre ce que je crains d'apprendre, malheur à toi, Antonio! malheur à nous deux, Gabrielle!

(*Il sort.*)

SCÈNE VI.

MARC.

Qu'a-t-il donc? Comme il est agité! Ah! ma pauvre maîtresse n'est point heureuse!

GABRIELLE, *frappant derrière la porte.*

Marc! ouvre-moi! vite! brise cette porte. Je veux sortir,

MARC.

Mon Dieu! qui a donc enfermé votre seigneurie? Heureusement j'ai la double clef dans ma poche...

(*Il ouvre.*)

GABRIELLE, *avec un manteau et un chapeau d'homme.*

Tiens! prends cette valise, cours seller mon cheval et le tien. Je veux partir d'ici à l'instant même.

MARC.

Oui, vous ferez bien! Le seigneur Astolphe est un ingrat, il ne songe qu'à votre fortune... Oser vous enfermer!... Oh! quoique je sois bien fatigué, je vous reconduirai avec joie au château de Bramante.

GABRIELLE.

Tais-toi, Marc, pas un mot contre Astolphe; je ne vais pas à Bramante. Obéis-moi, si tu m'aimes; cours préparer les chevaux.

MARC.

Le mien est encore sellé, et le vôtre l'est déjà. Ne deviez-vous pas vous promener dans le parc aujourd'hui? Il n'y a plus qu'à leur passer la bride.

GABRIELLE.

Cours donc!

(*Marc sort.*)

Vous savez, mon Dieu! que je n'agis point ainsi par ressentiment, et que mon cœur a déjà pardonné; mais, à tout prix, je veux sauver Astolphe de cette maladie furieuse. Je tenterai tous les moyens pour faire triompher l'amour de la jalousie. Tous les remèdes déjà tentés se changeraient en poison; une leçon violente, inattendue, le fera peut-être réfléchir. Plus l'esclave plie, et plus le joug se fait pesant; plus l'homme fait l'emploi d'une force injuste, plus l'injustice lui devient

nécessaire! Il faut qu'il apprenne l'effet de la tyrannie
sur les âmes fières, et qu'il ne pense pas qu'il est si facile d'abuser d'un noble amour! Le voici qui monte
l'escalier avec Antonio. Adieu, Astolphe! puissions-nous
nous retrouver dans des jours meilleurs! Tu pleureras
durant cette nuit solitaire! Puisse ton bon ange mur-
murer à ton oreille que je t'aime toujours!

*(Elle referme la porte de sa chambre et en re-
tire la clef; puis elle sort par une des portes
du salon, pendant qu'Astolphe entre par
l'autre suivi d'Antonio.)*

FIN DE LA QUATRIÈME PARTIE.

CINQUIÈME PARTIE.

(A Rome, derrière le Colysée. Il commence à faire nuit.)

SCÈNE PREMIÈRE.

GABRIEL, *en homme.*

(Costume noir élégant et sévère, l'épée au côté. Il tient une lettre ouverte.)

Le pape m'accorde enfin cette audience, et en secret, comme je la lui ai demandée ! Mon Dieu ! protége-moi, et fais qu'Astolphe du moins soit satisfait de son sort ! Je t'abandonne le mien, ô Providence, destinée mystérieuse !

(Six heures sonnent à une église.)

Voici l'heure du rendez-vous avec le saint-père. O Dieu ! pardonne-moi cette dernière tromperie. Tu connais la pureté de mes intentions. Ma vie est une vie de mensonge ; mais ce n'est pas moi qui l'ai faite ainsi, et mon cœur chérit la vérité !...

(Il agrafe son manteau, enfonce son chapeau sur ses yeux, et se dirige vers le Colysée. Antonio, qui vient d'en sortir, lui barre le passage.)

SCÈNE II.

GABRIEL, ANTONIO.

ANTONIO, *masqué.*

Il y a assez long-temps que je cours après vous, que je vous cherche et que je vous guette. Je vous tiens enfin; cette fois, vous ne m'échapperez pas.

(*Gabriel veut passer outre; Antonio l'arrête par le bras.*)

GABRIEL, *se dégageant.*

Laissez-moi, monsieur, je ne suis pas des vôtres.

ANTONIO, *se démasquant.*

Je suis Antonio, votre serviteur et votre ami. J'ai à vous parler; veuillez m'entendre.

GABRIEL.

Cela m'est tout à fait impossible. Une affaire pressante me réclame. Je vous souhaite le bonsoir.

(*Il veut continuer; Antonio l'arrête encore.*)

ANTONIO.

Vous ne me quitterez pas sans me donner un rendez-vous et sans m'apprendre votre demeure. J'ai eu l'honneur de vous dire que je voulais vous parler en particulier.

GABRIEL.

Arrivé depuis une heure à Rome, j'en repars à l'instant même. Adieu.

ANTONIO.

Arrivé à Rome depuis trois mois, vous ne repartirez pas sans m'avoir entendu.

GABRIEL.

Veuillez m'excuser; nous n'avons rien de particulier

à nous dire, et je vous répète que je suis pressé de vous quitter.

ANTONIO.

J'ai à vous parler d'Astolphe. Vous m'entendrez.

GABRIEL.

Eh bien ! dans un autre moment. Cela ne se peut aujourd'hui.

ANTONIO.

Enseignez-moi donc votre demeure.

GABRIEL.

Je ne le puis.

ANTONIO.

Je la découvrirai.

GABRIEL.

Vous voulez m'entretenir malgré moi?

ANTONIO.

J'y parviendrai. Vous aurez plus tôt fini de m'entendre ici à l'instant même. J'aurai dit en deux mots.

GABRIEL.

Eh bien! voyons ces deux mots; je n'en écouterai pas un de plus.

ANTONIO.

Prince de Bramante, votre altesse est une femme.

(*A part.*)

C'est cela! payons d'audace !

GABRIEL, *à part.*

Juste ciel! Astolphe l'a dit !

(*Haut.*)

Que signifie cette sottise? J'espère que c'est une plaisanterie de carnaval?

ANTONIO.

Sottise? le mot est leste! Si vous n'étiez pas une femme, vous n'oseriez pas le répéter.

28

GABRIEL, *à part.*

Il ne sait rien ! piége grossier !

(*Haut.*)

Vous êtes un sot, aussi vrai que je suis un homme.

ANTONIO.

Comme je n'en crois rien...

GABRIEL.

Vous ne croyez pas être un sot : je veux vous le
prouver.

(*Il lui donne un soufflet.*)

ANTONIO.

Halte-là ! mon maître ! Si ce soufflet est de la main
d'une femme , je le punirai par un baiser ; mais si vous
êtes un homme , vous m'en rendrez raison.

GABRIEL, *mettant l'épée à la main.*

Tout de suite.

ANTONIO *tire son épée.*

Un instant ! Je dois vous dire d'abord ce que je
pense ; il est bon que vous ne vous y mépreniez pas.
En mon âme et conscience , depuis le jour où pour la
première fois je vous vis habillé en femme à un souper
chez Ludovic , je n'ai pas cessé de croire que vous étiez
une femme. Votre taille, votre figure, votre réserve,
le son de votre voix , vos actions et vos démarches, l'a-
mitié ombrageuse d'Astolphe, qui ressemble évidemment à l'amour et à la jalousie, tout m'a autorisé à penser que vous n'étiez pas déguisé chez Ludovic et que
vous l'êtes maintenant....

GABRIEL.

Monsieur, abrégeons ; vous êtes fou. Vos commentai-
res absurdes m'importent peu , nous devons nous battre ; je vous attends.

ANTONIO.

Oh! un peu de patience, s'il vous plaît. Quoiqu'il n'y ait guère de chances pour que je succombe, je puis périr dans ce combat; je ne veux pas que vous emportiez de moi l'idée que j'aie voulu faire la cour à un garçon, ceci ne me va nullement. De mon côté, je désire, moi, ne pas conserver l'idée que je me bats avec une femme; car cette idée me donnerait un trop grand désavantage. Pour remédier au premier cas, je vous dirai que j'ai appris dernièrement, par hasard, sur votre famille, des particularités qui expliqueraient fort bien une supposition de sexe pour conserver l'héritage du majorat.

GABRIEL.

C'est trop, monsieur! Vous m'accusez de mensonge et de fraude. Vous insultez mes parents! C'est à vous maintenant de me rendre raison. Défendez-vous.

ANTONIO.

Oui, si vous êtes un homme, je le veux; car, dans ce cas, vous avez en tout temps trop mal reçu mes avances pour que je ne vous doive pas une leçon. Mais, comme je suis incertain sur votre sexe (oui, sur mon honneur! à l'heure où je parle, je le suis encore!), nous nous battrons, s'il vous plaît, l'un et l'autre à poitrine découverte.

(*Il commence à déboutonner son pourpoint.*)
Veuillez suivre mon exemple.

GABRIEL.

Non, monsieur, il ne me plaît pas d'attraper un rhume pour satisfaire votre impertinente fantaisie. Chercher à vous ôter de tels soupçons par une autre voie que celle des armes serait avouer que ces soupçons ont une sorte de fondement; et vous n'ignorez pas que faire in-

sulte à un homme parce qu'il n'est ni grand ni robuste
est une lâcheté insigne. Gardez votre incertitude, si
bon vous semble, jusqu'à ce que vous ayez reconnu, à
la manière dont je me sers de mon épée, si j'ai le droit
de la porter.

ANTONIO, *à part.*

Ceci est le langage d'un homme pourtant !...

(*Haut.*)

Vous savez que j'ai acquis quelque réputation dans
les duels ?

GABRIEL.

Le courage fait l'homme, et la réputation ne fait pas
le courage.

ANTONIO.

Mais le courage fait la réputation... Êtes-vous bien
décidé ?... Tenez ! vous m'avez donné un soufflet, et
des excuses ne s'acceptent jamais en pareil cas... pourtant je recevrai les vôtres si vous voulez m'en faire....
car je ne puis m'ôter de l'idée...

GABRIEL.

Des excuses ? Prenez garde à ce que vous dites, monsieur, et ne me forcez pas à vous frapper une seconde
fois...

ANTONIO.

Oh ! oh ! c'est trop d'outrecuidance !... En garde !...
Votre épée est plus courte que la mienne. Voulez-vous
que nous changions ?

GABRIEL.

J'aime autant la mienne.

ANTONIO.

Eh bien ! nous tirerons au sort...

GABRIEL.

Je vous ai dit que j'étais pressé ; défendez-vous donc !

(*Il l'attaque.*)

ANTONIO , *à part, mais parlant tout haut.*

Si c'est une femme, elle va prendre la fuite !...

(*Il se met en garde.*)

Non... Poussons-lui quelques bottes légères... Si je lui fais une égratignure, il faudra bien ôter le pourpoint...

(*Le combat s'engage.*)

Mille diables ! c'est là le jeu d'un homme ! Il ne s'agit plus de plaisanter. Faites attention à vous, prince ! je ne vous ménage plus !

(*Ils se battent quelques instants ; Antonio tombe grièvement blessé.*)

GABRIEL , *relevant son épée.*

Êtes-vous content, monsieur ?

ANTONIO.

On le serait à moins ! et maintenant il ne m'arrivera plus, je pense, de vous prendre pour une femme !... On vient par ici, sauvez-vous, prince !...

(*Il essaie de se relever.*)

GABRIEL.

Mais vous êtes très-mal !... Je vous aiderai...

ANTONIO.

Non ; ceux qui viennent me porteront secours, et pourraient vous faire un mauvais parti. Adieu ! j'eus les premiers torts, je vous pardonne les vôtres. Votre main ?

28.

GABRIEL.

La voici.

(Ils se serrent la main. Le bruit des arrivants se rapproche. Antonio fait signe à Gabriel de s'enfuir. Gabriel hésite un instant et s'éloigne.)

ANTONIO.

C'est pourtant bien là la main d'une femme! Femme ou diable, il m'a fort mal arrangé!... Mais je ne me soucie pas qu'on sache cette aventure, car le ridicule aussi bien que le dommage est de mon côté. J'aurai assez de force pour gagner mon logis... Voilà pour moi un carnaval fort maussade!...

(Il se traîne péniblement, et disparaît sous les arcades du Colysée.)

SCÈNE III.

ASTOLPHE, LE PRÉCEPTEUR.

ASTOLPHE, *en domino, le masque à la main.*

Je me fie à vous; Gabrielle m'a dit cent fois que vous étiez un honnête homme. Si vous me trahissiez... qu'importe? je ne puis pas être plus malheureux que je ne le suis.

LE PRÉCEPTEUR.

Je me dis à peu près la même chose. Si vous me trahissiez indirectement en faisant savoir au prince que je m'entends avec vous, je ne pourrais pas être plus mal avec lui que je ne le suis; car il ne peut pas douter maintenant qu'au lieu de chercher à faire tomber Gabriel dans ses mains, je ne songe à le retrouver que pour le soustraire à ses poursuites.

ASTOLPHE.

Hélas ! tandis que nous la cherchons ici, Gabrielle est peut-être déjà tombée en son pouvoir. Vieillard insensé ! qu'espère-t-il d'un pareil enlèvement ? Cette captivité ne peut rien changer à notre situation réciproque ; elle ne peut pas non plus être de longue durée. Espère-t-il donc échapper à la loi commune et vivre au delà du terme assigné par la nature ?

LE PRÉCEPTEUR.

Les médecins l'ont condamné il y a déjà six mois. Mais nous touchons à la fin de l'hiver ; et, s'il résiste aux derniers froids, il pourra bien encore passer l'été.

ASTOLPHE.

Ce qu'il s'agit de savoir, c'est le lieu où Gabrielle est retirée ou captive. Si elle est captive, fiez-vous à moi pour la délivrer promptement.

LE PRÉCEPTEUR.

Dieu vous entende ! Vous savez que le prince, si Gabriel n'est pas retrouvé bientôt, est dans l'intention de vous citer comme assassin devant le grand conseil ?

ASTOLPHE.

Cette menace serait pour moi une preuve certaine que Gabrielle est en son pouvoir. Le lâche !

LE PRÉCEPTEUR.

J'ai des craintes encore plus graves...

ASTOLPHE.

Ne me les dites pas ; je suis assez découragé depuis trois mois que je la cherche en vain.

LE PRÉCEPTEUR.

La cherchez-vous bien consciencieusement, mon cher seigneur Astolphe ?

ASTOLPHE, *avec amertume.*

Vous en doutez ?

LE PRÉCEPTEUR.

Hélas ! je vous rencontre en masque, courant le carnaval, comme si vous pouviez prendre quelque amusement...

ASTOLPHE.

Vous autres instituteurs d'enfants, vous commencez toujours par le blâme avant de réfléchir. Ne vous serait-il pas plus naturel de penser que j'ai pris un masque et que je cours toute la ville pour chercher plus à l'aise sans qu'on se défie de moi ? Le carnaval fut toujours une circonstance favorable aux amants, aux jaloux et aux voleurs.

LE PRÉCEPTEUR.

Ouvrez-moi votre âme tout entière, seigneur Astolphe ; Gabrielle vous est-elle aussi chère que dans les premiers temps de votre union ?

ASTOLPHE.

Mon Dieu ! qu'ai-je donc fait pour qu'on en doute ? Vous voulez donc ajouter à mes chagrins ?

LE PRÉCEPTEUR.

Dieu m'en préserve ! mais il m'a semblé, dans nos fréquents entretiens, qu'il se mêlait à votre affection pour elle des pensées d'une autre nature.

ASTOLPHE.

Lesquelles, selon vous ?

LE PRÉCEPTEUR.

Ne vous irritez pas contre moi : je suis résolu à tout faire pour vous, vous le savez; mais je ne puis vous prêter mon ministère ecclésiastique et légal sans être bien certain que Gabrielle n'aura point à s'en repentir. Vous voulez engager votre cousine à contracter avec vous, en secret, un mariage légitime : c'est une résolution que, dans mes idées religieuses, je ne puis qu'approuver ; mais, comme je dois songer à tout et envisager les choses sous leurs divers aspects, je m'étonne un peu que, ne croyant pas à la sainteté de l'église catholique, vous ayez songé à provoquer cet engagement, auquel Gabrielle, dites-vous, n'a jamais songé, et auquel vous me chargez de la faire consentir.

ASTOLPHE.

Vous savez que je suis sincère, monsieur l'abbé Chiavari ; je ne puis vous cacher la vérité, puisque vous me la demandez. Je suis horriblement jaloux. J'ai été injuste, emporté, j'ai fait souffrir Gabrielle, et vous avez reçu ma confession entière à cet égard. Elle m'a quitté pour me punir d'un soupçon outrageant. Elle m'a pardonné pourtant, et elle m'aime toujours, puisqu'elle a employé mystérieusement plusieurs moyens ingénieux pour me conserver l'espoir et la confiance. Ce billet que j'ai reçu encore la semaine dernière, et qui ne contenait que ce mot : « *Espère !* » était bien de sa main, l'encre était encore fraîche. Gabrielle est donc ici ! Oh ! oui, j'espère ! je la retrouverai bientôt, et je lui ferai oublier tous mes torts. Mais l'homme est faible, vous le savez ; je pourrai avoir de nouveaux torts par la suite, et je ne veux pas que Gabrielle puisse me quitter si aisément. Ces épreuves sont trop cruelles, et je sens qu'un peu d'autorité, légitimée par un serment solennel de sa part, me mettrait à l'abri de ses réactions d'indépendance et de fierté.

LE PRÉCEPTEUR.

Ainsi, vous voulez être le maître ? Si j'avais un conseil à vous donner, je vous dissuaderais. Je connais Gabriel : on a voulu que j'en fisse un homme ; je n'ai que trop bien réussi. Jamais il ne souffrira un maître ; et ce que vous n'obtiendrez pas par la persuasion, vous

ne l'obtiendrez jamais. Il était temps que mon précep-
torat finît. Croyez-moi, n'essayez pas de le ressusciter,
et surtout ne vous en chargez pas. Gabriel ferait encore
ce qu'il a déjà fait avec vous et avec moi ; il ne vous
ôterait ni son affection ni son estime, mais il partirait
un beau matin, comme un aigle brise la cage à moi-
neaux où on l'a enfermé.

ASTOLPHE.

Quoique Gabrielle ne soit guère plus dévote que moi,
un serment serait pour elle un lien invincible.

LE PRÉCEPTEUR.

Il ne vous en a donc jamais fait aucun ?

ASTOLPHE.

Elle m'a juré fidélité à la face du ciel.

LE PRÉCEPTEUR.

S'il a fait ce serment, il l'a tenu, et il le tiendra toujours.

ASTOLPHE.

Mais elle ne m'a pas juré obéissance.

LE PRÉCEPTEUR.

S'il ne l'a pas voulu, il ne le voudra pas, il ne le voudra jamais.

ASTOLPHE.

Il le faudra bien pourtant ; je l'y contraindrai.

LE PRÉCEPTEUR.

Je ne le crois pas.

ASTOLPHE.

Vous oubliez que j'en ai tous les moyens. Son secret
est en ma puissance.

LE PRÉCEPTEUR.

Vous n'en abuserez jamais, vous me l'avez dit.

ASTOLPHE.

Je la menacerai !

LE PRÉCEPTEUR.

Vous ne l'effraierez pas. Il sait bien que vous ne voudrez pas déshonorer le nom que vous portez tous les deux.

ASTOLPHE.

C'est un préjugé de croire que la faute des pères rejaillisse sur les enfants.

LE PRÉCEPTEUR.

Mais ce préjugé règne sur le monde.

ASTOLPHE.

Nous sommes au-dessus de ce préjugé, Gabrielle et moi.

LE PRÉCEPTEUR.

Votre intention serait donc de dévoiler le mystère de son sexe?

ASTOLPHE.

A moins que Gabrielle ne s'unisse à moi par des liens éternels.

LE PRÉCEPTEUR.

En ce cas il cédera; car ce qu'il redoute le plus au monde, j'en suis certain, c'est d'être relégué par la force des lois dans le rang des esclaves.

ASTOLPHE.

C'est vous, monsieur Chiavari, qui lui avez mis en tête toutes ces folies, et je ne conçois pas que vous ayez dirigé son éducation dans ce sens. Vous lui avez forgé là un éternel chagrin. Un homme d'esprit et un honnête homme comme vous eût dû la détromper de bonne heure, et contrarier les intentions du vieux prince.

LE PRÉCEPTEUR.

C'est un crime dont je me repens, et dont rien n'effacera pour moi le remords; mais les mesures étaient si bien prises, et l'élève mordait si bien à l'appât, que

j'étais arrivé à me faire illusion à moi-même, et à croire
que cette destinée impossible se réaliserait dans les conditions prévues par son aïeul.

ASTOLPHE.

Et puis vous preniez peut-être plaisir à faire une expérience philosophique. Eh bien ! qu'avez-vous découvert ? Qu'une femme pouvait acquérir par l'éducation
autant de logique, de science et de courage qu'un
homme. Mais vous n'avez pas réussi à empêcher qu'elle
eût un cœur plus tendre, et que l'amour ne l'emportât
chez elle sur les chimères de l'ambition. Le cœur vous
a échappé, monsieur l'abbé, vous n'avez façonné que
la tête.

LE PRÉCEPTEUR.

Ah ! c'est là ce qui devrait vous rendre cette tête à
jamais respectable et sacrée ! Tenez, je vais vous dire
une parole imprudente, insensée, contraire à la foi que
je professe, aux devoirs religieux qui me sont imposés.
Ne contractez pas de mariage avec Gabrielle. Qu'elle
vive et qu'elle meure travestie, heureuse et libre à vos
côtés. Héritier d'une grande fortune, il vous y fera par-
ticiper autant que lui-même. Amante chaste et fidèle,
elle sera enchaînée, au sein de la liberté, par votre
amour et le sien.

ASTOLPHE.

Ah ! si vous croyez que j'ai aucun regret à mes droits
sur cette fortune, vous vous trompez et vous me faites
injure. J'eus dans ma première jeunesse des besoins
dispendieux ; je dépensai en deux ans le peu que mon
père avait possédé, et que la haine du sien n'avait pu
lui arracher. J'avais hâte de me débarrasser de ce misérable débris d'une grandeur effacée. Je me plaisais

dans l'idée de devenir un aventurier, presque un lazza-
rone, et d'aller dormir, nu et dépouillé, au seuil des
palais qui portaient le nom illustre de mes ancêtres.
Gabriel vint me trouver, il sauva son honneur et le
mien en payant mes dettes. J'acceptai ses dons sans
fausse délicatesse, et jugeant d'après moi-même à quel
point son âme noble devait mépriser l'argent. Mais dès
que je le vis satisfaire à mes dépenses effrénées sans les
partager, j'eus la pensée de me corriger, et je commen-
çai à me dégoûter de la débauche; puis, quand j'eus
découvert dans ce gracieux compagnon une femme ravissante, je l'adorai et ne songeai plus qu'à elle... Elle
était prête alors à me restituer publiquement tous mes
droits. Elle le voulait; car nous vécûmes chastes comme
frère et sœur durant plusieurs mois, et elle n'avait pas
la pensée que je pusse avoir jamais d'autres droits sur
elle que ceux de l'amitié. Mais moi, j'aspirais à son
amour. Le mien absorbait toutes mes facultés. Je ne
comprenais plus rien à ces mots de puissance, de richesse et de gloire qui m'avaient fait faire en secret
parfois de dures réflexions. Je n'éprouvais même plus
de ressentiment; j'étais prêt à bénir le vieux Jules pour
avoir formé cette créature si supérieure à son sexe, qui
remplissait mon âme d'un amour sans bornes, et qui
était prête à le partager. Dès que j'eus l'espoir de devenir son amant, je n'eus plus une pensée, plus un désir pour d'autre que pour elle; et quand je le fus devenu, mon être s'abîma dans le sentiment d'un tel
bonheur que j'étais insensible à toutes les privations de
la misère. Pendant plusieurs autres mois elle vécut dans
ma famille, sans que nous songeassions l'un ou l'autre
à recourir à la fortune de l'aïeul. Gabrielle passait pour
ma femme, nous pensions que cela pourrait durer tou-

jours ainsi, que le prince nous oublierait, que nous n'aurions jamais aucun besoin au delà de l'aisance très-bornée à laquelle ma mère nous associait; et, dans notre ivresse, nous n'apercevions pas que nous étions à charge et entourés de malveillance. Quand nous fîmes cette découverte pénible, nous eûmes la pensée de fuir en pays étranger, et d'y vivre de notre travail à l'abri de toute persécution. Mais Gabrielle craignit la misère pour moi, et moi je la craignis pour elle. Elle eût aussi la pensée de me réconcilier avec son grand-père et de m'associer à ses dons. Elle le tenta à mon insu, et ce fut en vain. Alors elle revint me trouver, et chaque année, depuis trois ans, vous l'avez vue passer quelques semaines au château de Bramante, quelques mois à Florence ou à Pise; mais le reste de l'année s'écoulait au fond de la Calabre, dans une retraite sûre et charmante, où notre sort eût été digne d'envie si une jalousie sombre, une inquiétude vague et dévorante, un mal sans nom que je ne puis m'expliquer à moi-même, ne fût venu s'emparer de moi. Vous savez le reste, et vous voyez bien que, si je suis malheureux et coupable, la cupidité n'a aucune part à mes souffrances et à mes égarements.

LE PRÉCEPTEUR.

Je vous plains, noble Astolphe, et donnerais ma vie pour vous rendre ce bonheur que vous avez perdu; mais il me semble que vous n'en prenez pas le chemin en voulant enchaîner le sort de Gabrielle au vôtre. Songez aux inconvénients de ce mariage, et combien sa solidité sera un lien fictif. Vous ne pourrez jamais l'invoquer à la face de la société sans trahir le sexe de Gabrielle, et, dans ce cas-là, Gabrielle pourra s'y soustraire; car vous êtes proches parents, et, si le pape ne veut point vous accorder de dispenses, votre mariage sera annulé.

ASTOLPHE.

Il est vrai; mais le prince Jules ne sera plus, et alors quel si grand inconvénient trouvez-vous à ce que Gabrielle proclame son sexe?

LE PRÉCEPTEUR.

Elle n'y consentira pas volontiers! Vous pourrez l'y contraindre, et peut-être, par grandeur d'âme, n'invoquera-t-elle pas l'annulation de ses engagements avec vous. Mais vous, jeune homme, vous qui aurez obtenu sa main par une sorte de transaction avec elle, sous promesse verbale ou tacite de ne point dévoiler son sexe, vous vous servirez pour l'y contraindre de cet engagement même que vous lui aurez fait contracter.

ASTOLPHE.

A Dieu ne plaise, monsieur! et je regrette que vous me croyiez capable d'une telle lâcheté. Je puis, dans l'emportement de ma jalousie, songer à faire connaître Gabrielle pour la forcer à m'appartenir; mais, du moment qu'elle sera ma femme, je né la dévoilerai jamais malgré elle.

LE PRÉCEPTEUR.

Et qu'en savez-vous vous-même, pauvre Astolphe? La jalousie est un égarement funeste dont vous ne prévoyez pas les conséquences. Le titre d'époux ne vous donnera pas plus de sécurité auprès de Gabrielle que celui d'amant, et alors, dans un nouvel accès de colère et de méfiance, vous voudrez la forcer publiquement à cette soumission qu'elle aura acceptée en secret.

ASTOLPHE.

Si je croyais pouvoir m'égarer à ce point, je renoncerais sur l'heure à retrouver Gabrielle, et je me bannirais à jamais de sa présence.

LE PRÉCEPTEUR.

Songez à le retrouver, pour le soustraire d'abord aux dangers qui le menacent, et puis vous songerez à l'aimer d'une affection digne de lui et de vous.

ASTOLPHE.

Vous avez raison, recommençons nos recherches; séparons-nous. Tandis que, dans ce jour de fête, je me mêlerai à la foule pour tâcher d'y découvrir ma fugitive, vous, de votre côté, suivez dans l'ombre les endroits déserts, où quelquefois les gens qui ont intérêt à se cacher oublient un peu leurs précautions, et se promènent en liberté. Qu'avez-vous là sous votre manteau?

LE PRÉCEPTEUR, *posant Mosca sur le pavé.*

Je me suis fait apporter ce petit chien de Florence. Je compte sur lui pour retrouver celui que nous cherchons. Gabriel l'a élevé; et cet animal avait un merveilleux instinct pour le découvrir lorsque, pour échapper à mes leçons, l'espiègle allait lire au fond du parc. Si Mosca peut rencontrer sa trace, je suis bien sûr qu'il ne la perdra plus. Tenez, il flaire... il va de ce côté...

(Montrant le Colysée.)

Je le suis. Il n'est pas nécessaire d'être aveugle pour se faire conduire par un chien.

(Ils se séparent.)

SCÈNE IV.

(Devant un cabaret. Onze heures du soir. Des tables sont dressées sous une tente décorée de guirlandes de feuillages et de lanternes de papier colorié. On voit passer des groupes de masques dans la rue, et on entend de temps à autre le son des instruments.)

ASTOLPHE, *en domino bleu;* FAUSTINA, *en domino rose.*

(Ils sont assis à une petite table et prennent des sorbets. Leurs masques sont posés sur la table.)

UN PERSONNAGE, *en domino noir, et masqué.*

(Il est assis à quelque distance à une autre table, et lit un papier.)

FAUSTINA, *à Astolphe.*

Si ta conversation est toujours aussi enjouée, j'en aurai bientôt assez, je t'en avertis.

ASTOLPHE.

Reste, j'ai à te parler encore.

FAUSTINA.

Depuis quand suis-je à tes ordres? Sois aux miens si tu veux tirer de moi un seul mot.

ASTOLPHE.

Tu ne veux pas me dire ce qu'Antonio est venu faire à Rome? C'est que tu ne le sais pas; car tu aimes assez à médire pour ne pas te faire prier si tu savais quelque chose.

FAUSTINA.

S'il faut en croire Antonio, ce que je sais t'intéresse très-particulièrement.

ASTOLPHE

Mille démons ! tu parleras, serpent que tu es !

(*Il lui prend convulsivement le bras.*)

FAUSTINA.

Je te prie de ne pas chiffonner mes manchettes. Elles sont du point le plus beau. Ah ! tout inconstant qu'il est, Antonio est encore l'amant le plus magnifique que j'aie eu, et ce n'est pas toi qui me ferais un pareil cadeau.

(*Le domino noir commence à écouter.*)

ASTOLPHE, *lui passant un bras autour de la taille.*

Ma petite Faustina, si tu veux parler, je t'en donnerai une robe tout entière ; et, comme tu es toujours jolie comme un ange, cela te siéra à merveille.

FAUSTINA.

Et avec quoi m'achèteras-tu cette belle robe ? Avec l'argent de ton cousin ?

(*Astolphe frappe du poing sur la table.*)

Sais-tu que c'est bien commode d'avoir un petit cousin riche à exploiter ?

ASTOLPHE.

Tais-toi, rebut des hommes, et va-t'en ! tu me fais horreur !

FAUSTINA.

Tu m'injuries ? Bon ! tu ne sauras rien, et j'allais tout te dire.

ASTOLPHE.

Voyons, à quel prix mets-tu ta délation ?

(*Il tire une bourse et la pose sur la table.*)

FAUSTINA.

Combien y a-t-il dans ta bourse ?

ASTOLPHÉ.

Deux cents louis... Mais si ce n'est pas assez...
(*Un mendiant se présente.*)

FAUSTINA.

Puisque tu es si généreux, permets-moi de faire une
bonne action à tes dépens !
(*Elle jette la bourse au mendiant.*)

ASTOLPHE.

Puisque tu méprises tant cette somme, garde donc
ton secret ! Je ne suis pas assez riche pour le payer.

FAUSTINA.

Tu es donc encore une fois ruiné, mon pauvre Astolphe ? Eh bien ! moi, j'ai fait fortune. Tiens !
(*Elle tire une bourse de sa poche.*)
Je veux te restituer tes deux cents louis. J'ai eu tort
de les jeter aux pauvres. Laisse-moi prendre sur moi
cette œuvre de charité ; cela me portera bonheur, et
me ramènera peut-être mon infidèle.

ASTOLPHE, *repoussant la bourse avec horreur.*

C'est donc pour une femme qu'il est ici ? Tu en es
certaine ?

FAUSTINA.

Beaucoup trop certaine !

ASTOLPHE.

Et tu la connais, peut-être?

FAUSTINA.

Ah ! voilà le hic ! Fais apporter d'autres sorbets, si
toutefois il te reste de quoi les payer.

(*A un signe d'Astolphe on apporte un plateau
avec des glaces et des liqueurs.*)

ASTOLPHE.

J'ai encore de quoi payer tes révélations, dussé-je
vendre mon corps aux carabins ; parle...

*(Il se verse des liqueurs et boit avec
préoccupation.)*

FAUSTINA.

Vendre ton corps pour un secret ? Eh bien ! soit :
l'idée est charmante : je ne veux de toi qu'une nuit d'a-
mour. Cela t'étonne ? Tiens, Astolphe, je ne suis plus
une courtisane ; je suis riche, et je suis une femme ga-
lante. N'est-ce pas ainsi que cela s'appelle ? Je t'ai toujours aimé, viens enterrer le carnaval dans mon boudoir.

ASTOLPHE.

Étrange fille ! tu te donneras donc pour rien une fois
dans ta vie ?

(Il boit.)

FAUSTINA.

Bien mieux, je me donnerai en payant, car je te dirai
le secret d'Antonio ! Viens-tu ?

(Elle se lève.)

ASTOLPHE, *se levant.*

Si je le croyais, je serais capable de te présenter un
bouquet et de chanter une romance sous tes fenêtres.

FAUSTINA.

Je ne te demande pas d'être galant. Fais seulement
comme si tu m'aimais. Être aimée, c'est un rêve que
j'ai fait quelquefois, hélas !

ASTOLPHE.

Malheureuse créature ! j'aurais pu t'aimer, moi ! car
j'étais un enfant, et je ne savais pas ce que c'est qu'une
femme comme toi... Tu mens quand tu exprimes un
pareil regret.

FAUSTINA.

Oh! Astolphe! je ne mens pas. Que toute ma vie me soit reprochée au jour du jugement, excepté cet instant où nous sommes et cette parole que je te dis : Je t'aime !

ASTOLPHE.

Toi?... Et moi, comme un sot, je t'écoute partagé entre l'attendrissement et le dégoût !

FAUSTINA.

Astolphe, tu ne sais pas ce que c'est que la passion d'une courtisane. Il est donné à peu d'hommes de le savoir, et pour le savoir il faut être pauvre. Je viens de jeter tes derniers écus dans la rue. Tu ne peux te méfier de moi, je pourrais gagner cette nuit cinq cents sequins. Tiens, en voici la preuve.

(*Elle tire un billet de sa poche et le lui présente.*)

ASTOLPHE, *le lisant.*

Cette offre splendide est d'un cardinal tout au moins?

FAUSTINA.

Elle est de monsignor Gafrani.

ASTOLPHE.

Et tu l'as refusée ?

FAUSTINA.

Oui, je t'ai vu passer dans la rue, et je t'ai fait dire de monter chez moi. Ah ! tu étais bien ému quand tu as su qu'une femme te demandait ! Tu croyais retrouver la dame de tes pensées; mais te voici du moins sur sa trace, puisque je sais où elle est.

ASTOLPHE.

Tu le sais ! que sais-tu ?

FAUSTINA.

N'arrive-t-elle pas de Calabre ?

ASTOLPHE.

O furies !... qui te l'a dit ?

FAUSTINA.

Antonio. Quand il est ivre, il aime à se vanter à moi
de ses bonnes fortunes.

ASTOLPHE.

Mais son nom ! A-t-il osé prononcer son nom ?

FAUSTINA.

Je ne sais pas son nom, tu vois que je suis sincère ;
mais si tu veux je feindrai d'admirer ses succès, et je
lui offrirai généreusement mon boudoir pour son premier rendez-vous. Je sais qu'il est forcé de prendre
beaucoup de précautions, car la dame est haut placée
dans le monde. Il sera donc charmé de pouvoir l'amener dans un lieu sûr et agréable.

ASTOLPHE.

Et il ne se méfiera pas de ton offre ?

FAUSTINA.

Il est trop grossier pour ne pas croire qu'avec un peu
d'argent tout s'arrange...

ASTOLPHE, *se cachant le visage dans les mains,*
et se laissant tomber sur son siége.

Mon Dieu ! mon Dieu ! mon Dieu !

FAUSTINA.

Eh bien ! es-tu décidé, Astolphe ?

ASTOLPHE.

Et toi, es-tu décidée à me cacher dans ton alcôve
quand ils y viendront et à supporter toutes les suites de
ma fureur ?

FAUSTINA.

Tu veux tuer ta maîtresse ? J'y consens, pourvu que
tu n'épargnes pas ton rival.

ASTOLPHE.

Mais il est riche, Faustina, et moi je n'ai rien.

FAUSTINA.

Mais je le hais, et je t'aime!

ASTOLPHE, *avec égarement.*

Est-ce donc un rêve? La femme pure que j'adorais le front dans la poussière se précipite dans l'infamie, et la courtisane que je foulais aux pieds se relève purifiée par l'amour! Eh bien! Faustina, je te baignerai dans un sang qui lavera tes souillures!... Le pacte est fait.

FAUSTINA.

Viens donc le signer. Rien n'est fait si tu ne passes cette nuit dans mes bras! Eh bien! que fais-tu?

ASTOLPHE, *avalant précipitamment plusieurs verres de liqueur.*

Tu le vois, je m'enivre afin de me persuader que je t'aime.

FAUSTINA.

Toujours l'injure à la bouche! N'importe, je supporterai tout de ta part. Allons!

(*Elle lui ôte son verre et l'entraîne, Astolphe la suit d'un air égaré et s'arrêtant éperdu à chaque pas. Dès qu'ils sont éloignés, le domino noir, qui peu à peu s'est rapproché d'eux et les a observés derrière les rideaux de la tendine, sort de l'endroit où il était caché, et se démasque.*)

GABRIEL, *en domino noir, le masque à la main,* ASTOLPHE *et* FAUSTINA, *gagnant le fond de la rue.*

GABRIEL.

Je courrai me mettre en travers de son chemin, je l'empêcherai d'accomplir ce sacrilége!...

(*Elle fait un pas et s'arrête.*)

Mais me montrer à cette prostituée, lui disputer mon amant!... ma fierté s'y refuse... O Astolphe!... ta jalousie est ton excuse; mais il y avait dans notre amour quelque chose de sacré que cet instant vient de détruire à jamais!...

ASTOLPHE, *revenant sur ses pas.*

Attends-moi, Fausta; j'ai oublié mon épée là-bas.

(*Gabriel passe un papier plié dans la poignée de l'épée d'Astolphe, remet son masque et s'enfuit, tandis qu'Astolphe rentre sous sa tente.*)

ASTOLPHE, *reprenant son épée sur la table.*

Encore un billet pour me dire d'*espérer* encore, peut-être!

(*Il arrache le papier, le jette à terre et veut le fouler sous son pied. Faustina, qui l'a suivi, s'empare du papier et le déplie.*)

FAUSTINA.

Un billet doux? Sur ce grand papier et avec cette grosse écriture? Impossible! Quoi! la signature du pape! Que diantre sa sainteté a-t-elle à démêler avec toi?

ASTOLPHE.

Que dis-tu? rends-moi ce papier!

FAUSTINA.

Oh! la chose me paraît trop plaisante! Je veux voir ce que c'est et t'en faire la lecture.

(*Elle le lit.*)

« Nous, par la grâce de Dieu et l'élection du sacré collége, chef spirituel de l'église catholique, apostolique et romaine... successeur de saint Pierre et vicaire de

Jésus-Christ sur la terre, seigneur temporel des États romains, etc., etc., etc.... permettons à Jules-Achille-Gabriel de Bramante, petit-fils, héritier présomptif et successeur légitime du très-illustre et très-excellent prince Jules de Bramante, comte de, etc., seigneur de, etc., etc..., de contracter, dans le loisir de sa conscience ou devant tel prêtre et confesseur qu'il jugera convenable, le vœu de pauvreté, d'humilité et de chasteté; l'autorisant par la présente à entrer dans un couvent ou à vivre librement dans le monde, selon qu'il se sentira appelé à travailler à son salut d'une manière ou de l'autre; et l'autorisant également par la présente à faire passer, aussitôt après la mort de son illustre aïeul, Jules de Bramante, la possession immédiate, légale et incontestable de tous ses biens et de tous ses titres à son héritier légitime Octave-Astolphe de Bramante, fils d'Octave de Bramante et cousin-germain de Gabriel de Bramante, à qui nous avons accordé cette licence et cette promesse, afin de lui donner le repos d'esprit et la liberté de conscience nécessaires pour contracter, en secret ou publiquement, un vœu d'où il nous a déclaré faire dépendre le salut de son âme.

» En foi de quoi nous lui avons délivré cette autorisation revêtue de notre signature et de notre sceau pontifical... »

Comment donc ! mais il a un style charmant, le saint-père ! Tu vois, Astolphe? rien n'y manque !... Eh bien ! cela ne te réjouit pas? Te voilà riche, te voilà prince de Bramante !... Je n'en suis pas trop surprise, moi; ce pauvre enfant était dévot et craintif comme une femme... Il a, ma foi, bien fait; maintenant tu peux tuer Antonio et m'enlever dans *le repos de ton esprit et le loisir de ta conscience !*

ASTOLPHE, *lui arrachant le papier.*

Si tu comptais là-dessus, tu avais grand tort.

(*Il déchire le papier et en fait brûler les
morceaux à la bougie.*)

FAUSTINA, *éclatant de rire.*

Voilà du don Quichotte! Tu seras donc toujours le
même?

ASTOLPHE, *se parlant à lui-même.*

Réparer de pareils torts, effacer un tel outrage, fermer une telle blessure avec de l'or et des titres... Ah! il
faut être tombé bien bas pour qu'on ose vous consoler
de la sorte!

FAUSTINA.

Qu'est-ce que tu dis? Comment! ton cousin aussi
t'avait...

(*Elle fait un geste significatif sur le front
d'Astolphe.*)

Je vois que ta Calabraise n'en est pas avec Antonio à
son début.

ASTOLPHE, *sans faire attention à Faustina.*

Ai-je besoin de cette concession insultante? Oh!
maintenant rien ne m'arrêtera plus, et je saurai bien
faire valoir mes droits... Je dévoilerai l'imposture, je
ferai tomber le châtiment de la honte sur la tête des
coupables... Antonio sera appelé en témoignage...

FAUSTINA.

Mais que dis-tu? Je n'y comprends rien! Tu as l'air
d'un fou! Écoute-moi donc, et reprends tes esprits!

ASTOLPHE.

Que me veux-tu, toi? Laisse-moi tranquille, je ne
suis ni riche ni prince; ton caprice est déjà passé, je
pense?

FAUSTINA.

Au contraire, je t'attends !

ASTOLPHE.

En vérité ! il paraît que les femmes pratiquent un grand désintéressement cette année ; dames et prostituées préfèrent leur amant à leur fortune, et, si cela continue, on pourra les mettre toutes sur la même ligne.

FAUSTINA, *remarquant Gabriel en domino, qui reparaît.*

Voilà un monsieur bien curieux !

ASTOLPHE.

C'est peut-être celui qui a apporté cette pancarte?...

(Il embrasse Faustina.)

Il pourra voir que je ne suis point, ce soir, aux affaires sérieuses. Viens, ma chère Fausta. Auprès de toi je suis le plus heureux des hommes.

(Gabriel disparaît. Astolphe et Faustina se disposent à sortir.)

SCÈNE V.

ANTONIO, FAUSTINA, ASTOLPHE.

(Antonio, pâle et se tenant à peine, se présente devant eux au moment où ils vont sortir.)

FAUSTINA, *jetant un cri et reculant effrayée.*
Est-ce un spectre?...

ASTOLPHE.

Ah ! le ciel me l'envoie ! Malheur à lui!...

ANTONIO, *d'une voix éteinte.*

Que dites-vous? Reconnaissez-moi. Donnez-moi du secours, je suis prêt à défaillir encore.

(Il se jette sur un banc.)

FAUSTINA.

Il laisse après lui une trace de sang. Quelle horreur ! que signifie cela ? Vous venez d'être assassiné, Antonio ?

ANTONIO.

Non ! blessé en duel... mais grièvement...

FAUSTINA.

Astolphe ! appelez du secours...

ANTONIO.

Non, de grâce !... ne le faites pas... Je ne veux pas qu'on sache... Donnez-moi un peu d'eau !...

(*Astolphe lui présente de l'eau dans un verre. Faustina lui fait respirer un flacon.*)

ANTONIO.

Vous me ranimez...

ASTOLPHE.

Nous allons vous reconduire chez vous. Sans doute vous y trouverez quelqu'un qui vous soignera mieux que nous.

ANTONIO.

Je vous remercie. J'accepterai votre bras. Laissez-moi reprendre un peu de force... Si ce sang pouvait s'arrêter...

FAUSTINA, *lui donnant son mouchoir, qu'il met sur sa poitrine.*

Pauvre Antonio ! tes lèvres sont toutes bleues... Viens chez moi...

ANTONIO.

Tu es une bonne fille, d'autant plus que j'ai eu des torts envers toi. Mais je n'en aurai plus... Va, j'ai été bien ridicule... Astolphe, puisque je vous rencontre, quand je vous croyais bien loin d'ici, je veux vous dire ce qui en est... car aussi bien... votre cousin vous le dira, et j'aime autant m'accuser moi-même...

ASTOLPHE.

Mon cousin, ou ma cousine.

ANTONIO,

Ah! vous savez donc ma folie? Il vous l'a déjà racontée... Elle me coûte cher! J'étais persuadé que c'était une femme...

FAUSTINA.

Que dit-il?

ANTONIO.

Il m'a donné des éclaircissements fort rudes : un affreux coup d'épée dans les côtes... J'ai cru d'abord que ce serait peu de chose, j'ai voulu m'en revenir seul chez moi ; mais, en traversant le Colysée, j'ai été pris d'un étourdissement et je suis resté évanoui pendant... je ne sais combien!... Quelle heure est-il?

FAUSTINA.

Près de minuit.

ANTONIO.

Huit heures venaient de sonner quand je rencontrai Gabriel Bramante derrière le Colysée...

ASTOLPHE, *sortant comme d'un rêve.*

Gabriel! mon cousin? Vous vous êtes battu avec lui! Vous l'avez tué peut-être ?

ANTONIO.

Je ne l'ai pas touché une seule fois, et il m'a poussé une botte dont je me souviendrai long-temps...

(*Il boit de l'eau.*)

Il me semble que mon sang s'arrête un peu... Ah! quel compère que ce garçon-là !... A présent je crois que je pourrai gagner mon logis... Vous me soutiendrez un peu tous les deux... Je vous conterai l'affaire en détail...

ASTOLPHE, *à part.*

Est-ce une feinte? Aurait-il cette lâcheté?...

(*Haut.*)

Vous êtes donc bien blessé?

(*Il regarde la poitrine d'Antonio. A part.*)

C'est la vérité, une large blessure. O Gabrielle!

(*Haut.*)

Je courrai vous chercher un chirurgien... dès que je vous aurai conduit chez vous....

FAUSTINA.

Non! chez moi, c'est plus près d'ici.

(*Ils sortent en soutenant Antonio de chaque côté.*)

SCÈNE VI.

(*Une petite chambre très-sombre.*)

GABRIEL, MARC.

(*Gabriel en costume noir avec son domino rejeté sur ses épaules. Il est assis dans une attitude rêveuse et plongé dans ses pensées. Marc au fond de la chambre.*)

MARC.

Il est deux heures du matin, monseigneur, est-ce que vous ne songez pas à vous reposer?

GABRIEL.

Va dormir, mon ami, je n'ai plus besoin de rien.

MARC.

Hélas! vous tomberez malade! Croyez-moi, il vaudrait mieux vous réconcilier avec le seigneur Astolphe, puisque vous ne pouvez pas l'oublier...

GABRIEL.

Laisse-moi, mon bon Marc; je t'assure que je suis tranquille.

MARC.

Mais si je m'en vais, vous ne songerez pas à vous coucher, et je vous retrouverai là demain matin, assis à la même place, et votre lampe brûlant encore. Quelque jour, le feu prendra à vos cheveux... et, si cela n'arrive pas, le chagrin vous tuera un peu plus tard. Si vous pouviez voir comme vous êtes changé!

GABRIEL.

Tant mieux, ma fraîcheur trahissait mon sexe. A présent que je suis garçon pour toujours, il est bon que mes joues se creusent.... Qu'as-tu à regarder cette porte?...

MARC.

Vous n'avez rien entendu? Quelque chose a gratté à la porte.

GABRIEL.

C'est ton épée. Tu as la manie d'être armé jusque dans la chambre.

MARC.

Je ne serai pas en repos tant que vous n'aurez pas fait la paix avec votre grand-père... Tenez! encore!

(On entend gratter à la porte avec un petit gémissement.)

GABRIEL, allant vers la porte.

C'est quelque animal... Ceci n'est pas un bruit humain.

(Il veut ouvrir la porte.)

MARC, *l'arrêtant.*

Au nom du ciel ! laissez-moi ouvrir le premier, et tirez votre épée...

(*Gabriel ouvre la porte malgré les efforts de Marc pour l'en empêcher. Mosca entre et se jette dans les jambes de Gabriel avec des cris de joie.*)

GABRIEL.

Beau sujet d'alarme ! Un chien gros comme le poing ! Eh quoi ! c'est mon pauvre Mosca ! Comment a-t-il pu me venir trouver de si loin ? Pauvre créature aimante !

(*Il prend Mosca sur ses genoux et le caresse.*)

MARC.

Ceci m'alarme en effet... Mosca n'a pu venir tout seul, il faut que quelqu'un l'ait amené... Le prince Jules est ici ! On frappe en bas !...

(*Il prend des pistolets sur une table.*)

GABRIEL.

Quoi que ce soit, Marc, je te défends d'exposer ta vie en faisant résistance. Vois-tu, je ne tiens plus du tout à la mienne... Quoi qu'il arrive, je ne me défendrai pas. J'ai bien assez lutté, et, pour arriver où j'en suis, ce n'était pas la peine.

(*Il regarde à la croisée.*)

Un homme seul ?... Va lui parler au travers du guichet. Sache ce qu'il veut ; mais, si c'est Astolphe, je te défends d'ouvrir.

(*Marc sort.*)

Qui donc t'a conduit vers moi, mon pauvre Mosca ? Un ennemi m'aurait-il fait ce cadeau généreux du seul être qui me soit resté fidèle malgré l'absence ?

MARC, *revenant.*

C'est monsieur l'abbé Chiavari, qui demande à vous

parler. Mais ne vous fiez point à lui, monseigneur, il peut être envoyé par votre grand-père.

GABRIEL, *sortant.*

Plutôt être cent fois victime de la perfidie que de faire injure à l'amitié. Je vais à sa rencontre.

MARC.

Voyons si personne ne vient derrière lui dans la rue. (*Il arme ses pistolets et se penche à la croisée.*) Non, personne.

SCÈNE VII.

LE PRÉCEPTEUR, GABRIEL, MARC.

LE PRÉCEPTEUR.

O mon cher enfant! mon noble Gabriel! Je vous remercie de ne pas vous être méfié de moi. Hélas! que de chagrins et de fatigues se peignent sur votre visage!

MARC.

N'est-ce pas, monsieur l'abbé? C'est ce que je disais tout à l'heure.

GABRIEL.

Ce brave serviteur! Son dévouement est toujours le même. Va te jeter sur ton lit, mon ami, je t'appellerai pour reconduire l'abbé quand il sortira.

MARC.

J'irai pour vous obéir, mais je ne dormirai pas.

(*Il sort.*)

LE PRÉCEPTEUR.

Oh! ce pauvre petit Mosca! que de chemin il m'a fait faire! Depuis le Colysée, où il a découvert vos traces, jusqu'ici, il m'a promené durant toute la soirée. D'abord il m'a mené au Vatican... puis à un cabaret, vers la place Navone; là j'avais renoncé à vous trouver, et lui-même s'était couché, harassé de fatigue, lorsque tout à coup il est reparti en faisant entendre ce petit cri que vous connaissez, et il s'est tellement obstiné à votre porte, qu'à tout hasard je l'ai fait passer par le guichet.

GABRIEL.

Je l'aime cent fois mieux depuis qu'il m'a fait retrouver un ami. Mais qui vous amène à Rome, mon cher abbé ?

LE PRÉCEPTEUR.

Le désir de vous porter secours et la crainte qu'il ne vous arrive malheur.

GABRIEL.

Mon grand-père est fort irrité contre moi ?

LE PRÉCEPTEUR.

Vous pouvez le penser. Mais vous êtes bien caché, et maintenant vous êtes entouré de protecteurs dévoués. Astolphe est ici.

GABRIEL.

Je le sais bien.

LE PRÉCEPTEUR.

Je me suis lié avec lui; je voulais savoir si cet homme vous était véritablement attaché... Il vous aime, j'en suis certain.

GABRIEL.

Je sais tout cela, mais ne me parlez pas de lui.

LE PRÉCEPTEUR.

Je veux vous en parler au contraire, car il mérite son pardon à force de repentir.

GABRIEL.

Oui, je sais qu'il se repent beaucoup !

LE PRÉCEPTEUR.

L'excès de l'amour a pu seul l'entraîner dans les fautes dont votre abandon l'a trop sévèrement puni.

GABRIEL.

Écoutez, mon ami, je sais mieux que vous les moindres démarches, les moindres discours, les moindres pensées d'Astolphe. Depuis trois mois, j'erre autour de lui comme son ombre, je surveille toutes ses actions, et j'ai même entendu mot pour mot de longs entretiens que vous avez eus avec lui...

LE PRÉCEPTEUR.

Quoi! vous me saviez ici, et vous n'osiez pas vous confier à moi?

GABRIEL.

Pardonnez-moi, le malheur rend farouche...

LE PRÉCEPTEUR.

Et vous étiez ce soir au Colysée en même temps que nous?

GABRIEL.

Non, mais je vous écoutai la semaine dernière aux Thermes de Dioclétien. Ce soir, j'ai bien été au Colysée, mais je n'y ai rencontré qu'Antonio Vezzonila. Je me suis pris de querelle avec lui, parce qu'il avait à peu près deviné mon sexe. Je ne sais s'il ne mourra pas du coup que je lui ai porté. En toute autre circonstance, il m'eût ôté la vie; mais j'avais quelque chose à accomplir, la destinée me protégeait. Je jouais mon dernier coup de dé. J'ai gagné la partie contre le malencontreux obstacle qui venait se jeter dans mon chemin. C'est une victime de plus sur laquelle Astolphe asseoira l'édifice de sa fortune.

LE PRÉCEPTEUR.

Je ne vous comprends pas, mon enfant!

GABRIEL.

Astolphe vous expliquera tout ceci demain matin. Demain je quitterai Rome.

LE PRÉCEPTEUR.

Avec lui, sans doute ?

GABRIEL.

Non, mon ami; je quitte Astolphe pour toujours.

LE PRÉCEPTEUR.

Ne savez-vous point pardonner ? C'est vous-même que vous allez punir le plus cruellement.

GABRIEL.

Je le sais, et je lui pardonne dans mon cœur ce que je vais souffrir. Un jour viendra où je pourrai lui tendre une main fraternelle; aujourd'hui je ne saurais le voir.

LE PRÉCEPTEUR.

Laissez-moi l'amener à vos pieds : quoique l'heure soit fort avancée, je sais que je le trouverai debout; il a pris un déguisement pour vous chercher.

GABRIEL.

A l'heure qu'il est, il ne me cherche pas. Je suis mieux informé que vous, mon cher abbé; et, lorsque vous entendez ses paroles, moi j'entends ses pensées. Écoutez bien ce que je vais vous dire. Astolphe ne m'aime plus. La première fois qu'il m'outragea par un soupçon injuste, je compris qu'il blasphémait contre l'amour, parce que son cœur était las d'aimer. Je luttai long-temps contre cette horrible certitude. A présent, je ne puis plus m'y soustraire. Avec le doute, l'ingratitude est entrée dans le cœur d'Astolphe, et, à mesure qu'il tuait notre amour par ses méfiances, d'autres passions sont venues chez lui peu à peu, et presque à son insu, prendre la place de celle qui s'éteignait. Au-

jourd'hui son amour n'est plus qu'un orgueil sauvage,
une soif de vengeance et de domination ; son désintéressement n'est plus qu'une ambition mal satisfaite, qui
méprise l'argent parce qu'elle aspire à quelque chose
de mieux... Ne le défendez pas ! Je sais qu'il se fait
encore illusion à lui-même, et qu'il n'a pas encore en-
visagé froidement le crime qu'il veut commettre; mais
je sais aussi que son inaction et son obscurité lui pèsent.
Il est homme ! une vie toute d'amour et de recueille-
ment ne pouvait lui suffire. Cent fois dans notre solitude
il a rêvé, malgré lui, à ce qu'eût été son rôle dans le
monde si notre grand-père ne m'eût substitué à lui ;
et aujourd'hui, quand il songe à m'épouser, quand il
songe à proclamer mon sexe, il ne songe pas tant à s'assurer ma fidélité qu'à reconquérir une place brillante
dans la société, un grand titre, des droits politiques,
la puissance, en un mot, dont les hommes sont plus
jaloux que de l'argent. Je sais qu'encore hier, encore
ce matin peut-être, il repoussait la tentation et frémis-
sait à l'idée de commettre une lâcheté; mais demain,
mais ce soir peut-être il a déjà franchi ce pas, et le
plus grossier appât offert à sa jalousie lui servira de prétexte pour fouler aux pieds son amour et pour écouter
son ambition. J'ai vu venir l'orage, et, voulant préserver son honneur d'un crime et ma liberté d'un joug,
j'ai trouvé un expédient. J'ai été trouver le pape; j'ai
feint une grande exaltation de piété chrétienne; je lui
ai déclaré que je voulais vivre dans le célibat, et j'ai obtenu de lui que, pour ne pas exposer mon héritage à
sortir de la famille, Astolphe serait mis en possession à
ma place à la mort de mon grand-père. Le pape m'a
écouté avec bienveillance; il a bien voulu tenir compte
des préventions de mon grand-père contre Astolphe, et

de la nécessité de ménager ces préventions. Il m'a promis le secret, et m'a donné une garantie pour l'avenir.
Ce papier, signé ce soir même, est déjà dans les mains
d'Astolphe.

LE PRÉCEPTEUR.

Astolphe n'en fera point usage, et viendra le lacérer
à vos pieds. Laissez-moi l'aller chercher, vous dis-je.
Il est possible que vos prévisions soient justes, et
qu'un jour vienne où vous aurez raison de vous armer
d'un grand courage et d'une rigueur inflexible. Mais en
attendant, ne devez-vous pas tenter tous les moyens de
relever cette âme abattue, et de reconquérir ce bonheur
si chèrement disputé jusqu'à present? L'amour, mon
enfant, est une chose plus grave à mes yeux (aux yeux
d'un pauvre prêtre qui ne l'a pas connu !) qu'à ceux de
tous les hommes que j'ai rencontrés dans ma vie. Je
vous dirais presque, à vous autres qui êtes aimés, ce
que le Seigneur disait à ses disciples : « Vous avez charge
d'âmes. » Non, vous n'avez pas possédé l'âme d'un autre sans contracter envers elle des devoirs sacrés, et
vous aurez un jour à rendre compte à Dieu des mérites
ou des fautes de cette âme troublée, dont vous étiez
vous-même devenu le juge, l'arbitre et la divinité !
Usez donc de toute votre influence pour la tirer de l'a-
bîme où elle s'égare; remplissez cette tâche comme un
devoir, et ne l'abandonnez que lorsque vous aurez épuisé
tous les moyens de la relever.

GABRIEL.

Vous avez raison, l'abbé, vous parlez comme un
chrétien, mais non comme un homme ! Vous ignorez
que, là où l'on a régné par l'amour, on ne peut plus
régner par la raison ou la morale. Cette puissance qu'on
avait alors, c'était l'amour qu'on ressentait soi-même,

c'est-à-dire la foi, et l'enthousiasme qui la donnait et qui la rendait infaillible. Cet amour, transformé en charité chrétienne ou en éloquence philosophique, perd toute sa puissance, et l'on ne termine pas froidement l'œuvre qu'on a commencée dans la fièvre. Je sens que je n'ai plus en moi les moyens de persuader Astolphe, car je sens que le but de ma vie n'est plus de le persuader. Son âme est tombée au-dessous de la mienne ; si je la relevais, ce serait mon ouvrage. Je l'aimerais peut-être comme vous m'aimez ; mais je ne serais plus prosternée devant l'être accompli, devant l'idéal que Dieu avait créé pour moi. Sachez, mon ami, que l'amour n'est pas autre chose que l'idée de la supériorité de l'être qu'on possède, et, cette idée détruite, il n'y a plus que l'amitié.

LE PRÉCEPTEUR.

L'amitié impose encore des devoirs austères ; elle est capable d'héroïsme, et vous ne pouvez abjurer dans le même jour l'amour et l'amitié !

GABRIEL.

Je respecte votre avis. Cependant vous m'accorderez le reste de la nuit pour réfléchir à ce que vous me demandez. Donnez-moi votre parole de ne point informer Astolphe du lieu de ma retraite.

LE PRÉCEPTEUR.

J'y consens, si vous me donnez la vôtre de ne point quitter Rome sans m'avoir revu. Je reviendrai demain matin.

GABRIEL.

Oui, mon ami, je vous le promets. L'heure est avancée, les rues sont mal fréquentées, permettez que Marc vous accompagne.

LE PRÉCEPTEUR.

Non, mon enfant, cette nuit de carnaval tient la
moitié de la population éveillée ; il n'y a pas de danger.
Marc a probablement fini par s'endormir. N'éveillez
pas ce bon vieillard. A demain ! que Dieu vous conseille !...

GABRIEL.

Que Dieu vous accompagne ! A demain !
(*Le précepteur sort. Gabriel l'accompagne jusqu'à la porte et revient.*)

SCÈNE VIII.

GABRIEL, *seul.*

Réfléchir à quoi ? A l'étendue de mon malheur, à
l'impossibilité du remède ? A cette heure, Astolphe oublie tout dans une honteuse ivresse ! et moi, pourrais-
je jamais oublier que son sein, le sanctuaire où je re-
posais ma tête, a été profané par d'impures étreintes ?
Eh quoi ! désormais chacun de ses soupçons pourra
ramener ce besoin de délires abjects et l'autoriser à
souiller ses lèvres aux lèvres des prostituées ! Et moi, il
veut me souiller aussi ! il veut me traiter comme elles !
il veut m'appeler devant un tribunal, devant une assemblée d'hommes ; et là, devant les juges, devant la foule,
faire déchirer mon pourpoint par des sbires, et, pour
preuve de ses droits à la fortune et à la puissance, dévoiler à tous les regards ce sein de femme que lui seul
a vu palpiter ! Oh ! Astolphe, tu n'y songes pas sans
doute ; mais quand l'heure viendra, emporté sur une
pente fatale, tu ne voudras pas t'arrêter pour si peu de
chose ! Eh bien ! moi, je dis : Jamais ! Je me refuse

à ce dernier outrage, et, plutôt que d'en subir l'affront, je déchirerai cette poitrine, je mutilerai ce sein jusqu'à le rendre un objet d'horreur à ceux qui le verront, et nul ne sourira à l'aspect de ma nudité... O mon Dieu ! protégez-moi ! préservez-moi ! j'échappe avec peine à la tentation du suicide !...

(Elle se jette à genoux et prie.)

SCÈNE IX.

(Sur le pont Saint-Ange. Quatre heures du matin.)

GABRIEL, *suivi de* MOSCA, GIGLIO.

GABRIEL, *marchant avec agitation et s'arrêtant au milieu du pont.*

Le suicide !... Cette pensée ne me sort pas de l'esprit. Pourtant je me sens mieux ici !... J'étouffais dans cette petite chambre, et je craignais à chaque instant que mes sanglots ne vinssent à réveiller mon pauvre Marc, fidèle serviteur dont mes malheurs avancent la décrépitude, et que ma tristesse a vieilli plus que les années !

(Mosca fait entendre un hurlement prolongé.)

Tais-toi, Mosca ! je sais que tu m'aimes aussi. Un vieux valet et un vieux chien, voilà tout ce qui me reste !...

(Il fait quelques pas.)

Cette nuit est belle ! et cet air pur me fait du bien !... O splendeur des étoiles ! ô murmure harmonieux du Tibre !...

(Mosca pousse un second hurlement.)

Qu'as-tu donc, frêle créature ? Dans mon enfance,

31.

on me disait que, lorsque le même chien hurle trois
fois de la même manière, c'est signe de mort dans la
famille... Je ne pensais pas qu'un jour viendrait où ce
présage ne me causerait aucun effroi pour moi-même...
(*Il fait encore quelques pas et s'appuie sur le
parapet.*)

GIGLIO, *se cachant dans l'ombre que le château
Saint-Ange projette sur le pont, s'approchant
de Gabriel.*

C'était bien sa demeure, et c'est bien lui; je ne l'ai
pas perdu de vue depuis qu'il est sorti. Ce n'est pas le
vieux serviteur dont on m'a parlé... Celui-ci est un
jeune homme.

(*Mosca hurle pour la troisième fois en se serrant
contre Gabriel.*)

GABRIEL.

Décidément, c'est le mauvais présage. Qu'il s'accomplisse, ô mon Dieu! Je sais que, pour moi, il n'est plus
de malheur possible.

GIGLIO, *se rapprochant encore.*

Le diable de chien! Heureusement il ne paraît pas y
faire attention... Par le diable! c'est si facile, que je
n'ai pas le courage!... Si je n'avais pas femme et enfants, j'en resterais là!

GABRIEL.

Cependant avec la liberté... (et ma démarche auprès
du pape doit me mettre à l'abri de tout), la solitude
pourrait être belle encore. Que de poésie dans la contemplation de ces astres dont mon désir prend possession librement, sans qu'aucune vile passion l'enchaîne
aux choses de la terre! O liberté de l'âme! qui peut t'a-
liéner sans folie?

(*Étendant les bras vers le ciel.*)

Rends-moi cette liberté, mon Dieu! mon âme se dilate rien qu'à prononcer ce mot : liberté!...

GIGLIO, *le frappant d'un coup de poignard.*

Droit au cœur, c'est fait!

GABRIEL.

C'est bien frappé, mon maître. Je demandais la liberté, et tu me l'as donnée.

(*Il tombe, Mosca remplit l'air de ses hurlements.*)

GIGLIO.

Le voilà mort! Te tairas-tu, maudite bête?

(*Il veut le prendre, Mosca s'enfuit en aboyant.*)

Il m'échappe! Hâtons-nous d'achever la besogne.

(*Il s'approche de Gabriel, et essaie de le soulever.*)

Ah! courage de lièvre! Je tremble comme une feuille! Je n'étais pas fait pour ce métier-là.

GABRIEL.

Tu veux me jeter dans le Tibre? Ce n'est pas la peine Laisse-moi mourir en paix à la clarté des étoiles. Tu vois bien que je n'appelle pas au secours, et qu'il m'est indifférent de mourir.

GIGLIO.

Voilà un homme qui me ressemble. A l'heure qu'il est, si ce n'était l'affaire de comparaître au jugement d'en haut, je voudrais être mort. Ah! j'irai demain à confesse!... Mais, par tous les diables! j'ai déjà vu ce jeune homme quelque part... Oui, c'est lui! Oh! je me briserai la tête sur le pavé!

(*Il se jette à genoux auprès de Gabriel et veut retirer le poignard de son sein.*)

GABRIEL.

Que fais-tu, malheureux? Tu es bien impatient de
me voir mourir!

GIGLIO.

Mon maître! mon ange!... mon Dieu! Je voudrais
te rendre la vie. Ah! Dieu du ciel et de la terre, em-
pêchez qu'il ne meure!...

GABRIEL.

Il est trop tard, que t'importe!

GIGLIO.

Il ne me reconnaît pas! Ah! tant mieux! S'il me
maudissait à cette heure, je serais damné sans rémis-
sion!

GABRIEL.

Qui que tu sois, je ne t'en veux pas, tu as accompli
la volonté du ciel.

GIGLIO.

Je ne suis pas un voleur, non. Tu le vois, maître, je
ne veux pas te dépouiller.

GABRIEL.

Qui donc t'envoie? Si c'est Astolphe... ne me le dis
pas... Achève-moi plutôt...

GIGLIO.

Astolphe? Je ne connais pas cela...

GABRIEL.

Merci! Je meurs en paix. Je sais d'où part le coup...
Tout est bien.

GIGLIO.

Il meurt! Ah! Dieu n'est pas juste! Il meurt! Je ne
peux pas lui rendre la vie...
(*Mosca revient et lèche la figure et les mains de
Gabriel.*)
Ah! cette pauvre bête! elle a plus de cœur que moi.

GABRIEL.

Ami, ne tue pas mon pauvre chien...

GIGLIO.

Ami! il m'appelle ami!

(*Il se frappe la tête avec les poings.*)

GABRIEL.

On peut venir... Sauve-toi!... Que fais-tu là?... Je ne peux en revenir. Va recevoir ton salaire... de mon grand-père!

GIGLIO.

Son grand-père! Ah! voilà les gens qui nous emploient! voilà comme nos princes se servent de nous!...

GABRIEL.

Écoute!... je ne veux pas que mon corps soit insulté par les passants... Attache-moi à une pierre... et jette-moi dans l'eau...

GIGLIO.

Non! tu vis encore, tu parles, tu peux en revenir. O mon Dieu! mon Dieu! personne ne viendra-t-il à ton secours?

GABRIEL.

L'agonie est trop longue... Je souffre. Arrache-moi ce fer de la poitrine.

(*Giglio retire le poignard,*)

Merci, je me sens mieux... je me sens... libre!... mon rêve me revient. Il me semble que je m'envole là-haut! tout en haut!

(*Il expire.*)

GIGLIO.

Il ne respire plus! J'ai hâté sa mort en voulant le soulager... Sa blessure ne saigne pas... Ah! tout est

dit !... C'était sa volonté... Je vais le jeter dans la rivière...

(*Il essaie de relever le cadavre de Gabriel.*)

La force me manque, mes yeux se troublent, le pavé
s'enfuit sous mes pieds !... Juste Dieu !... l'ange du
château agite ses ailes et sonne la trompette... C'est la
voix du jugement dernier ! Ah ! voici les morts, les
morts qui viennent me chercher.

(*Il tombe la face sur le pavé et se bouche les
oreilles.*)

SCÈNE X.

ASTOLPHE, LE PRÉCEPTEUR, GABRIEL *mort*,
GIGLIO *étendu à terre.*

ASTOLPHE, *en marchant.*

Eh bien ! ce n'est pas vous qui aurez manqué à votre
promesse. Ce sera moi qui aurai forcé votre volonté !

LE PRÉCEPTEUR, *s'arrêtant irrésolu.*

Je suis trop faible... Gabriel ne voudra plus se fier à
moi.

ASTOLPHE, *l'entraînant.*

Je veux la voir, la voir ! embrasser ses pieds. Elle me
pardonnera ! Conduisez-moi.

MARC, *venant à leur rencontre, une lanterne à
la main, l'épée dans l'autre.*

Monsieur l'abbé, est-ce vous ?

LE PRÉCEPTEUR.

Où cours-tu, Marc ? ta figure est bouleversée ! Où est
ton maître ?

MARC.

Je le cherche ! il est sorti... sorti pendant que je

m'étais endormi ! Malheureux que je suis !... J'allais
voir chez vous.

LE PRÉCEPTEUR.

Je ne l'ai pas rencontré... Mais il est sorti armé,
n'est-ce pas ?

MARC.

Il est sorti sans armes pour la première fois de sa
vie, il a oublié jusqu'à son poignard. Ah ! je n'ose vous
dire mes craintes. Il avait tant de chagrin ! Depuis quelques jours il ne mangeait plus, il ne dormait plus, il ne
lisait plus, il ne restait pas un instant à la même place.

ASTOLPHE.

Tais-toi, Marc, tu m'assassines. Cherchons-le !... Que
vois-je ici ?...

(*Il lui arrache la lanterne, et l'approche de
Giglio.*)

Que fait là cet homme ?

GIGLIO.

Tuez-moi ! tuez-moi !

LE PRÉCEPTEUR.

Et ici un cadavre !

MARC, *d'une voix étouffée par les cris.*

Mosca !... voici Mosca qui lui lèche les mains !

(*Le précepteur tombe à genoux. Marc, en pleurant et en criant, relève le cadavre de Gabriel.
Astolphe reste pétrifié.*)

GIGLIO, *au précepteur.*

Donnez-moi l'absolution, monsieur le prêtre ! Messieurs, tuez-moi. C'est moi qui ai tué ce jeune homme,
un brave, un noble jeune homme qui m'avait accordé
la vie, une nuit que, pour le voler, j'avais déjà tenté,
avec plusieurs camarades, de l'assassiner. Tuez-moi !
J'ai femme et enfants, mais c'est égal, je veux mourir !

ASTOLPHE, *le prenant à la gorge.*

Misérable! tu l'as assassiné!

LE PRÉCEPTEUR.

Ne le tuez pas. Il n'a pas agi de son fait. Je reconnais ici la main du prince de Bramante. J'ai vu cet homme chez lui.

GIGLIO.

Oui, j'ai été à son service.

ASTOLPHE.

Et c'est lui qui t'a chargé d'accomplir ce crime?

GIGLIO.

J'ai femme et enfants, monsieur; j'ai porté l'argent que j'ai reçu à la maison. A présent livrez-moi à la justice; j'ai tué mon sauveur, mon maître, mon Jésus! Envoyez-moi à la potence; vous voyez bien que je me livre moi-même. Monsieur l'abbé, priez pour moi!

ASTOLPHE.

Ah! lâche, fanatique! je t'écraserai sur le pavé.

LE PRÉCEPTEUR.

Les révélations de ce malheureux seront importantes; épargnez-le, et ne doutez pas que le prince ne prenne dès demain l'initiative pour vous accuser. Du courage, seigneur Astolphe! Vous devez à la mémoire de celle qui vous a aimé, de purger votre honneur de ces calomnies.

ASTOLPHE, *se tordant les bras.*

Mon honneur! que m'importe mon honneur?

(Il se jette sur le corps de Gabriel. Marc le repousse.)

MARC.

Ah! laissez-la tranquille à présent! C'est vous qui l'avez tuée.

ASTOLPHE, *se relevant avec égarement.*

Oui, c'est moi! oui, c'est moi! Qui ose dire le contraire? C'est moi qui suis son assassin!

LE PRÉCEPTEUR.

Calmez-vous et venez! Il faut soustraire cette dépouille sacrée aux outrages de la publicité. Le jour est loin de paraître, emportons-la. Nous la déposerons dans le premier couvent. Nous l'ensevelirons nous-mêmes, et nous ne la quitterons que quand nous aurons caché dans le sein de la terre ce secret qui lui fut si cher.

ASTOLPHE.

Oh! oui, qu'elle l'emporte dans la tombe, ce secret que j'ai voulu violer!...

LE PRÉCEPTEUR, *à Giglio.*

Suivez-nous, puisque vous éprouvez des remords salutaires. Je tâcherai de faire votre paix avec le ciel; et, si vous voulez faire des révélations sincères, on pourra vous sauver la vie.

GIGLIO.

Je confesserai tout, mais je ne veux pas de la vie, pourvu que j'aie l'absolution.

ASTOLPHE, *en délire.*

Oui, tu auras l'absolution, et tu seras mon ami, mon compagnon! Nous ne nous séparerons plus, car nous sommes deux assassins!

(*Marc et Giglio emportent le cadavre, l'abbé entraîne Astolphe.*)

FIN.